이것이 공매도다

KB117917

SHORT

예측과 통찰로 금융을 읽는 공매도의 모든 것

이것이 공매도다

SELLING

이관휘 지음

21세기북스

사랑하는 어머니께
막내가 첫 책을 드립니다

투자자들을 똑똑하게 만드는
'이것이 공매도다'

공매도만큼 자본시장에서 그렇게 오랫동안, 그렇게 큰 논란을 일으키고 있는 주제도 없을 듯하다. 이는 지금도 그러하고 앞으로도 그럴 가능성이 높다.

왜 그럴까? 공매도에 대한 깊이 있는 이해가 쉽지 않고, 이해관계가 첨예하게 대립하며, 자본시장의 다양한 이슈가 포괄적으로 얽혀 있기 때문이다. 책으로 치면 이 조건을 모두 갖춘 책을 찾기 어려웠다. 적어도 『이것이 공매도다』가 출간되기 전까지는. 공매도 분야의 세계적 연구 권위자인 서울대학교 이관휘 교수가 복잡한 공매도 이슈들을 사례를 섞어가며 읽기 쉽게 쓴 책이 나와 무척이나 반갑고, 추천사를 쓰게 된 것 또한 커다란 기쁨이다.

공매도 논란을 접할 때마다 더욱더 확신을 갖게 된 생각이 있다. 공매도에 대해 보다 많은 사람이 더욱 깊고 정확하게 이해하는 것이야말로 공매도 제도가 자본시장에 올바르게 자리 잡는 지름길이란 생각이다. 그런데 이 생각을 현실에서 실천하는 데 문제가 있다. 학자가 학문적으로 공매도 이론과 실증분석을 깊이 있게 한다 해도 이를 이해하기 쉽게 일반인에게 전달하기 어렵다는 점이다. 일반인뿐만이 아니다. 같은 금융과 재무finance를 전공했다 해도 공매도 자체를 연구하지 않으면 깊이 있는 이해가 쉽지 않다. 투자자는 물론이요, 기업의 CFO와 정책 및 감독 당국자 또한 이해에 어려움이 있음은 당연하다.

　이런 고민을 한 번에 풀어준 책이 나왔으니 바로 『이것이 공매도다』이다. 얼핏 공매도를 무조건적으로 두둔하는 책 같지만 그렇지 않다. 전문가가 깊이를 바탕으로 중립적 입장에서 알기 쉽게 쓴 책이다. 이 책만 보아도 공매도의 본질이 무엇인지, 우리가 흔히 들어본 얘기들 중 무엇이 사실이고 허위인지에 대해 명확한 인식을 가질 수 있다.

　공매도가 논란을 증폭시키는 이유는 무엇보다 공매도 개념 자체에 대한 깊이 있는 이해가 쉽지 않다는 점이다. 공매도 자체가 없는 주식을 파는 것이니 자연스럽지 않다고 생각할 수도 있다. 하지만 주식을 빌려서 파는 차입공매도는 돈을 빌려 주식에 투자하는 행위처럼 수익을 추구하는 자본시장에서 합리적인 행위다.

　공매도처럼 논란이 많은 주제일수록 다양한 데이터에 근거한 실증적 분석이 매우 중요한데 이는 잘못된 정보가 시장과 여론을 오도할 수 있기 때문이다. 내가 이관휘 교수를 처음 알게 된 것도 재무와 금융 분야 최고 학술지인 《리뷰오브파이낸셜스터디스Review of Financial Studies》에 2009년 게재된 그의 공매도 관련 논문을 통해서다. 뉴욕 증시NYSE 거래량의 4분의 1, 나스닥 거래량의 3분의 1이 공매도를 통한 거래라는 놀라운 실증적 발견이었다. 이후 이관휘 교수는 가격발견 기능을 포함해 공매도의 다양한 역할에 대해 이론적·실증적 연구를 지속해 한국뿐 아니라 세계적으로 인정받는 공매도 분야 대표학자가 되었다. 생각건대 미국 증권거래위원회SEC에서 공매도와 관련해 자문을 받기 위해 누군가를 찾는다고 해도 대표적으로 거론될 수 있는 교수일 것이다. 공매도같이 복잡한 이슈일수록 깊이가 없으면 정확한 판단을 내리기 힘든데 이 교수는 이런 조건을 갖추었다. 전문성의 기초 위에 다양한 사례를 통해 공매도 이슈를 알기 쉽게 풀어쓴 것이 이 책의 가장 큰 특성이다.

공매도와 관련해 전문성 못지 않게 중요한 것이 중립성이다. 공매도에서는 첨예하게 이해관계가 대립하기 때문이다. 특히 공매도 때문에 주가가 하락한다고 생각하는 기업들은 격앙되기 일쑤다. 주가 하락으로 손해를 본 일반 투자자들도 그러하다. 하지만 미국 엔론 사태 회계부정을 세상에 밝히는 데 결정적 계기를 제공한 공매도 투자자 짐 체이노스처럼 기업의 문제점을 파악하고 주가 하락에 베팅한 투자자들은 그 반대에 서 있다. 여기에 정책 및 감독 기관, 심지어 정치인들에 이르기까지 공매도에는 다양한 이해관계가 대립한다. 그만큼 중립적이고 객관적인 분석과 주장이 절실한 분야다. 공매도를 알면서 동시에 객관적일 수 있는 전문가는 학계의 전문가다. 여기저기 시류를 쫓아 왔다 갔다 하는 학자가 아니라 철저히 데이터와 실증분석에 입각해 냉철하게 사고하고 주장할 수 있는 학자들 말이다. 이 교수는 이런 조건을 갖추었고 이런 생각이 책 전반에 잘 표현되어 있다.

우리가 명심할 점은, 정치권력은 국민에게서 나오듯 '자본시장의 권력은 투자자에게서 나온다'는 점이다. 투자자 보호가 그토록 중차대한 이유다. 그렇다면 공매도를 무조건 없애는 것, 매도하는 것이 투자자 보호인가? 아니다. 가장 기본적인 투자자 보호는 주식 가격이 허위 정보에 휘둘림 없이 다양한 정보를 정확히 신속하게 반영할 때 확보된다. 주가를 상승시키는 정보는 물론, 주가를 하락시키는 정보도 주가에 잘 반영되어야 시장이 효율적이고 가격이 공정하게 된다. 그리고 공정한 가격이야말로 투자자 보호의 출발점이다. 공매도는 이런 기능을 한다. 물론 그릇된 목적으로 공매도를 악용하는 경우도 있다. 잘 따져보면 이런 문제는 공매도 자체의 문제가 아니라 내부 정보 이용이나 불공정 거래의 문제다. 공매도에 대한 올바른 질문은, 공매도 자체가 아니라 어떻게 하면 공매도의 순기능을 잘 살리고 역기능을 최소화할 수 있도록 제도를 운영하느냐 하는 것이다.

공매도 제도가 공정하게 운영되려면, 정책과 제도의 개선도 중요하지만 가장 근본적인 출발점은 자본시장의 모든 플레이어들이 공매도를 정확히 깊이 있게 이해하는 것이다. 똑똑한 투자자들이 많을수록 불순한 세력이 공매도를 악용할 여지가 줄어들기 때문이다. 바로 『이것이 공매도다』에 기대하는 바다. 『이것이 공매도다』는 깊이 있고 흥미로운 사례를 겸비한 읽기 쉬운 책으로서, 시장참여자들이 공매도를 정확히 이해하는 데 크게 기여할 것으로 확신한다. 일반 투자자와 기업인은 물론 학자, 금융인, 변호사, 정책 및 감독 당국자 모두에게 일독을 추천한다.

김형태
현 김앤장 법률사무소 수석 이코노미스트, 전 자본시장연구원 원장

요즘처럼 다양성의 가치가 부각되는 시대는 없었다. 그리고 앞으로의 세상도 다양한 의견과 기술, 아이디어를 받아들임으로써 한껏 더 풍요롭고 다채로워질 것이다. 이러한 시대의 흐름 속에서 '공매도空賣渡의 공매도空罵倒'를 통렬히 비판하고, 공매도의 순기능과 문제점을 균형 잡힌 시각으로 바라본 현직 경영학 교수의 참신한 이의 제기에 찬사를 보낸다. 각종 논문과 실제 사례, 뉴스 미디어 등 다양한 채널을 통해 확보된 실증적 정보로 파헤친 공매도의 진실은 매우 흥미롭다. 공매도 이슈를 넘어 주식시장의 시장효율성(정보효율성) 증대의 필요성을 설파하는 이 책을 주식시장에 관심이 있는 일반 대중들에게 추천하는 바이다.

강민균(JKL 파트너스 부사장)

공매도와 관련된 모든 정보를 한눈에 파악할 수 있는 한국거래소 공매도 종합 포털(https://short.krx.co.kr)에 들어가 보면 상단 메뉴 중 '공매도 제도', '공매도 통계', '자주하는 질문' 외에 '오해와 진실'이라는 소설 제목 같은 메뉴가 생뚱맞게 걸려 있다. 주식 등 금융 투자상품에 대한 분석 정보와 데이터베이스를 제공하는 ㈜에프앤가이드 대표로서 지금까지 공매도만큼 말도 많고 탈도 많은 것을 본 적이 없다.

그런 공매도의 알파에서 오메가까지 학술논문과 다양한 사례, 그리고 각종 뉴스와 기사를 샅샅이 훑어 공매도의 '오해와 진실'을 돌아본 노작이 출간되었다. 누구나 이 책을 읽고 나면, 이관휘 교수의 남다른 친절과 소명의식에 감사해할 것으로 믿는다. 새가 안전하게 비행하기 위해서는 좌우 양 날개가 모두 필요하듯이, 주식(금융 투자상품)이 과소평가되었는지 과대평가되었는지를 끊임없이 의심하는 현명한 투자를 지향하는 사람이라면 이제 더 이상 공매도를 괄호 내에 두어서는 안 될 것이다.

김군호(에프앤가이드 사장)

미국에서는 재무금융 분야의 심화된 전문지식이나 학계의 연구 결과를 일반 대중이 접할 수 있게 하는 다양한 저작물이 적지 않게 나오고 있다. 이러한 미국의 사례를 보면서 한 명의 연구자로서 우리나라에도 저런 서적들이 많이 나왔으면 좋겠다는 생각을 평소에도 해오던 차에 이관휘 교수님이 바로 그런 책을 집필하셨다는 소식을 들으니 반가움을 감추기 어려운 지경이다. 그런데 차례부터 심상치 않다. 공매도가 억울하다니? 과연 뭐가 그리도 억울한 것일까? 판단은 오롯이 개개의 독자의 몫일 것이나 판단을 내리려면 우선은 무슨 내용인지 읽어봐야 하지 않겠는가? 우리 모두 '억울'하다는 그 사연이 과연 무엇인지 나름 골치 아프면서도 재미있는 지적 탐구의 여행을 떠나보자.

김누리(한양대학교 경영학부 교수)

주식 공매도의 필수적 역할essentiality에 대해 탐구한 시도이다.

김영식(서울대학교 경제학과 교수)

"공매도가 어때서?" 시장의 효율성을 위해, 그리고 버블을 방지하기 위해 중요한 역할을 담당하는 공매도 투자자들에 대해 정확하게 알려주는 책. '로스차일드가 거짓 정보를 활용한 공매도로 세계 최고의 부자가 됐다'는 자극적인 스토리는 나치의 괴벨스가 유대인 학살을 위해 퍼뜨린 헛소문이었음을 기억하자. "It's SHO Time!"이라는 탑 저널 논문으로 글

로벌 재무경제학계에서 공매도 관련 스타가 된 이관휘 교수님의 쾌도난
마 해설이 돋보이는 책. 파이낸스 가이들에게 단연 최고의 필독서!

김영한(성균관대학교 글로벌경영학과장)

이관휘 교수는 공매도 분야 연구의 세계적인 권위자다. 동시에 복잡하고
어려운 개념들을 쉽고 재미있는 비유로 설명하는 재담가이기도 하다. 이
책에서 잘 설명되어 있듯이 공매도는 무수한 비난에도 불구하고 주식 가
격이 회사에 대한 정보를 정확하게 반영할 수 있도록 하는 자본시장의
핵심적인 장치다. 순수한 학문적 연구에 그치지 않고 이를 실무에 적용
시켜 공매도에 대한 우리 국민들의 오해를 풀고, 보다 폭넓은 시각을 가
질 수 있도록 다양한 사례와 법적인 쟁점들을 유쾌하고 깊이 있게 소개
한 이 교수의 노력과 열정에 경의를 표한다.

김우진(서울대학교 경영대학 교수)

공매도를 부정적으로 생각하는 투자자라면 이 책을 반드시 읽기를 바란
다. 책장을 넘기며 그동안 갖고 있었던 생각이 얼마나 잘못된 것이었는
지 무릎을 치며 깨닫게 될 것이라 믿어 의심치 않는다. 국내 공매도 최고
전문가가 들려주는 흥미진진한 이야기들을 탐독하면서 당신은 공매도
야말로 주식시장의 건전성을 담보하는 파수꾼이라는 사실에 눈을 뜨게
될 것이다. 그리고 책을 덮는 순간 공매도 규제 반대론자가 되어 있는 자
신을 발견하게 될 것이다.

김우찬(고려대학교 경영대학 교수)

학자에게 가장 명예로운 일은 자신의 연구 분야에서 중요한 학문적 기여를 하고, 분야 전체를 이해하고 아우르는 문헌연구를 쓰는 것입니다. 운이 좋아 흔치 않은 능력까지 소유한다면, 그것을 대중이 이해하는 언어로 설명할 수 있습니다. 이 책은 그런 책입니다.

공매도는 자본주의의 작은 단면이지만, 공매도에 대한 이해는 자본주의 작동 방식을 꿰뚫어 보는 통찰력을 제공합니다. "우리가 저녁 식사를 할 수 있는 것은 푸줏간 주인, 양조업자, 빵 굽는 사람들의 자비심 때문이 아니라 그들이 자신의 이익을 추구하기 때문"인 것처럼, 기업의 거대악이 폭로되고 시장이 효율적으로 돌아가는 것은 공매도자의 사익 추구 때문입니다.

김재수(인디애나 퍼듀대학 경제학과 교수, 『99%를 위한 경제학』 저자)

쉴러(2013년 노벨경제학상) 교수는 주택시장이 주식시장보다 더 비효율적인 이유 중의 하나로 주택시장에는 공매도 제도가 없다는 점을 들었다. 이렇듯 공매도는 자산시장이 제대로 작동하기 위한 필요조건 중의 하나다. 그런데 국내에서는 공매도에 대한 뿌리 깊은 불신이 존재한다. 주가조작 등에 악용된 기억이 선명하기 때문이다. 그러나 주가조작이 의심된다고 주식매수제도 자체를 금지하지는 않는다. 사전적 감독과 사후적 처벌을 조정 관리하고 있는 것이다. 공매도의 경우도 마찬가지여야 한다.

공매도에 관한 세계적 권위자인 저자는 국내외 다양한 사례와 학계의 실증연구 등을 토대로 공매도에 대한 잘못된 믿음과 진실을 정확하게 가려내고 그에 기반한 정책적 조언을 제시한다. 저자의 열정과 재치가 가득한 이 책은 주식 투자에 관심이 있는 일반 독자와 전문 연구자들, 그리고 정책 담당자들 모두에게 색다른 배움과 토론의 기회를 제공할 것이다.

김정욱(서울대학교 경영대학 교수)

대중들에게 익숙한 주식시장 관련 서적들은 주식시장을 머니게임money game으로 보고 어떻게 돈을 딸 수 있는가를 설명하는 데 주력하고 있으며, 이러한 내용들이 인간의 부에 대한 탐욕 본능을 자극하여 널리 읽히는 것이 현실이다. 그러나 늘 위너winner만 될 수 없는 주식시장에서 속칭 루저loser들은 자신의 패인을 외부로 돌리려 하며, 그 대상 중 하나로 공매도를 지목하는 경우가 있다. 이관휘 교수님의 역작 『이것이 공매도다』는 주식시장에서 비난의 대상이 되기도 하는 공매도에 대한 오해와 이에 대한 진실을 학문적 관점에서 접근하되 대중이 쉽게 이해할 수 있게 서술한 '공매도의 진실 고백서'라 할 수 있다.

남욱(나이스신용평가 부사장)

공매도만큼 논란이 많은 이슈가 또 있을까? 공매도는 주식시장에서 뜨거운 감자로 자주 등장하곤 한다. 공매도의 주요 창구로 오해받은 증권사에는 투자자들의 항의가 빗발치고 불매운동이 벌어지는 사태도 심심치 않게 있었다. 주식 투자라는 것이 기본적으로 미래를 희망적으로 보는 관점에서 출발하느니만큼 투자자들에게 공매도는 뱀을 만날 때 느끼는 오싹함만큼 본능적으로 싫은 것일 수 있다. 그렇다고 하더라도 공매도에 대해 사실에 근거하지 않고 감정적으로 이해하고 반응하는 것은 투자자의 성장에도, 주식시장의 발전에도 전혀 도움이 되지 않는다. 무엇이든지 정확하게 알아야 한다. 미화할 필요도, 폄훼할 필요도 없다. 우리나라의 성장률이 정체되고 성장산업으로 돈이 흘러가지 않는 상황에서 건강한 주식시장의 발전은 매우 중요하다. 건강성을 확보하는 데는 다양한 영양소가 필요하다. 다양한 견해와 생각들이 모여서 만들어진 가격이라야 의미가 있고, 그런 시장이라야 투자자들의 신뢰를 받을 수 있다.

이런 즈음에 젊은 경제학자의 용기 있는 주장이 나와 반갑기 그지없다. 담담한 어조로 대화하듯 풀어낸 이야기라 더욱 설득력이 있다. 공매도가 누명을 벗고 시장 발전에 기여하는 계기가 될 것이라 확신한다.

민경부(미래에셋대우 WM총괄대표·부사장)

'공매'라는 단어는 한국의 금융시장에서 그 장단점이 충분히 인식되기도 전부터 금기어 취급을 받고 있는 게 사실이다. 이에 따라 우리나라에서는 금융상품 개발이 한쪽으로만 치우치고 다양성도 제약되고 있다. 이는 마치 새를 보고 한쪽 날개로만 날라고 하면서 잘 날기를 바라는 것과 비슷하다. 이관휘 교수의 책은 일방적으로 매도당하고 있는 공매도를 제자리로 돌려놓는 데 중요한 공헌을 할 것으로 믿는다. 이는 매우 용기 있는 일이며 또한 이 일에는 공매도에 대한 세계적인 권위자인 이관휘 교수보다 더한 적임자는 없다고 생각한다. 귀한 책에 대한 추천사를 쓰게 되어 기쁘다.

민상기(전 서울대학교 경영학과 교수)

애널리스트가 '매도' 의견을 자유롭게 내기 힘든 우리나라 자본시장 환경에서 '공매도'와 관련된 좋은 책이 출간되는 점은 매우 반가운 일이 아닐 수 없습니다. 이 책은 세계 최고의 학술지에 수차례 논문을 게재한 서울대학교 경영대학 이관휘 교수님의 지성으로 공매도를 입체적으로 분석해 독자로 하여금 공매도에 대한 편견을 버리고 스스로 장점과 단점, 사실과 오해를 판단할 수 있도록 도움을 드릴 수 있는 책입니다. 서울대학교 최고경영자 과정에서 청강했던 이관휘 교수의 강의처럼 깊이 있는 내용을 이해하기 쉽고 재미있게 읽을 수 있도록 쓰여 있어 학생과 일반 투자자, 금융업계 임직원 등 여러 독자 분들께 각기 다른 깨달음과 배움을 드릴 수 있을 것으로 기대되어 추천해드립니다.

백경원(CFA 한국협회 부회장)

재미있고 사고를 자극한다. 골치 아프고 어렵다고 여기는 재무금융 전문 분야 이야기를 지은이는 쉽게 풀어간다. 지은이의 친절한 설명을 따라가다 보면 어느덧 재무금융 분야 이론과 실증연구들이 쉽게 우리에게 다가온다. 해외에서 스티클리츠, 피케티, 크루그만 등의 석학들은 전문 분야의 글을 대중에게 쉽게 전달하며 숱한 베스트셀러를 만들어내고 있다. 우리나라에서도 지은이의 글이 전문 분야 연구를 대중에게 전달하는 활동에 새바람을 일으키길 기대한다.

백복현(서울대학교 경영대학 교수)

이 책은 사회적으로 비판의 대상으로 자주 등장하는 공매도를 객관적인 입장에서 바라볼 수 있게 해준다. 저자는 방대한 과학적 연구 결과를 바탕으로 시장효율성이나 기업감시 능력 향상과 같은 공매도의 순기능에 관해 누구나 알기 쉽게 설명하고 있다. 더 나아가 최근 이슈가 되었던 국내외의 실제 사례들과 연결시키면서 독자들의 흥미와 몰입도를 극대화시킨다. 금융과 투자에 관심 있어 하는 일반 독자에서 현업에서 실무를 담당하는 전문가들에게까지 강력하게 추천하고 싶다.

어준경(연세대학교 경영대학 교수)

대주를 쉽게 할 수 없는 개인은 공매도를 하고 싶어도 할 수 없다. 따라서 주가 하락의 주범으로 지목되고 있는 공매도를 바라보는 시선은 일반적으로 매우 부정적이다. 이관휘 교수는 이 책을 통해 공매도에 대한 진실을 일반 투자자들이 쉽고 빠르게 이해하여 그동안의 오해를 풀 수 있도록 돕고 있다. 공매도의 '억울함'이 이 책을 통해 풀릴 수 있을 것으로 기대한다.

왕수봉(아주대학교 경영대학 교수)

분노할 일도 많고 분노하라는 사람들도 있다. 하지만 이관휘 교수는 그전에 조금만 더 찬찬히 생각해보자고, 따져보자고 말한다. 이관휘 교수의 『이것이 공매도다』는 '공매도'라는 시의적절한 주제를 정확한 내용과 좋은 글로 재미있게 설명한다. 그리고 독자들에게 묻는다. 그동안 제대로 화내고 있었던가를. 학교와 연구소에서 개별적으로 이루어진 여러 연구를 서로 맞물어 이렇듯 큰 이야기를 만들어낸 이관휘 교수에게 박수를!

이동욱(고려대학교 경영대학 교수)

'타짜와 호구가 같이 뛰는 운동장을 더욱 기울게 만드는 이상한 게임의 법칙'. 공매도에 대한 이런 단상이 오해였을 수도 있겠다는 생각을 하게 만드는 책.

이동협(SBS PD, 〈수저와 사다리〉 연출)

공매도라는 편견과 오해가 난무하고 설명하기 어려운 주제를 다루었음에도 이 책을 읽으면서 흥미진진하게 그 말하는 바를 따라갈 수 있었다. 이관휘 교수는 공매도의 순작용과 오남용 모두에 대한 균형 잡힌 시각을 유지하면서 그 특유의 재치와 이해하기 쉬운 사례를 통해 자본주의의 꽃인 주식시장에서 왜 공매도라는 제도를 유지하고 오히려 그 역할을 확대해야 할 필요가 있는지에 대해 명쾌한 답을 내놓고 있다.

이상윤(에이투파트너스 대표)

공매도와 관련해 세계적으로 인정받는 연구 업적을 가진 저자가 이 책에서 친근한 언어로 공매도에 관해 쉽지만 심도 있는 설명을 제공한다. 공매도에 대한 보다 깊은 이해와 실제 투자에 어떻게 활용될 수 있는지에 관심 있는 분들께 이 책을 적극 추천한다. 본인의 연구에 기반해 사회에 필요한 메시지를 전하고자 하는 저자의 노력이 여러 독자들의 사랑을 듬뿍 받아, 본인의 연구와 무관한 주제에 대한 시사평론이 대세인 학계에 신선한 바람을 일으킬 수 있기를 바란다.

이인무(카이스트 경영대학원 교수)

시장참여자 중에 시장의 존재 이유가 무엇보다 효율성에 있다는 평범한 진리를 잊고 사는 경우가 더러 있다. 이 책을 통해 그럴 가능성이 조금이라도 줄어들기를 기대한다.

조홍래(한투운용 대표)

공매도가 가지는 순기능과 역기능은 오랜 시간 동안 논란이 되어왔습니다. 이 책은 공매도를 학술적인 접근뿐만이 아니라 주식시장에서의 실제 사례 등을 통해 다양한 시각에서 체계적으로 설명하고 있어 대중서적으로서도 큰 가치가 있다고 생각됩니다. 학자로서 학교와 연구소의 틀에만 머무는 것이 아니라 논란이 되는 제도에 대해 업계와 정책 당국, 그리고 대중들에게 제대로 알리려는 노력이 책 속 곳곳에 담겨 있습니다. 이관휘 교수님의 그 열정에 큰 박수를 쳐주고 싶고, 공매도에 대한 이해뿐만 아니라 금융시장에 관심이 있는 분들이라면 꼭 일독을 권합니다.

차문현(타임폴리오 자산운용 부사장)

공매도에 관해 투자기법으로 활용하라는 책은 많다. 하지만 이 책은 공매도에 관한 시장의 오해, 오해의 이유, 현황과 제도, 여러 사례에 대해 이론적으로 설명하고 있다. 기관 투자자나 개인 투자자는 물론 특히 거대기금 운용자, 시장 감독자는 반드시 읽어보아야 할 공매도 이론서다. 저자의 설명대로 공매도의 효과인 가격효율성, 시장유동성 공급, 거짓말 사냥꾼 역할, 헤지 전략 수단 등이 제대로 발휘될수록 시장효율성이 높아져 버블도 금융위기도 줄어들 것이다.

한동주(전 NH아문디자산운용 대표, 전 국민연금 기금운용전략실장)

효율적인 시장에서는 무엇보다 유동성이 가장 중요하다. 최근 급격하게 대중의 관심을 받고 있는 공매도란 미수매입 등과 더불어 유동성 공급이라는 측면에서 중요한 역할을 한다. 유통시장에서 공매도의 순기능과 역할의 중요성을 저자는 그간의 금융시장 관련 서적이 설명한 바 없는 실례와 이론을 바탕으로 이해하기 쉽게 잘 설명해주고 있다. 자본이동에 더 이상 국경이 없는 오늘날, 대한민국을 포함한 모든 세계 자본시장이 투자 유치를 위한 무한경쟁에 몰입하고 있다. 시장의 경쟁력은 결국 효율성과 기업들의 성장잠재력으로 결정되고, 이관휘 교수가 설명하고 있는 공매도의 중요성에 대한 대중의 정확한 인식은 효율성을 위해 필연적일 것이다. 이 책은 지식과 경험 정도에 관계없이 폭넓은 층의 독자들이 무엇보다 중요한 개념을 쉽고 정확하게 이해할 수 있도록 돕는 시장참가자들의 필독서라고 할 수 있다.

한승수(모건스탠리 한국대표)

한국 주식시장에서 순기능보다 부작용이 더 부각되는 거래가 공매도다. 돈 잃고 기분 좋은 사람은 없을 것이다. 더구나 위법한 수단에 당했다고 생각하면 더더욱 그렇다. 하지만 곡식 쪼아 먹는다고 들판의 모든 참새들을 박멸하면 병충해가 창궐하여 더 큰 피해를 가져온다는 저자의 비유는 아주 적절하다. 이 책은 주식시장에서 공매도의 생태적 역할과 기능을 원론적으로 되짚어보고, 다양한 실제 거래 사례들을 분석, 제시하고 있어 전문가들뿐만 아니라 일반인들도 공매도에 대한 생각을 쉽게 이해하고 정리하는 데 좋은 참고서가 될 것이다. 아울러 주식시장의 가격기능이 효율적으로 잘 작동하게 하려면 어떤 것들이 전제되어야 하는지를 근본적으로 되새겨볼 수 있는 화두를 던져주는 훌륭한 저서라고 생각한다.

허정수(KB생명보험 대표)

PEF가 활발하게 참여하는 기업 인수합병 시장에서 성공적인 투자를 만들기 위해 필요한 첫 번째 기준은 인수가격의 적정성이다. 경쟁입찰의 경우 투자자가 인수 성공에만 몰두해 지나치게 높은 가격으로 인수하게 되면 소위 말하는 '승자의 저주' 함정에 빠지게 되고, 너무 낮은 가격으로는 기회를 놓치게 된다. 그래서 PEF의 투자 과정에서는 대상 기업의 적정가격을 파악하기 위한 기업 가치평가가 매우 중요하다.

이 책에서 저자는 공매도 투자자들은 주식의 적정가격을 잘 파악하는 정보기반형 투자자들로, 그리고 그들의 공매도 행위는 과대평가된 주식들이 제자리를 찾아가도록 도움으로써 시장효율성을 증대시키는 행위로 평가하고 있다. 그런 면에서 공매도는 PEF 등 다른 분야의 투자 과정에서 이루어지고 있는 합리적 투자 행위와 맥을 같이한다. 공매도에 대한 공연한 매도를 멈추어야 한다는 저자의 주장에 적극 동의한다.

현상순(키스톤 프라이빗에쿼티 대표)

이관휘 교수님의 책은 공매도의 본질에 관해 깊은 통찰력을 제공하는 역작이다. 이 책은 공매도 속성에 대한 학문 연구뿐 아니라 실제 사례까지 폭넓게 다루고 있다. 따라서 학생이나 교수뿐 아니라 실무 전문가 및 투자자들에게도 균형감 있는 시각을 제공할 것으로 믿는다. 이 책이 공매도의 장단점에 대한 체계적이고 심도 있는 논의를 시작하는 데 큰 역할을 할 것으로 기대한다.

황이석(서울대학교 경영대학 교수)

차례

억울한 공매도를 위한
변론

심장을 찢어 꺼내 (공매도자들이) 죽기 전까지 씹어 먹자.

1994년부터 2008년까지 리먼브라더스의 최고경영자CEO였던 딕 풀드Dick Fuld는 공매도 투자자들에 대해 맺힌 게 많았던 모양이다. 저런 섬뜩한 말을 했던 걸 보면 말이다. 굳이 그의 말을 들먹이지 않더라도 공매도에 관한 적개심은 주변에 널려 있다. 특히 기관이나 외국인 투자자에 비해 개인 투자자들의 공매도 기회가 제한되고 있는 한국에서 공매도에 대한 미움은 이미 위험 수준이다.

이런 때 순기능을 얘기하며 공매도를 옹호하는 것은 무모한 일일지 모른다. 그러나 많은 사람이 미워하는 제도라 하더라도 많은 사람의 행복을 위해 오히려 그 제도가 유지되어야만 한다고 소리치는 옹호의 목소리가 있다면 그 또한 파묻혀서는 안 될 것이다. 마치 공매도가 많은 투자자들이 그 미래를 낙관적으로 생각하는 주식들에 대해 그렇지 않다고 과감히 목소리를 높이는 투자인 것처럼 말이다.

다소 거창하게 얘기하자면 그러한 목소리들을 깊이 살피고 여러 의견을 조율해서 많은 사람이 행복할 수 있는 시스템을 도출해내고 그것이 잘 작동하도록 도움을 주는 것이 학자들에게 주어진 책임이 아닐까 한다. 토마 피케티Thomas Piketty 교수의 말마따나 "이것이 바로 사회과학 연구자를 비롯한 지식인들, 그리고 누구보다도 연구에 바칠 수 있는 시간을 더 많이 가진 (그리고 그 연구에 대한 보수까지 받는 귀중한 특권을 가진) 운 좋은 시민들이 할 수 있고 또 해야 하는 역할"[1]일 것이기 때문이다.

사람들은 보통 가격이 오를 것을 기대하고 주식을 산다. 그러나 공매도는 주가가 하락할 것을 기대하며 실행하는 투자다. 이상하게 들릴지 모르지만 가격이 오르면 망하는 투자다. 공매도는 갖고 있지 않은 주식을 누군가에게서 빌려와 시장에 팔아 수익을 챙기고, 이후에 그 주식을 다시 시장에서 매입해 주식을 빌려주었던 대여자에게 갚아 정산하는 투자를 말한다. 사고 나서 파는 게 아니라 파는 게 먼저다. 갖고 있지도 않은 주식을 빌려와 서둘러 파는 이유는 주가가 하락하기 전에 팔아야 더 많은 수익을 챙길 수 있기 때문이다. 그리고 이후 주가가 실제로 하락하면 낮은 가격에 주식을 사서 갚을 수 있으니, 거래비용을 무시하면 판 가격과 산 가격의 차이만큼 이익을 낼 수 있는 거래다. 공매도는 이렇게 간단한 과정으로 이루어지지만 여기에는 그렇게 간단치 않은 반칙들이 자주 끼어든다. 공매도가 비난받는 이유다.

    가격이 떨어지기 전에 빨리 팔려고 하다 보니 성질 급한 어떤 공매도자들은 주식을 빌려오기도 전에 일단 팔겠다고 내놓고 본다. 말 그대로 있지도 않은 걸 파는 것인데 법적으로 엄격히 금지되고 있음에도 이것이 가능하다는 것이 놀랍다. 그런데 이렇게 있지도 않은 유령주식을 판 사기꾼들 때문에 주가가 떨어졌다는 생각이 들어 마음이 몹시 불편한데 이런 범죄를 저지른 자들이 제대로 처벌조차 받지 않는다. 이게 나라냐, 욕지기가 목구멍까지 치솟아 오른다.

    회사의 주가가 떨어질 것이라고 철썩같이 믿는 어떤 개인 투자자는 요즘 마음이 몹시 급하다. 주가가 떨어지기 전에 빨리 팔아야 하는데 아무도 주식을 빌려주려 하지 않기 때문이다. 그런데 기관이나 외국인들이 쉽게 주식을 빌려 팔아치우는 걸 보고 있으니 속에서 천불이 난다. 도대체 왜 개인들한테는 주식을 안 빌려주는 거야. 기관이나 외국인 아니면 투자자도 아니란 거냐.

    어떤 공매도 투자자는 주식을 사서 갚으려고 기회를 보고 있는데 가격이 떨어지기는커녕 자꾸 올라가기만 해 걱정이 태산이다. 1만 원에 판 주식을 1만 1,000원에 사서 갚아야 할 판이다. 가격이 내려가라고 기도만 하고 있으면 적어도 남들에게 피해는 주지 않을 텐데 아예 가격이 내려'가도록' 사고를 쳤다. 거짓 정보를 퍼뜨린 것이다.

어떤 경영자는 자신의 회사에 공매도하는 자들이 미워 죽겠다. 멀쩡하고 건전한 회사인데 늘어난 공매도를 시장에서 마치 회사에 어떤 문제가 있는 신호로 오해하진 않을까 싶어 걱정이다. 공매도자들에게 최고의 복수는 주가를 올리는 것일 터이다. 그래서 주가를 '올리기로' 했다. 좋은 뉴스를 과장하거나 회사의 재무·회계 정보를 예쁘게 포장하면 공매도자들을 엿 먹일 수 있을 것이다.

주주들은 자신의 회사에 자꾸 공매도를 치는 자들이 괘씸하다. 그래서 주주들끼리 단단히 결속하기로 했다. 공매도자들에게 주식을 빌려주면 배신자라는 낙인을 찍겠다며 으름장을 놓는다.

공매도는 아무래도 뭘 좀 아는 자들끼리 짜고 치는 고스톱 판인 것 같다. 애널리스트들이 목표가를 하향 조정하기 전에 살짝 정보를 흘려 공매도 투자자들의 배를 불려준 것 같긴 한데 증거가 없으니 콧구멍에서 더운 숨만 씩씩 뿜어져 나온다. 공매도라는 걸 아예 없애버리면 적어도 개인들만 더 털리는 일은 없을 텐데 도대체 정부 당국에서는 무얼 하는 건지. 귀를 막아버렸나?

사정이 이런데 세상엔 공매도를 옹호하는 자들도 있다. 어떻게 교수들이 공매도가 나쁜 것을 모를 수가 있지? 여기저기 기웃거리며 거드름이나 피우는 주제에….

2013년부터 2017년까지 5년 동안 한국에서는 무차입공매도 위반으로 68개사가 제재를 받았다. 별것 아닌 것 같지만 그 증가세는 심히 걱정스럽다. 《이데일리》 기사에 의하면 해가 갈수록 위반 건수와 위반액이 증가했는데, 이를테면 무차입공매도 금액은 2013년 226억 원에서 2014년 2,000억 원, 2016년 3,000억 원, 그리고 2017년엔 5,700억 원대로 대폭 증가하였다. 2013년과 비교해볼 때 불과 4년 동안 무려 25배가 늘어난 것이다. 또 무차입공매도의 대상이 되었던 주식 수도 2013년 6개사에서 2016년엔 55개사로 무려 9배 이상 늘었다.[2]

이렇게 엄청난 속도로 무차입공매도가 늘어나고 있는 이유는 어렵지 않게 찾을 수 있다. 무차입공매도는 적발하기도 어렵지만, 설령 적발된다고 하더라도 솜방망이 처벌에 그치는 경우가 많았던 것이다. 위 기사에 의하면 적발된 68개사 중 21개사가 과태료를 부과받았고 나머지 47개사는 '주의' 조치만을 받았다. 무차입공매도 위반의 대부분이 '착오'에 의한 것으로 판명 났고, 따라서 엄격하게 죄를 물을 수 없었던 것이다.

반칙과 범죄들이 넘쳐난다고 해서 공매도에 대한 쏟아지는 불만들을 단순히 손실을 본 투자자들의 한풀이나 넋두리 정도로 볼 수는 없다. 반칙과 범죄는 당연히 제어되어야 하고 처벌받아야 한다. 개인에게 불리한 거래 기회의 불평등도 당연히 수정되어야 한다. 여기에는 반대의 목소리가 있을 수 없다. 기회의 균등이나 불법 또는 반칙을 제거한 공정 경쟁의 추구 등은 공매도뿐 아니라 금융시장의 모든 거래에 적용되어야 하는 중요한 가치이기 때문이다.

이 같은 가치들이 특히 공매도에 있어서 더욱 중요하게 생각되는 것은 이들이 특히 공매도와 관련되어 더욱 소외돼왔던 가치들이기 때문일 것이다. 교통사고로 죽는 사람들이 늘어난다고 해서 도로에서 자동차를 없앨 수는 없으며 또 그래서도 안 된다. 마찬가지로 주식시장에서 온갖 불공정하고 불법적인 거래가 판을 친다고 해서 주식시장을 닫을 수는 없으며 또 그래서도 안 된다. 누군가의 가격 조작으로 인해 피눈물을 흘리는 투자자들이 있으면 범죄자를 처벌해야지 주식시장을 닫을 수는 없는 일이다. 이와 마찬가지로 많은 문제점이 있음에도 불구하고 공매도는 폐지되어서는 안 된다.

넷플릭스의 TV 시리즈 가운데 〈검은 돈Dirty Money〉이라는 다큐멘터리가 있다. 그중에 '제약회사를 공매도하다Drug Short'라는 에피소드는 악의 축이 되어버린 거대 제약회사에 맞서 싸우는 공매도 투자자들의 이야기를 담고 있다. 지금은 바슈헬스Bausch Health로 이름을 바꾼, 캐나다 퀘벡 주에 위치한 제약회사인 밸리언트Valeant Pharmaceuticals International와 그 최고경영자인 마이클 피어슨Michael Pearson, 그리고 그 회사에 투자한 헤지펀드계의 거인 빌 애크먼Bill Ackman과 그들에 맞서는 공매도 투자자들의 이야기다. 밸리언트를 글로벌 공룡 제약회사로 만들기 위해 피어슨은 제약회사에서 특히 중요한 R&D 투자를 총수익의 3% 이내로 대폭 줄이는 대신(제약회사는 일반적으로 그 비율이 20%에 달한다) 주로 희귀 약품을 제조하는 크지 않은 제약회사들을 타깃으로 무려 100건이 넘는 공격적인 인수합병을 단행한다. 그리고 인수합병이 완료되면 약품 가격을 수백 배에서 심지어 천배 이상까지 비싸게 책정해 폭리를 취하고 이를 통해 주가를 끌어올리는 전략을 사용한다. 그리고 이러한 정책은 주주를 위한 것으로 정당화된다.

다큐는 그 이면에 하루아침에 수백 배가 뛴 가격을 지불하지 않고서는 살아갈 수 없는 희귀병 환자들과 그 가족들의 이루 말할 수 없는 고통을 비춰준다. 당연히 이러한 폭력적 가격인상 정책은 많은 도덕적 비난을 받았다. 힐러리 클린턴Hillary Clinton이나 버니 샌더스Bernie Sanders 같은 당시 대선 후보였던 유력 정치인들이 이를 비난하고 엄밀한 조사와 재발 방지를 약속했으며, 이 사건에 대해 청문회까지 열렸다. 그러나 약품 가격 결정은 제약회사의 고유 권한이기에 수많은 비난에도 불구하고 피어슨을 비롯한 밸리언트의 핵심 경영진들은 처벌받지 않았다.

이때 이 다큐는 이러한 악당 제약회사와 싸우는 정의로운 기사로 공매도 투자자인 파미 콰디르Fahmi Quadir를 조명한다. 콰디르는 밸리언트가 부정한 방법으로 주가를 부양하고 있음을 눈치채고 이 회사에 공매도 포지션을 취하며 이들의 분식회계를 고발한다. R&D 투자를 등한시하고 헤지펀드의 돈을 끌어다 인수합병에만 집중한 방식이 회사의 경쟁력을 떨어뜨렸다는 점과 이 회사가 자회사 필리도Philidor를 통해 유통과 판매를 부풀리는 수법으로 주가를 떠받치고 있었다는 점을 꿰뚫어 본 것이다. 다큐에서 그녀는 이렇게 대놓고 말한다. "이런 회사는 처단해야 마땅하잖아요."

또 다른 공매도 투자자인 앤드루 레프트Andrew Left 또한 그의 회사 시트론 리서치Citron Research의 보고서를 통해 밸리언트와 필리도를 엔론 사태에 비교하며 그들의 부당거래와 분식회계를 고발한다. 결국 2015년 7월 31일 257.53달러였던 밸리언트의 주가는 불과 7개월여 후인 2016년 3월에 27달러까지 폭락했다. 그리고 바슈헬스로 이름을 바꾼 오늘날(2019년 2월 현재)에도 25달러 언저리에서 움직이고 있다.

이 다큐가 파미 콰디르를 드라마틱하게 영웅시하는 부분이 없다고는 말할 수 없다. 다만 규제 당국이 손을 놓고 있을 때 다른 투자자들과 정책 관계자들에게 사기와 거짓을 적극적으로 알리고 고발하는 공매도 투자자의 역할을 부정적으로 볼 이유는 없다. 자신의 회사에 대한 대량의 공매도를 반길 경영자나 주주들은 없겠지만, 공매도는 이처럼 자본시장에서 분명 유의미한 역할을 하고 있다.

거짓과 싸운다는 공매도의 장점은 꽤나 선정적으로 들린다. 그러나 공매도가 자본시장에 기여하는 가장 중요한 장점은 이보다 훨씬 큰 것이다. 그것은 주식의 가격효율성price efficiency과 관련된 것이다. 여기서 가격효율성이란 주가가 얼마나 적정가격에 가까이 있는가를 말한다. 사실 모든 경제 문제는 공정가격 또는 적정가격의 문제다. 영어로는 fair price라고 쓰지만 이는 한국어로 적정가격 또는 공정가격으로 동시에 번역된다. 적정가격이란 투자자가 감수하는 위험에 대한 적정한 수준의 보상으로 책정되는 가격을 말한다. 이것이 '적정'한 이유는 수익률_return이 결국 위험_risk에 대한 보상_compensation으로 주어지는 것이기 때문이다.

가격이 적정가격에서 벗어난 경우 이는 누군가가 책임져야 할 분량의 위험을 지지 않은 채 보다 높은 수익을 얻고 있다는 것을 뜻한다. 이는 다른 누군가는 보상이 따라오지 않는 과도한 위험을 지고 있다는 것과 같다. 적정가격에서는 이런 일이 일어나지 않는다. 그래서 '공정'가격이라는 말로도 자주 바뀌어 쓰인다. 공정가격이 적정가격보다 더 정치적인 용어임에도 그렇다. 물론 금융시장에서 수익에 대한 적절한 수준의 위험을 파악하지 못했다면 이는 그 자체로 투자자의 책임이다. 그리고 시장은 그 책임을 물어 이러한 투자에 '손해'라는 커다란 비용을 안겨준다. 여기까지는 잘못된 것이 없다. 그러나 주가가 적정가격에서 벗어난 상태가 여기저기 만연하고 그 상태가 오래 지속되면 주식시장은 화투 놀이판으로 탈바꿈한다. 이건 금융의 기능이 아니다. 교통사고의 폐해는 눈에 확 띄지만 주가가 적정가격에서 벗어나 생기는 폐해는 보통 쉽게 인지되지 않는다.

어느 도로에서 교통사고가 만연하고 거의 항상 사고가 일어난다면 그 도로는 도로로서의 기능을 하고 있다고 볼 수 없는 것과 마찬가지다. 이렇게 되면 주식시장은 기업 투자자금의 원천으로서 기능하는 것이 아니라 "경제를 망가뜨리는 자"[3]가 되고, 따라서 우리는 "그렇게 많은 자원을 소비하고 그렇게 많이 주목받은 주식시장이 과연 지금도 중요한 경제적 기능을 하는지 질문해야"[4] 한다. 이런 상황에선 적정주가를 회복시킬 수 있는 장치들이 그 역할을 해주어야 한다. 그리고 공매도는 적정주가의 회복에 도움을 주는 중요한 기능을 한다. 이를 공매도의 '가격발견price discovery' 효과라고 하며 이는 가격효율성을 높이는 공매도의 중요한 기능이다.

주가가 오를 것이라 기대하는 투자자는 주식을 매입하면 되지만, 앞으로 주가가 떨어질 것이라 기대하는 투자자는 어떻게 하면 될까? 당연히 주식을 매도하면 되겠지만 공매도가 규제되는 시장에서는, 그리고 공매도를 대신할 풋옵션이나 다른 투자안들이 충분히 준비되지 않은 시장에서는 자신이 갖고 있는 주식을 매도하는 것 이상의 투자는 할 수 없다. 이는 주가가 떨어질 거라 생각하는 비관적 투자자들이 주식시장에서 밀려나게 되고, 따라서 주가가 오를 거라 생각하는 낙관적 투자자들만이 시장에 남게 된다는 것을 의미한다. 그리고 이는 많은 경우 주식의 고평가(버블)로 연결된다. 불행히도 거품이란 언제고 꺼지게 되어 있다. 어떤 연유로든 그 주식이 재평가되어 거품이 급격히 꺼지게 되면 가격 급락에 의한 피해도 고스란히 투자자들의 몫이 될 것이다.

이에 비해 공매도는 낙관적인 의견뿐만 아니라 비관적인 의견을 가진 투자자들도 시장에 참여할 수 있게 만들어 주가에 거품이 끼는 것을 줄이거나 방지해준다. 공매도의 가격발견 과정은 이처럼 중요한 프로세스다. 그러나 공매도가 규제되면 공매도의 가격발견 과정이 방해를 받게 되고 그로 인해 주가는 적정가격에서 벗어난 채 유지된다.

가격효율성이 떨어지면, 다시 말해 주가가 적정가격에서 벗어난 상태로 유지되면 시장이상현상market anomaly이 발생한다. 적정가격이 유지되는 효율적 시장efficient market에서라면 적은 위험에 대한 큰 보상(수익률)이나 큰 위험에 대한 적은 보상 등 적절치 못한 위험-수익률의 관계risk-return tradeoff는 오래 지속되지 않는다. 그러나 적절치 못한 보상이 꽤 오래 지속될 수도 있다는 실증적 증거들은 효율적 시장이란 말이 무색하리만치 많다. 경제학계에서는 이와 같이 수익률과 위험이 괴리되는 현상을 효율적 시장에 대한 도전으로 받아들여 시장이상현상이라고 부른다. 효율적 시장에서 이런 일이 벌어지는 것은 '이상'한 일이기 때문에 붙은 이름이다. 가격이 적정하지 않은 상태로 지속되는 이유는 가격을 적정한 수준으로 수렴하게 만드는 메커니즘이 잘 작동하지 않기 때문이다. 그리고 많은 경제학자들은 공매도라는 메커니즘이 잘 작동하지 않을 때 가격이 공정하지 못한 상태로 지속된다는, 즉 시장이상현상이 강화되고 지속된다는 수많은 증거들을 성공적으로 제시해왔다.

이처럼 큰 장점을 갖고 있음에도 불구하고 가격발견 효과는 수

많은 오해를 산다. 과대평가된overvalued 주식들이 제자리를 찾아가 도록 돕는 과정이 공매도의 가격발견 기능인데 이것이 마치 공매도 가 주가 하락을 부추기는 것처럼 보이기 때문이다. 더구나 단기적으 로 보면 공매도가 주가 하락을 부추긴다는 것이 반드시 틀린 말도 아니다. 공매도주문이 쏟아져 들어올 때 그 물량을 흡수하기가 벅 차 가격 하락이 일어나거나 또는 대량의 공매도 물량 자체가 시장 에 해당 주식이 과대평가되었다는 강력한 시그널을 보내면서 팔자 주문을 재촉하는 경우가 드물지 않기 때문이다.

그러나 시장이 어느 정도라도 효율적인 경우, 물량에 의한 압박 은 일시적인 것에 그쳐 주가는 결국 펀더멘털의 가치에 수렴하게 된 다. 만약 공매도가 해당 기업의 주가가 펀더멘털에 비해 과대평가되 어 있다는 것을 올바르게 파악하고 이루어진 것이라면 공매도 이 후 하락한 주가는 다시 반등하지 않을 것이다. 하락한 주가가 펀더 멘털에 더 가깝기 때문이다. 이 경우 가격 하락은 공매도 때문에 일 어난 것이 아니라 주가가 적정가격을 찾아가는 과정에서 불가피하 게 발생된 것으로 보는 게 옳다.

공매도가 가격효율성을 높일 수 있는 것은 그것이 정보에 기반 한 투자이기 때문이다. 밸리언트 사례와 관련해 한 가지 더 얘기하 자면, 다큐멘터리에서 파미 콰디르는 밤늦게까지 어떤 자료들을 열 심히 읽고 있다. 그리고 그녀는 지난 2년간 밸리언트에 관련된 모든 관련 자료를 샅샅이 읽고 공부했다고 고백한다. 이는 공매도 투자자들이 아무것도 모르고 랜덤하게 사고파는 투자자들noise traders과는 달리 열심히 그 회사에 관련된 정보를 찾아 스스로를 무장시켜 거래하는, 즉 '정보'를 가진 투자자들일 가능성을 보여준다. 나는 이 책에서 공매도 투자자들이 정보를 갖고 투자하는 정보기반informed 투자자들임을 학계에서 엄밀하게 제시된 실증적 증거들을 통해 보일 것이다.

공매도는 사실 위험이 큰 투자다. 주가는 이론상 무한대로 오를 수 있으나 0원 밑으로는 떨어질 수 없다. 따라서 매수 포지션의 경우 이론상 이익 가능성은 무한대지만 최대 손실은 매수금액으로 한정된다. 매도 포지션의 경우는 반대다. 최대 이익은 매도가격으로 한정되지만 최대 손실은 이론상 무한대다. 손실과 이익의 이 같은 비대칭성은 공매도 투자자들에게 특히 더 불리하다. 그렇다면 이러한 불리함을 감수하면서까지 공매도 투자를 하는 이유는 무엇일까? 세계에서 가장 유명한 공매도 투자회사 중 하나인 키니코스 어소시에이트Kynikos Associate의 짐 체이노스Jim Chanos 회장은 이렇게 말한다.

주가는 무한대로 오를 수 있지만 공매도 포지션에서는 주가가 0원이 되어도 겨우 100%의 수익률이 최고치다. 여기에 나는 항상 이렇게 대답하곤 했다. '주가가 무한대로 오르는 경우는 보지 못했지만 0원으로 가는 경우는 아주 많이 보았다'고.[5]

주가가 과대평가되어 있다는 분명한 정보에 기반해 투자했다면 한정된 이익과 대비되는 무한대의 손실 가능성을 걱정할 필요가 없다는 말이다. 그리고 정보에 기반한 거래는 주가의 효율성을 더욱 높인다. 공매도가 없으면 특히 부정적인 정보가 주가에 반영되는 것이 긍정적인 정보가 반영되는 것보다 느려진다. 경영자들이 부정적인 정보를 최대한 숨기고 싶어 하기 때문이다. 따라서 주가는 더욱 과대평가될 수밖에 없다.

많은 투자자들이 공매도를 미워하는 또 하나의 중요한 이유는 공매도가 주가변동성volatility을 증대시킨다는 믿음에서 나온다. 그러나 이러한 믿음은 잘못된 것이며 사실은 오히려 반대에 가깝다. 공매도 투자는 모멘텀momentum 방식의 투자가 아니라 역모멘텀contrarian 방식의 투자를 따른다. 모멘텀 투자는 가격이 오르고 있는 주식들을 사고 가격이 떨어지고 있는 주식들을 매도하는 방식의 투자로, 투자대상 주식들의 변동성을 높이는 문제점을 갖고 있다. 오르거나 내리는 방향성을 더욱 강화시키는 투자전략이기 때문이다. 그러나 역모멘텀 투자는 반대로 가격이 오르고 있는 주식들을 매도하고 가격이 떨어지고 있는 주식들을 매수하는 방식의 투자다. 가격이 오르는 주식에 쏟아진 매도주문은 가격 상승 모멘텀에 제동을 건다. 따라서 주가가 너무 많이 오르는 것을 막는다. 너무 많이 오르지 않으니 너무 많이 떨어질 일도 없다. 이렇게 역모멘텀 투자는 주가변동성을 줄인다.

나는 이 책에서 공매도는 주로 역모멘텀 방식의 투자로 실행된다는 연구를 소개할 것이다. 소개되는 연구들은 내 논문들 중 가장 학계에 반향도 컸고 그만큼 인용도 많이 된 논문을 포함한다. 이에 더해 공매도가 변동성을 증가시킨다는 가설이 유의하지 않다는 다른 실증연구들도 함께 소개할 것이다. 공매도와 변동성의 관계가 유의하지 않은 것은 한국이나 미국이나 마찬가지다.

공매도의 또 다른 중요한 기능은 공매도가 유동성liquidity을 공급한다는 것에 있다. 여기서 유동성이란 주식을 거래하기가 얼마나 어려운지에 관한 개념이다. 이를테면 주식을 팔고 싶은데 사고자 하는 투자자가 없을 경우에는 가격을 내려 더욱 싼 값에 팔려고 해야만 한다. 이처럼 주식의 펀더멘털 때문이 아니라 단순히 주식을 파는 것이 어려워 할인한 만큼의 가격을 유동성 비용이라 부른다. 유동성은 건강과 같아서 풍부할 때는 그다지 중요시되지 않지만, 부족한 경우에는 그것보다 중요한 것이 없다. 예를 들어 어떤 주식에 대해 사고자buy 하는 매수주문이 체결되지 않은 채 대량으로 쌓여 있는 상황을 생각해보자. 이는 유동성이 부족한 경우다. 실증연구들은 공매도가 이런 주식에 대해, 그리고 이렇게 매수주문이 밀려 있는 경우에 많이 이루어진다는 것을 보여준다. 다시 말해 공매도는 사고자 하는 사람들이 밀려 있는 주식이나 사고자 하는 사람들이 밀려 있는 시점에 적절히 주식을 공급해주어 주식 거래를 용이하게 만들어준다는 것이다.

이러한 증거들은 차고 넘친다. 예를 들어 2000년대 후반의 금융위기 기간 동안 많은 나라에서 이루어졌던 한시적 공매도 금지조치는 공매도의 유동성 공급 기능을 연구하기 위한 좋은 환경을 만들어주었다. 공매도가 금지되었던 주식들과 그렇지 않았던 주식들의 유동성이 한시적 금지조치 이전과 이후 어떤 차이점들을 보이며 변화했는지를 비교분석할 수 있게 만들어주었기 때문이다. 공매도가 유동성을 공급하는 것이 사실이라면 공매도 금지조치 이후 공매도가 금지된 주식들의 유동성 하락은 금지되지 않은 주식들의 유동성 하락보다 더 심해야 한다. 그리고 엄밀한 실증연구들은 이에 잘 부합하는 결과들을 보여준다.

위에서 그 순기능을 살펴보았지만 공매도가 여러 가지 시장조작market manipulation 행위들과 결합되어 불공정하고 불법적인 행위를 하는 자들에게 커다란 수익을 안겨주는 식으로 잘못 작동하는 경우도 적은 건 아니다. 내부자 정보insider information를 이용한다거나, 거짓 정보를 이용해 주가 하락을 부추겨 이득을 꾀한다거나, 대량의 허위 공매도주문을 남발해 시장에 부정적인 센티멘트sentiment를 키우는 등 공매도가 악용될 수 있는 가능성은 결코 적지 않다.

그리고 우리는 이러한 공매도 악용의 실제 사례들도 이미 적지 않게 갖고 있다. 유상증자 시 공매도를 통해 공모가offer price를 낮춘 후 이렇게 낮춰진 가격에 공매도 포지션을 정산함으로써 이득을 얻고자 한 사례들은 그 좋은 예다. 무차입공매도와 같이 유령주식 거래와 관련된 사례 역시 적지 않다. 사실 무차입공매도는 주식시장의 근저를 흔들 수 있는 거대한 사기 행위와 연관될 수도 있다는 점에서 궁극적으로는 반드시 근절되어야 하는 것이다. 그러나 이와 같은 문제점에도 불구하고 공매도의 장점이 단점보다 더 도드라져 보인다면 그것은 아마도 공매도의 장점이 그 단점들보다 실제로 더 크기 때문일 것이다.

이 책은 독자들이 어떻게 하면 공매도를 통해 돈을 벌 수 있을지에 대해 관심이 없다. 나는 공매도에 대해 많은 사람이 갖고 있는 오해와 진실들을 엄밀한 연구들과 실제 사례들을 통해 살펴보고 이를 소개하기 위해 이 책을 썼다. 어떤 현상이나 제도들이 어떻게 작동하고, 어떤 점이 효율적이고 어떤 부분이 비효율적인지, 어떤 점이 좋고 어떤 점이 나쁜지에 대해 즉자적인 판단이 난무하는 때에, 학계에서 이루어진 엄밀한 연구들을 대학과 연구소의 틀 밖으로 들고 나와 금융인, 정책 당국자, 기업인들뿐만 아니라 일반 시민들과 함께 나누고 싶다는 욕심도 한몫했다.

전문서적이라 부를 만한 책들이 베스트셀러 목록에 자주 오르는 것을 보면 미국 같은 나라에서는 쟁쟁한 석학들과 뛰어난 글쟁이들이 쓴 훌륭한 대중서적들 덕분에 학계의 다양한 연구들이 관련 분야의 비非학계 전문가들이나 일반인들에게도 비교적 잘 전달되고 있는 것 같다. 일례로 시장이상현상에 대한 논문이 발표되고

나면 투자자들이 이를 알게 되어 발표된 이상현상이 약해진다는 연구가 있다.[6]

우리나라에도 훌륭한 책들은 많지만, 일반 시민들은 여전히 대학과 연구소를 '그들만의 리그'로 인식하고 있는 경우가 많고, 그들의 학계에 대한 믿음 자체도 그리 크지는 않은 듯하다. 이것이 무엇보다 교수들의 책임이라는 꾸짖음을 피할 생각은 없다. 다만 나는 이 책에서 학계의 다양하고 엄밀한 연구들을 인용했고, 이를 바탕으로 공매도와 관련된 중요한 이슈들을 직관적으로 풀어 독자들과 공유할 수 있도록 노력했다. 물론 이러한 노력이 얼마나 성공적인 것인지는 책을 쓴 사람이 평가할 문제는 아닐 것이다.

그럼에도 불구하고 이 책을 세상에 내놓고 바라는 것이 없을 수는 없다. 그 바람은 이런 것들이다. 이 책이 독자들이 자신과는 안드로메다만큼이나 멀리 떨어져 있다고 생각했던 엄밀한 연구논문들이 사실은 손을 내밀어 문을 열면 닿을 곳에 있다고 생각하게끔 만드는 데 도움이 되었으면 좋겠다. 그리고 이 책이 공매도에 대한 수많은 오해를 풀고 그것의 순기능과 역기능을 함께 널리 알리는 데 도움이 될 수 있다면 좋겠다. 끝으로 이러한 과정이 공매도에 대한 건설적이고 활발한 토론을 이끌어내는 데 도움이 된다면 좋겠다. 공매도空賣渡에 대한 공매도空罵倒는 이제 끝내야 하기 때문이다.

그렇게 된다면 아마 공매도도 조금 덜 억울해할 것 같다.

1부

이것은 공매도가 아니다

공매도에 대한 오해와 진실

●●●

공매도라고 하면 거부감부터 갖는 사람이 많다. 없는 것을 판다는 뜻의 '공매도'라는 용어 자체가 오해를 불러일으키기 때문이다. 무엇보다 공매도는 부정확한 용어다. '차입매도'로 부르는 게 정확하다. 1부에서는 공매도가 무엇이며 어떤 메커니즘을 갖고 있는지, 그리고 왜 비난의 대상이 되었는지를 역사적 과정과 중요한 사례를 통해 살펴본다. 또한 한국과 미국에서의 실제 공매도 현황과 관련 제도 변화에 대해 검토한다.

공매도, 누구냐 넌

공매도空賣渡, short-selling란 무엇일까? '매도'는 파는 행위를 말하고 '공'은 한자로 빌 공空, 비어 있다, 즉 없다는 의미이니 없는 걸 파는 거래 행위를 가리켜 공매도라고 한다. 갖고 있지도 않은 걸 어떻게 파는지도 궁금하지만, 굳이 없는 걸 왜 팔려고 하는지도 궁금하다. 첫 번째 질문에 대한 답은 '없으니까 남에게서 빌려와 판다'이고, 두 번째 질문에 대한 답은 '지금 팔면 나중에 파는 것보다 더 비싸게 팔 수 있을 것 같아서'다. 두 번째 답은, 다시 말하자면 '앞으로 가격이 떨어질 것 같아서'와 같은 말이다.

이해를 위해 간단한 예를 들어보자. 오늘 현대자동차 주가는 13만 원이다. 당신은 이 주가가 내일은 12만 5,000원이 될 것이라 생각한다. 그런데 당신은 지금 현대자동차 주식을 단 한 주도 보유하고 있지 않다. 그래서 당신은 방금 자산운용사로부터 현대자동차 주식 100주를 '빌려와' 현재 시세인 주당 13만 원을 받고 100주 모두를 팔았다. 내일이 됐다. 주가는 당신 생각대로 12만 5,000원으로 떨어졌다. 당신은 주당 12만 5,000원을 주고 100주를 사서 주식을 빌려주었던 자산운용사에 갚았다. 주식대여 수수료loan fee 등 모든 거래비용을 무시한다면 이 거래는 100주를 주당 12만 5,000원에 사서 13만 원에 판 것과 같다. 이익이 주당 5,000원씩이니 총 50만 원을 벌었다. 축하한다. 당신은 훌륭한 공매도 투자자다.

골드만삭스와 삼성증권의 유령주 거래

2018년 5월 30일, 런던 소재 골드만삭스인터내셔널은 골드만삭스 서울지점에 공매도주문을 냈다. 그러나 결제일인 6월 1일, 전체 주문 중 20개 종목 138만 7,968주, 금액으로는 약 60억 원어치가 결제되지 않았다. 골드만삭스 측은 주문 착오를 주장했으나 이 사고는 골드만삭스가 불법으로 규정되어 있는 '무차입공매도'를 한 것이 아니냐는 의심을 낳았다.

　이 사건은 많은 사람에게 불과 몇 달 전 발생했던 삼성증권 배당 오류 사태를 떠올리게 했다. 당시 삼성증권에선 우리사주 배당금 지급을 위한 컴퓨터 작업을 하던 직원이 1,000'원'을 1,000'주'로 잘못 입력하는 실수를 저질러 실제 존재하지 않는 유령주식이 발생했는데, 이 주식이 실제로 증시에서 매도되는 일이 벌어졌던 것이다.

이 두 사건은 불법으로 규제되고 실제 불가능하다던 무차입공매도가 버젓이 자행되고 있음을 보여주는 충격적 사건이었다. 한 증권 매매 시스템 전문가에 따르면 "현행 시스템상 운용사가 공매도 주문을 증권사에 내게 되면 증권사는 이를 내다 팔면서 운용사가 실제 그 주식을 차입했는지 모두 확인할 수 없다. 주식을 차입했는지 구두로 확인하고 믿을 뿐"이라며 "특히 운용사가 A증권사에서 차입하고 공매도주문을 B증권사에 한다면 실제적으로 주식을 차입했는지는 실시간으로 확인이 더 어렵다"고 한다.[1]

너무 유명한 사건이라 이미 알고 있는 독자들도 상당수 있을 거라 생각한다. 이 사건은 여러모로 놀라움을 안겨주었다. 무엇보다 놀라운 것은 삼성증권의 유령주 사태가 거래량 입력 실수에서 비롯된 것으로 공매도와는 직접적인 관련이 없었음에도 불구하고 그 불똥이 공매도로 튀었다는 점이다. 가뜩이나 사람들의 공매도에 대한 감정이 좋지 않은데 뺨 때려줄 사건이 일어난 것이다.

이 사건과 골드만삭스 사건이 가르쳐준 것은 놀랍게도 2018년 한국의 주식시장에서 없는 주식을 버젓이 거래할 수 있다는 사실과 거래 대상인 주식이 실제로 있는지 없는지 확인할 방법도 없다는 것이었다. 알파고가 이세돌을 이기는 세상에서 말이다. 무차입공매도의 위험성을 다시 한번 깨닫게 해주는 좋은 사례지만 입맛이 썼다.

잘못된 작명,
억울함의 시작

공매도는 앞서 말했듯이 갖고 있지 않은 주식을 빌려서 파는 거래 행위를 말한다. 내가 고려대학교 교수로 처음 임용되어 총장 면접을 갔을 때의 일이다. 연구 분야가 무엇이냐는 질문에 나는 공매도 관련 연구를 하고 있다고 대답했다. 다시 공매도가 무엇이냐는 질문이 돌아왔고 나는 공매도는 없는 주식을 빌려서 파는 행위를 지칭한다고 대답했다. 그러자 총장대행님이 눈을 동그랗게 뜨고 "아니, 없는 것을 어떻게 팔지?"라고 되물으셨던 기억이 난다. 그때만 해도 한국에서 공매도 시장이 거의 없다시피 할 때였으니 공매도를 잘 모르셨던 게 그리 놀라운 일은 아니었다.

없는 것을 팔려면 팔기 전에 빌려와야 한다. 따라서 공매도는 주식을 빌려 시장에 내다 팔고, 나중에 해당 주식을 동일 수량만큼 사서 갚는 과정을 모두 포괄한다. 없는 걸 판다고 하니 왠지 부정적인

48

느낌이 드는데 우리나라에서 만연한 공매도에 대한 반감은 '공매도'라는 이름에서 비롯된 것도 적지 않다. 그러나 더 큰 문제는 공매도라는 말이 부정적인 뉘앙스를 풍긴다는 데 있는 것이 아니라 그 이름 자체가 부정확하게 잘못 지어졌다는 데 있다.

차입공매도와 무차입공매도

공매도에는 두 가지가 있다. 하나는 차입공매도covered short-selling이고, 다른 하나는 무차입공매도naked short-selling다. 차입공매도는 주식을 시장에 내다 팔기 전 주식 대여자stock lender로부터 미리 주식을 빌려와 매도하는 공매도 방식을 말하고, 무차입공매도는 미리 주식을 빌려올 필요 없이 먼저 내다 파는 것이 가능한 방식의 공매도를 말한다. 그러니 엄밀히 얘기해서 차입공매도는 현재 주식을 갖고 있지는 않지만 이를 빌려와서 파는 것이므로 없는 주식을 파는 것은 아닌 반면, 무차입공매도는 현재 갖고 있지 않은 주식을 빌려오지도 않은 채 파는 것이니 이것이야말로 진정한 의미로 없는 것을 파는 행위라고 할 수 있다. 따라서 차입공매도의 경우 '공'자를 빼고 '차입매도借入賣渡'라 부르고 무차입공매도의 경우만 공매도로 부르는 것이 맞다.

　현재 우리나라에서는 미국과 마찬가지로 차입공매도만이 법적으로 허용되며 무차입공매도는 불법이다. 무차입공매도가 차입공매도에 비해 결제불이행의 위험이나 나쁜 목적으로 이용될 가능성이 훨씬 크기 때문이다. 그러나 관습이란 무서운 것이어서 우리나라에서는 불행히도 공매도라는 부정확한 말이 '차입매도'라는 정확한 말을 대체해 쓰이고 있다.

용어의 정확성을 향상시킨다는 점에서, 그리고 억울하게 부과된 부정적 의미를 희석시킬 수 있다는 점에서 현재 법적으로 허용되는 공매도인 차입공매도를 무차입공매도와 분리하고 그 이름에서 '공'자를 빼서 '차입매도'라는 말로 공매도라는 용어를 바꾸어 쓰는 것이 옳다고 본다(그러나 이 책에서는 용어의 일반성과 일관성을 위해 공매도라는 용어를 계속해서 사용하기로 한다. 여기서 공매도는 물론 차입공매도를 말한다. 필요한 경우 무차입공매도라는 말을 사용하여 차입공매도와 분리하였다).

무차입공매도의 결제불이행 위험

무차입공매도 거래에서 결제불이행, 즉 실제로 주식을 대여자에게 인도하는 데 실패하는 일은 어떤 이유로 발생하게 되는 것일까? 그 이유는 무엇보다 주식을 되갚아야 할 대상인 주식 대여자가 누구인지 정해져 있지 않다는 데 있다. 빌려온 적이 없으니 당연히 대여자가 누구인지 모르는 것이다. 다음의 예를 보자.

주식을 소유하고 있는 A는 공매도 투자자인 S에게 자신이 거래하고 있는 자산운용사를 통해 주식을 빌려주고 S는 이 주식을 시장에 내다 판다. 그런데 S가 이를 A에게 갚기 이전에 주식의 원래 주인인 A가 빌려준 주식들을 필요로 한다고 하자. 이런 경우 자산운용사는 공매도 투자자인 S에게 같은 주식을 같은 수량만큼 시장에서 다시 사들여 갚는 '숏 커버링short covering'을 강요하는 대신 많은 경우 다른 투자자로부터 새롭게 주식을 빌려 이를 A에게 넘기곤 한다. 다시 말해 주식을 빌려오는 또 다른 거래를 추가적으로 만드는 것이다. 이런 식으로 중복된 거래들은 그 복잡한 거래 관계로 인해 결제불이행 위험을 높인다.

대주거래와 대차거래

그렇다면 주식을 빌린다, 또는 대여한다는 것은 무슨 얘기일까? 공매도와 관련해서 대주貸株와 대차貸借라는 말이 많이 쓰이는데 사실 이 말들도 정확히 이름 지어진 용어들이라고 보기는 어렵다. 한자 뜻풀이를 그대로 따르면 대주는 주식을 빌리는 것이고, 대차는 목적어를 생략한 채 그저 빌리고 빌려주는 행위를 말할 뿐이다.

그러나 이 용어들은 공매도와 관련될 경우 주식을 대여하는 거래의 서로 다른 특성을 나타내기 위해 사용된다. 좀 더 자세히 말하면 우리나라에서는 주식을 빌리는 주체가 개인인지, 아니면 기관 또는 외국인인지에 따라서, 그리고 빌리는 기간의 길고 짧음에 따라서 대주거래와 대차거래를 구분해서 얘기한다. 대차거래는 증권사나 예탁결제원, 한국증권금융 등에서 주로 기관이나 외국인 투자자들에게 약 6개월에서 1년 정도 주식을 빌려주는 서비스를 말하고, 대주거래는 증권사나 자산운용사가 개인 투자자들에게 그보다 짧은 30~90일 정도의 기간 동안 주식을 빌려주는 서비스를 말하는 것이 일반적이다.

만약 여러분이 삼성전자 주식을 100주 갖고 있고 앞으로 적어도 3년 동안은 그 포지션을 그대로 유지할 생각이라고 가정해보자. 당연히 그 기간 동안 주주로서 배당dividend을 받게 될 것이다. 그러나 갖고 있는 주식을 증권사 등을 통해 다른 투자자에게 (3년보다 짧은 기간 동안) 빌려준다면 배당수익에 더해 대여 수수료를 추가적으로 받을 수 있다. '추가적'이라고 쓴 이유는 주식을 빌려준 기간 동안 지급되는 배당액은 주식을 빌려간 자로부터 보전받는 것이 일반적이기 때문이다.

증권사의 주식대여 서비스에 등록함으로써 주식 보유자들은 주식대여 거래에 쉽게 참여할 수 있다. 어차피 3년 동안 가만히 들고 있을 주식들을 잠시 빌려주어 배당 이외에 수수료까지 챙길 수 있으므로 주식 보유자(특히 장기 투자자)들은 주식을 빌려줄 인센티브를 갖게 된다.[2] 하지만 주식을 빌려주어 보유하고 있지 않은 기간 동안에는 주식의 원래 소유자라고 하더라도 주주총회에서 의결권voting right을 행사하는 것은 불가능하다. 의결권이 공매도 거래를 통해 주식을 실제 보유하고 있는 새로운 주주에게 이전되었기 때문이다. 이런 경우 만약 주식 대여자가 의결권을 행사하고 싶다면 중도상환recall을 요청해야 한다.

2019년 2월 1일 오전 10시 17분 현재 삼성전자 주가는 4만 6,750원이다. 앞으로 주가가 더 오를 것으로 기대한다면 오늘 이 주식을 이 가격에 사두면 된다. 주가가 오를 경우 이득을 볼 수 있기 때문이다(이를 매입 포지션, 매수 포지션 또는 롱 포지션long position이라고 한다). 그럼 만약 현재 삼성전자 주가가 과대평가되어 있어서 앞으로는 더 떨어질 것이라고 기대한다면 어떻게 해야 할까? 이때 쓰는 전략이 공매도다. 어디선가 삼성전자 주식을 빌려와 시장에 내다 팔아(이를 매도 포지션 또는 숏 포지션short position이라고 한다) 주당 4만 6,750원을 미리 챙겨두고, 나중에 빌린 주식 수만큼을 그 시점의 시장가격-예측이 정확했다면 아마도 4만 6,750원 보다 더 낮은 가격일 것이다-에 매입하여 주식을 빌려준 대여기관에 갚으면 된다. 예를 들어 주식을 다시 살 때의 가격이 4만 5,000원이었다면 차액인 1,750원의 이득을 매 1주당 챙길 수 있다(물론 거래비용을 무시했을 경우의 얘기다).

흔히 롱 포지션을 '사는' 포지션, 숏 포지션을 '파는' 포지션으로 말한다. 틀린 말은 아니지만 이 예에서처럼 가격이 올랐을 때 수익을 올리는 것이 롱 포지션이고, 가격이 떨어졌을 때 수익을 올리는 것이 숏 포지션이라고 기억하는 것이 더 편리한 경우가 많다.

만약 오늘 삼성전자 주식을 4만 6,750원에 100주 샀다고 하자. 이를 1년 동안 들고 있다고 했을 때 1년 후에 실현될 수 있는 최대 수익과 최대 손실은 얼마나 될까? 이론적으로 최대 수익은 무한대이고, 최대 손실은 주식 매입비용인 467만 5,000원이다. 주가는 0원 밑으로는 떨어지지 못하지만, 적어도 이론상 위로는 무한대로 오르는 것이 가능하기 때문이다. 이처럼 롱 포지션의 경우 수익은 무한대로 열려 있으나 최대 손실은 매입비용으로 제한된다.

문제를 바꾸어 이번엔 삼성전자 주식을 같은 가격에 100주 공매도했다고 하자. 이 숏 포지션을 1년 동안 유지한다고 했을 때 1년 후에 숏 커버링을 통해 실현할 수 있는 최대 수익과 최대 손실은 얼마나 될까? 최대 수익은 467만 5,000원이고(미래 주가가 0원인 경우), 최대 손실은 무한대가 된다(주가가 무한대로 올랐을 경우). 이처럼 숏 포지션의 경우 롱 포지션의 경우와는 반대로 최대 수익은 제한적이지만 손실은 무한대로 열려 있다. 이러한 이유로 공매도 포지션을 취하는 것은 주식을 매입해서 갖고 있는 것보다 대개 더 위험하다.

공매도 투자를 아주 간략하게 소개하고 있지만 위의 예를 통해 배울 수 있는 지식과 교훈은 가볍지 않다. 위에서 본 것처럼 공매도가 주식을 매입하는 것보다 위험하다면 도대체 어떤 투자자들이 어떤 이유로 공매도 포지션을 잡는 것일까? 최대 손실이 매입금액으로 제한되는 매입 포지션이야 친구 따라 강남 간다고 잘 알지도 못하면서 취할 수 있다 하더라도, 최대 손실이 무한대인 공매도 포지션을 잘 알지도 못하면서 취할 투자자는 그리 많지 않을 것이다. 위험이 큰 매도 포지션을 취하기 위해서는 현재 주가가 과대평가되어 있다는 점에 대해 상당한 자신감을 갖고 있어야 할 것이기 때문이다.

그러한 자신감은 그 주식에 대한 상당한 수준의 정보를 갖고 있을 때 나온다. 그리고 정보에 기반한 투자라면 공매도는 당연히 주가효율성을 높이는 데 기여하게 된다. 이처럼 공매도가 주가효율성을 높이는 데 기여하는 투자라면 공매도 투자자들은 자신들이 그토록 많은 미움을 받는 걸 좀 억울하게 생각할 수도 있지 않을까?

공매도가
매도당하는 이유

"말도 안 되는 소리 하고 자빠졌네…. 거품 방지? 거품 생기면 누구만 이익 내고 개미는 거품에 접근도 못 하게 하고…. 별 거지 같은 자식들이 잘난 체하고 자빠졌네. 개미도 똑같이 공매도하게 하면 되잖아! 언제 한번 개미가 수익 낸 적 있냐?? 저 자식들은 욕 처먹어야…." "참 ○○○ 같은 논리네~ 공매도가 왜 필요한데? 니들도 공매도 치는 놈들이랑 한패냐?" "어디서 병신 같은 교수들하고만 인터뷰를 했나?" "나쁜 놈들 그렇게 좋은 거면 다 같이 할 수 있어야지. 너희들은 나쁜 놈이라고 스스로 이야기하는구나. 아가리 닥치고 지껄이질 말든가."

나와 몇몇 교수들이 공매도에 대해 어느 미디어와 인터뷰했던 기사에 달린 댓글들 중 일부를 그대로 가져왔다. 사실 더 심한 댓글들도 많았지만 이미 공매도에 대한 분노를 느끼기에 충분할 거라 생각되어 책의 분위기를 더 험악하게 만들지 않기 위해 이 정도만 인용하기로 한다.

공매도가 늘면 주가가 떨어진다는, 즉 공매도가 '원인이 되어' 주가가 떨어질 가능성이 커진다는 것은 많은 투자자들이 공매도를 미워하는 으뜸가는 이유다. 삼성전자와 같은 초대형주야 어지간한 물량의 공매도로 주가가 떨어지지는 않겠지만, 중소형주의 경우만 해도 공매도 폭탄을 맞아 주가가 떨어질 가능성은 적지 않다. 그러나 공매도 물량으로 인한 한시적인 주가 하락은 과대평가되어 있던 주가가 떨어지며 제자리를 찾아가는 것과는 구분되어야 한다. 주가가 과대평가되어 있는 경우라면 공매도 없이도 어떤 식으로든 시장효율성market efficiency을 반영하여 주가가 떨어지겠지만, 공매도가 원인일 경우라면 공매도 없이는 주가가 떨어지지 않을 것이기 때문이다. 과대평가된 주식에 대해 이루어진 공매도는 적정주가fair price를 회복시키는 데 도움을 준다(이를 경제학자들은 공매도의 '가격발견 price discovery' 기능이라고 부른다). 그러나 만약 멀쩡한(?) 주식에 대량으로 취해진 공매도로 인해 주가가 떨어진다면 공매도는 오히려 주가의 적정가치를 훼손하는 메커니즘으로 작동하는 셈이 될 것이다. 여기에 더해 공매도가 주가변동성을 상승시켜 위험을 더 키운다는 믿음도 투자자들이 공매도를 미워하는 또 하나의 큰 이유다. 과연 어느 것이 진실에 더 가까울까? 이 책에서는 위의 질문들에 대해 하나씩 답을 찾아볼 것이다. 우선, 아래에서 공매도 투자자들이 비난

받는 사례들을 좀 더 살펴보자.

비극으로 끝난 레전드의 일생: 제시 리버모어

1877년에 태어나 1940년에 생을 마감한 제시 리버모어Jesse Lauriston Livermore는 주식투자업계의 전설로, 오르는 주식을 사고 내리는 주식을 공매도하는 소위 모멘텀 투자 혹은 추세매매를 통해 큰돈을 벌었던 사람이다. 그는 빈농의 아들로 태어났지만 15세 때 이미 주식과 상품 투자로 2,000만 원을 벌고, 20세까지 이미 2억 원을 벌어 투자자로서 대성할 것이 떡잎부터 보이던 인물이었다.

그는 1906년 샌프란시스코 대지진으로 주가가 급락할 때 지속적인 공매도로 큰돈을 벌었고, 1907년과 1929년 가을에도 역시 공매도를 통해 큰돈을 벌었다. 특히 1929년의 경우 여름까지만 해도 시장이 초강세 분위기였기 때문에 언론에서는 그해 가을의 주가 폭락이 리버모어의 공매도 때문이라며 그를 비난했다고 한다. 그러나 주식 투자로 무려 네 번의 파산을 겪고도 오뚝이처럼 일어서곤 했던 그가 마지막 다섯 번째로 상품선물에서 입은 손실은 너무 컸고, 모든 자산을 날리고 거래소에서도 쫓겨난 그는 1940년 11월 어느 호텔에서 권총 자살로 생을 마감하게 된다.[3]

대지진으로 주가가 급락할 때 공매도로 큰돈을 벌었다니 투자의 천재인 것은 맞겠지만 왠지 우리 옆에 친구로 두고 싶은 사람은 아닐 것 같다. 다수가 불행할 때 이득을 챙기는 소수를 탐탁지 않게 생각하는 정서는 어느 사회에나 꽤 널리 퍼져 있으니 말이다. 그의 일생을 영화로 만든다면 제시 리버모어는 아마도 구두쇠 스크루지나 돈밖에 모르는 고리대금업자 같은 인물로 그려질지도 모른다. 공매도 투자자의 이미지가 이러한 인물들의 이미지보다 더 나은 게 없는데 게다가 그 최후도 권총 자살이라니 권선징악의 교훈마저 생각난다.

원수는 공매도 투자자와 백기사로 만난다: 칼 아이칸과 빌 애크먼

칼 아이칸Carl Icahn이야 기업사냥꾼으로 이미 너무 잘 알려져 있지만 빌 애크먼Bill Ackman과 그의 헤지펀드인 퍼싱스퀘어캐피탈매니지먼트Pershing Square Capital Management는 한국에선 다소 낯선 이름이다. 이 둘은 월가의 소문난 앙숙인데 이들이 건강보조식품 제조업체인 허벌라이프Herbalife를 두고 공매도자와 매수자로 맞섰던 전쟁은 『늑대가 물 때When the wolves bite』라는 책과 〈제로 베팅 게임Betting on Zero〉이라는 넷플릭스 다큐멘터리로도 제작되어 큰 인기를 끌었다. 둘이 싸운 내용은 이렇다.

애크먼은 2012년 무려 10억 달러에 달하는 허벌라이프 주식을 공매도했다. 이는 전체 주식의 20%에 달하는 엄청난 수량이었는데 애크먼은 공매도 이후 기자회견을 열어 허벌라이프를 피라미드 사

빌 애크먼(왼쪽)과 칼 아이칸(오른쪽)

기 회사라며 공격하고 이에 대한 당국의 조사를 공개적으로 요구하였다. 투자자들의 불안심리로 말미암아 주가가 떨어지면 공매도 포지션에서 큰 이익을 얻게 될 것이기 때문이었다. 그리고 그의 바람대로 기자회견 후 허벌라이프 주가는 폭락했다.

이런 상황에서 허벌라이프 주주들에게 아이칸이 백기사로 등장한 것 이상의 선물은 아마 없었을 것이다. 애크먼이 공매도 포지션을 취한 걸 알게 된 아이칸이 엄청난 수량의 허벌라이프 주식들을 헐값에 사들여 주가를 끌어올린 것이다. 이 와중에 이후 두고두고 사람들 입에 오르내리는 유명한 장면이 방송을 타게 된다. CNBC가 두 사람을 초청해놓고 30분 동안 으르렁대며 서로를 물어뜯기에 바빴던 장면을 내보낸 것이다.

아이칸은 애크먼을 '거짓말쟁이liar', '울보crybaby' 등으로 표현했고, 그의 허벌라이프 공매도가 모든 숏스퀴즈의 모범사례mother of all short squeezes가 될 것이라며 저주에 가까운 도발을 날렸다. 적어도 애크먼은 그보다는 점잖은 표현을 썼지만 아이칸을 '깡패bully'라고 부르며 어디 한번 맘대로 해보라고 성질을 돋우며 맞섰다. 뜻밖의 거대한 적을 만난 애크먼은 이후에도 허벌라이프에 대한 공격을 멈추지 않았다. 그러나 적은 생각보다 강력했고, 애크먼의 노력은 아무 성과를 거두지 못했다. 이를테면 2014년 7월 그가 허벌라이프에 큰 타격을 줄 수 있는 정보를 공개하겠다고 밝힌 이후 주가는 11%나 폭락했으나 그의 폭로가 별 내용이 없는 것으로 드러나자 주가는 25% 급등했다. 애꿎은 변동성만 키운 셈이다.

결국 애크먼은 수억 달러의 손실을 감수하며 울며 겨자 먹기로 주식을 매입해 2017년에 허벌라이프에 대한 공매도 포지션을 정리했다. 반면 아이칸은 허벌라이프 투자를 통해 10억 달러를 벌었다고 자랑하며 득의양양해했다.[4] 이 전쟁은 이렇게 아이칸의 완승으로 끝났다. 애크먼은 아마 이를 갈았을 것이다.

아이칸과 애크먼의 싸움은 극적인 요소가 다분하고 흥미진진하지만 우리는 그 싸움의 대상이 되었던 허벌라이프에도 주목할 필요가 있다. 2016년 허벌라이프는 피라미드 방식에 대한 벌금 2억 달러를 지불하고 문제가 된 사업 방식을 바꾸기로 미국 연방통상위원회 Federal Trade Commission: FTC와 협의한다. 이는 애크먼이 피라미드 방식의 사업 체계를 비난하며 허벌라이프를 공격한 것이 근거 없는 일이 아니었음을 확인해준다. 오히려 이를 밝혀내는 데 큰 역할을 한 애크먼은 사실 칭찬을 받았어야 했던 건지도 모른다. 그러나 그의 잘못은 피라미드식의 잘못된 사업 방식을 허벌라이프 주가가 0달러로 떨어져야 한다고 주장하는 근거로 삼았다는 것에 있다. 이를 확인하듯 2억 달러의 벌금이 발표된 날, 시장은 허벌라이프가 과거의 잘못을 청산하고 새로 도약할 수 있는 기회로 여겨 오히려 이를 반겼고 허벌라이프 주가는 무려 9% 이상 올랐다. [5]

이것은 그때까지도 공매도 포지션을 유지하고 있던 애크먼에게는 아마도 궤멸적 타격이었을 것이다. 허벌라이프의 잘못을 밝혀내 벌금을 내게 하고 잘못된 피라미드식 사업 관행을 고칠 것을 약속하도록 만드는 데까지는 성공했으나 정의 실현을 도운 대가로 상을 받기는커녕 엄청난 손해를 감수해야 했다는 사실은 그냥 아이러니라고 치워두기에는 너무 비쌌다.

공매도 투자자들은 인기가 없다. 많은 투자자와 기업인들이 그들에게 증오를 넘어 혐오를 표현한다. 공매도 투자자들이 미움을 받는 것이야 세계 어디선들 새로울 것이 없지만 우리나라에서 그들이 욕을 먹는 것에는 또 다른 중요한 이유가 있다. 한국에서는 기관이나 외국인 투자자들에 비해 개인 투자자들에게 공매도 기회가 훨씬 불평등하게 제한되어 있기 때문이다. 공매도를 금지하라는 목소리와 함께 개인에게 문을 더 활짝 열어야 한다는 목소리가 동시에 나오는 이유이기도 하다. 이 점은 잠시 후에 다시 다루기로 한다.

청와대 국민청원: "공매도를 폐지해주세요"

앞서 소개한 2018년의 삼성증권 유령주 거래 사건은 다소 엉뚱하게도 국민들의 공매도에 대한 불만을 폭발시키고 말았다. 다소 엉뚱하다고 표현한 것은 이 사건이 단순히 거래 시스템에 가격을 잘못 입력한 데서 비롯된 것으로 공매도와는 직접적인 연관이 없는 사건이었기 때문이다. 어쨌든 '삼성증권 시스템 규제와 공매도 금지' 청원이 2018년 4월 6일 청와대에 올라왔고 불과 이틀 만에 10만 명이 넘는 사람들이 청원에 동참했다.

한 달 만에 청원이 마감되었을 때 동참한 최종 인원은 24만 2,000명이 넘었다. 청와대는 비서관과 금융위원장의 답변을 통해 피해자 보상과 책임자 처벌, 거래 시스템의 보완, 무차입공매도 위반에 대한 제재 강화 및 개인 투자자들의 공매도 접근성 강화 등을 약속했다. 이는 공매도의 순기능을 인식해 이를 폐지하기보다 보완하고 개선하는 데 초점을 맞춘 것이다. 그러나 이 같은 대답이 청원자들의 공매도에 대한 불만을 줄이는 데 얼마나 도움이 되었는지는 알 수 없다.

개인 투자자들은 공매도에서 소외되는 것도 큰 불만이지만 공매도 관련 사건이 터졌을 때 가장 큰 피해를 입는 것 또한 그들이라는 데 크게 분노한다. 목포대학교의 조영석 교수는 우풍상호신용금고 사건, 셀트리온의 사례, 그리고 한미약품의 불성실 공시와 공매도 악용 사례를 분석해 사건이 날 때마다 가장 큰 피해는 개인 투자자들이 입었음을 보여주었다.[6] 가뜩이나 자신들은 실행할 수도 없는 투자전략인데 남이 실행한 투자 때문에 내가 제일 큰 피해를 보게 된다니 화가 나지 않을 수 없다.

공매도 공격을 피하기 위해 코스닥에서 유가증권시장(코스피)으로 이전상상까지 한 셀트리온의 사례는 주주와 경영자들이 공매도 세력에게 얼마나 큰 분노를 갖고 그들과 사투를 벌이고 있는지 극명하게 보여준다.

셀트리온: 공매도와 이전상장

2002년 서정진 회장은 당시 외국 제약사들이 독점적 지위를 누리고 있던 바이오 의약품 시장에 한국에 본사를 둔 세계적인 다국적 제약회사를 만들겠다며 셀트리온을 설립했다. 2008년 8월 코스닥에 상장된 셀트리온은 이후 코스닥 대장주로서 오랫동안 지배적인 위치를 누리다 2018년 2월에 유가증권시장으로 이전상장했고 시가총액 기준으로 삼성전자와 SK하이닉스의 뒤를 이어 3위를 차지하는 한국의 대표적 기업으로 성장했다.

화려한 성장 이력을 갖고 있지만 셀트리온은 또한 한국에서 공매도 세력에 의해 가장 많은 괴롭힘을 받은 대표적인 회사로 자주 거론된다. 셀트리온은 시가총액으론 3위지만 공매도 거래량으로 보면 압도적으로 1위인 기업이다. 사실 대장 노릇을 하던 코스닥을 떠나 유가증권시장으로 이전상장을 한 것도 공매도 세력의 공격을 회피하기 위한 이유가 컸다. 이에 관한 한 일간지 기사를 보자.

"셀트리온 이전상장 추진은 소액주주들이 주도했다. 이들은 코스닥보다 코스피에 상장하는 것이 연기금 등 투자 유치를 통한 주가 상승에 유리하다고 판단하고 있었다. 셀트리온 개인 투자자로 이뤄진 소액주주 모임은 업계에서도 가장 적극적인 활동으로 유명하다. 이번에도 소액주주들은 즉각 행동에 돌입했다. 셀트리온의 소액주주들이 사비를 털어 인터넷 주식 커뮤니티를 통해 소액주주 운영위원회를 중심으로 임시주총 소집 동의서를 받아 이날 임시주총이 열린 것이다. 이번 코스피 이전은 소액주주의 강화된 영향력을 보여준 동시에 개인 투자자들의 공매도에 대한 반발과 우려를 여실히 보여준 사례로 꼽힌다. 셀트리온의 코스피 이전은 무엇보다 공매도 세력에서 벗어나기 위한 목적이 가장 컸다. 오랫동안 코스닥 대장주 자리를 지켜온 셀트리온은 유독 공매도에 많이 시달린 종목이다."[7]

유가증권시장으로 옮기면 공매도를 피할 수 있을 것이라는 생각이 어디에서 비롯되었는지는 의문이다(뒤에서 다시 살펴보겠지만 [그림 1-3]과 [그림 1-4]에서처럼 유가증권시장의 평균 공매도가 코스닥시장의 평균 공매도보다 훨씬 큰 것을 보아도 이해하기 어렵다). 다만 투자자들이 얼마나 공매도 세력으로부터 벗어나고 싶어 했는지 적어도 그 심정만큼은 절절하게 와닿는다.

그러나 안타깝게도 이전상장 이후 셀트리온에 대한 공매도가 줄어든 것은 아니었다. 오히려 늘었다. 시장을 이전한 2018년 2월 이후부터 그해 11월 말까지 공매도 거래대금은 8조 9,000억 원으로 전체 거래대금의 14%를 차지했는데 이는 이전상장 직전 1년 동안의 비중인 10%보다 월등히 높은 수준이다. 공매도가 증가하며 2018년 11월 20일 공매도 잔고short interest는 시총의 9%에 달하는 2조 5,000억 원에 달했다.[8] 더 업데이트된 정보를 얻기 위해 거래소의 공매도 종합 포털을 검색해보니 2019년 3월 26일 현재 셀트리온의 공매도 잔고는 2조 3,378억 원을 살짝 넘는 것으로 나타났다.

개인 공매도의 어려움

공매도를 금지하라는 주장과 개인 투자자들에게 공매도 기회를 확대하라는 상반되어 보이는 주장들이 함께 나오는 것을 보면 우리 사회가 아직 공매도에 대한 정리되지 않은 양면적인 태도를 갖고 있음을 알 수 있다. 그러나 태도야 어찌 되었든 기관이나 외국인 투자자에 비해 개인의 공매도가 불리한 것은 사실이며 이는 개인 투자자들이 공매도에 대해 갖는 가장 큰 불만의 하나가 되고 있다.

개인 공매도가 어려운 이유는 우선적으로 개인의 신용도나 상환능력이 기관보다 열등해 주식을 빌리기가 어렵다는 데 있다. 그러나 이러한 이유 이외에도 개인 공매도가 기관이나 외국인의 공매도에 비해 갖는 불리함은 다양한 측면에서 제기된다. 이를테면 개인 투자자들의 경우 공매도를 위해 빌릴 수 있는 주식이 100~200종목 정도로 한정되며 빌리는 기간도 30~60일 정도에 불과하고 그나마 만기 연장도 불가능하다. 반면 기관이나 외국인 투자자들은 빌리는 종목에 제한이 없으며 6개월이나 1년까지도 주식을 빌리는 것이 가능하다.[9]

이 같은 불평등을 바로잡고자 2018년 5월 28일 금융위원회는 주식대여 사업을 하는 민간 증권사를 늘리고 개인 투자자들이 빌릴 수 있는 주식의 종목과 수량을 확대하는 등 개인 투자자들에게 공매도의 기회를 확대하겠다고 발표했다. 그러나 이러한 조치들이 개인 투자자들의 공매도 확대에 얼마나 효과적으로 작용할지는 미지수다. 개인 공매도의 큰 문턱으로 작용하는 개인 투자자의 낮은 신용도는 제도적인 장치를 유리하게 조성하는 것과는 별개의 문제이기 때문이다.

여기에서 한 가지 밝히고 넘어가야 할 것이 있다. 2010년 매일경제신문사에서 시상하는 '매경이코노미스트 상' 수상 기념 인터뷰 중 오해의 소지가 있는 부분이 있어서다. 기사에는 내가 개인 공매도를 제한해야 한다고 말했다는 부분이 나온다.[10] 어차피 인터뷰 기사나 그날의 다른 기사에서도 공매도의 순기능에 대해 수차례 강조했으니 오해는 없을 것으로 본다. 다만 개인에 한해서 이를 제한해야 한다고 말했다는 부분은 나의 뜻과는 전혀 다르게 전달된 것이다. 당시 처음으로 미디어와 인터뷰를 하며 뜻을 명확하게 짚어 말하지 못해 완전히 다른 얘기로 흘렀다. 재미있는 것은 몇 년 후 내가 직접 쓴 논문에서 개인 공매도가 정보에 기반하고 있으며 개인 투자자들이 공매도를 통해 손실이 아니라 이득을 얻고 있다는 점을 발견한 것이다.[11] 스스로 궁금해 살펴본 연구였는데 그 결과에 많이 놀랐던 기억이 난다.

이 장에서는 공매도가 무엇이고 어떻게 작동하며 무엇이 문제인지를 살펴보았다. 다음 장에서는 공매도 거래가 실제로 얼마나 빈번하게 이루어지고 있는지, 거래량은 얼마만큼인지 등 공매도 현황을 살펴보고, 이후 한국에서 공매도 관련 제도 또는 공매도에 대한 규제가 어떻게 변해왔는지를 살펴본다.

한국과 미국의
공매도 현황

공매도 거래는 실제로 얼마나 많이 이루어지고 있을까? 다시 말해 어느 주식의 하루 거래량 중에서 공매도 거래가 차지하는 비중은 평균적으로 얼마나 될까? 간단한 질문이지만 이 질문에 대한 답은 의외로 늦게서야 나왔다.

미국 증권거래위원회Securities and Exchange Commission: SEC는 2005년 1월에 공매도를 관리, 감독하기 위해 새로운 공매도 관련 법안인 규제-쇼Regulation SHO를 도입했다. 이는 해당 주식을 미리 확보해둔 상태에서만 공매도주문을 낼 수 있게 함으로써 무차입공매도의 폐해-공매도주문량과 실제 확보된 주식의 불일치로 인한 정산clearing 지체 및 불이행 위험의 증가-를 막기 위해 도입된 규제인데 1938년 이후 무려 67년이 지나 처음으로 공매도 관련 법률을 손본 것이다.

미 증권거래위원회는 이 법률의 실효성 여부를 사전에 검증하기 위해 파일럿 프로그램pilot program을 도입했는데 이에 따라 각 주식별, 호가별, 초빈도high frequency 공매도 데이터가 2005년 1월부터 연구자들에게 공개되었다. 나는 박사과정 지도교수 중 한 명이었던 시장 미시구조market microstructure의 세계적 권위자인 잉그리드 워너 Ingrid Werner 교수와 당시 조교수였던 칼 디터Karl Diether와 함께 이 데이터를 이용한 공매도 연구를 시작했다.[12] 우리는 우선 공매도 자료를 일반적인 주가 연구에 가장 많이 사용되는 금융 데이터베이스인 시카고대학의 CRSPCenter for Research in Security Prices 데이터와 합쳐 공매도가 얼마나 활발히 일어나고 있는지를 조사했다. 결과는 놀라웠다.

4분의 1과 3분의 1

24%와 31%. 이는 뉴욕증권거래소와 나스닥에서 거래되는 주식들의 하루 거래량 중 평균적으로(중간값도 평균값과 크게 다르지 않았다) 각각 24%와 31%가 공매도에서 비롯된 거래임을 보여주는 수치다. 즉 뉴욕 증시에 상장된 주식을 임의로 한 주 선택했을 때 이 주식의 하루 거래량을 100주라고 하면 그중 24주 정도는 공매도 거래였다는 것이다. 이 수치는 공매도 포지션이 매입 포지션보다 보통 위험과 거래비용이 더 크다는 것을 감안했을 때 놀라울 정도로 큰 숫자였다.

뉴욕 증시 거래량의 4분의 1, 나스닥의 3분의 1이 공매도 거래라니! 이 숫자들을 처음 보여주었을 때 워너 교수는 미안한 듯 나에게 말했었다. 혹시 뭔가가 잘못 나온 숫자들은 아닌지 다시 한번 점검해달라면서 말이다. 며칠 후 이 논문의 초안이 나왔을 때 유명한 재무경제학자인 르네 스툴츠Rene Stulz 교수는 이 두 개의 숫자만 갖고도 이 논문은 가치가 있다며 칭찬해주었더랬다.

공매도 거래량이 생각보다 크다는 것은 다른 교수들의 연구에서도 볼 수 있다. 보머Boehmer 교수와 그 동료들은 2000년에서 2004년까지의 데이터를 분석해 뉴욕 상장 주식 평균 거래량의 13%가 공매도에서 비롯된 것임을 보였다.[13] 2005년 자료로 24%를 보여준 나의 연구와 차이가 있어 보이지만, 이는 보머 교수와 그 동료들의 연구가 오직 뉴욕증권거래소만을 살펴보았다는 점과 파생상품에 연계된 공매도를 제외했다는 점 등에서 다를 수 있다. 그들은 또한 샘플 기간이 진행될수록 공매도도 증가함을 보여주었는데 2004년에 이르러서는 공매도 거래량이 약 18%에 달한다는 것을 보여주고 있어 2005년만을 연구한 내 논문과도 서로 좋은 보완적 연구가 되고 있다.

그럼 미국 말고 한국의 공매도 현황은 어떨까?

0과 90%

많은 분들의 과분한 사랑을 받았던 고려대학교 경영대학을 떠나 서울대학교로 옮긴 2011년, 나는 당시 박사과정 학생이었던 왕수봉 현 아주대학교 교수의 제안을 받아 디터, 워너 교수와 쓴 논문과 비슷한 주제의 연구를 한국의 증권시장으로 확장키로 했다.[14]

그러나 당시에 나는 한국 데이터로 공매도를 연구하는 것에 대해 다분히 회의적이었다. 공매도가 그다지 활발했던 시기가 아니어서 그 거래량이 과연 어떤 의미 있는 연구를 수행할 만큼 되기나 할까 하는 의심이 들었던 것이다. 2006년부터 2010년까지의 데이터를 분석해보니 과연 한국 시장에서 공매도는 보잘것없는 수준이었다. 미국발 금융위기에 대처하기 위해 공매도를 일시적으로 금지시켰던 2008년 10월 1일부터 2009년 5월 31일까지를 제외하더라도 말이다.

우리는 처음에 한국거래소의 유가증권KOSPI시장에 상장된 761개 주식의 일별 공매도(총 74만 6,692개의 주식별-일별 관찰치)를 살펴보았다. 그리고 공매도 측량치의 평균값을 계산하는 것이 무의미하게도 무려 78%를 넘는 관찰치들에서 거래량 대비 공매도 비율이 0%임을 발견했고, 약 20% 정도의 관찰치들만이 겨우 1% 정도의 공매도 비율을 보여주고 있음을 찾아냈다. 98%가 넘는 주식별-일별 데이터에서 공매도가 전혀 없거나 거래량 대비 겨우 1%에 불과했던 것이다. 이를 회사별로 살펴보니 총 761개 회사 중 24%인

182개 회사에서 공매도가 아예 없었고, 58%인 439개 회사들에서 공매도 비율은 0%보다는 크지만 1%보다는 작은 것으로 나타났다. 무려 80%가 넘는 회사들에게 공매도 비율이 보잘것없는 수준이었던 셈이다. 그러나 우리는 여기서 몇 가지 재미있는 사실을 찾을 수 있었다.

가장 쉽게 눈에 띈 것은 공매도 거래량이 시가총액과 유의한 상관관계를 갖고 있다는 것이었다. 시가총액이 600억 원이 채 되지 않는 작은 주식들에서 공매도는 0%였던 반면, 공매도가 적어도 1% 이상 이루어지고 있는 주식들의 평균 시가총액은 2조 원을 넘었고, 시가총액이 클수록 공매도 거래 또한 늘어나 공매도가 4% 이상인 주식들의 평균 시가총액은 6조 원이 넘었다.

사실 당시 공매도를 위한 주식대여시장stock lending market 현황을 생각해보면 공매도가 시가총액이 큰 기업들에 몰려 있었다는 것은 전혀 놀라운 일이 아니다. 가뜩이나 공매도를 위한 인프라가 부족한 상황에서 시가총액이 작은 주식들에게까지 주식대여가 가능했으리라고 보기는 어렵기 때문이다.

이러한 첫 번째 결과를 두고 우리는 보다 의미 있는 연구를 위해 샘플 주식을 유가증권시장에서 공매도 비율이 가장 높은 50개의 주식들로 한정하기로 했다. 샘플 기간 동안 LG생활건강이 거래량 대비 공매도 비율 7%로 가장 높았고, 하이트맥주가 5%로 뒤를 이었으며, 샘플은 아모레퍼시픽, 현대자동차, LG전자, 기아자동차, 포스코, KT, CJ, 한국전력, 신세계, 삼성전자 등 한국의 대표적 회사들을 모두 포함하였다.

그리고 50개의 주식들로만 한정한 샘플에서 우리는 평균 공매도 비율이 3.2% 정도임을 알 수 있었다. 그러나 더 중요한 성취는 미국 시장을 분석해서는 알 수 없지만 한국 시상을 분석해야 알 수 있는 주식 거래의 중요한 측면, 즉 공매도 현황을 외국인 투자자와 한국의 기관 투자자, 개인 투자자별로 비교·분석해볼 수 있었다는 데 있었다.

[그림 1-1]은 유가증권시장에 상장된 공매도 상위 50개 주식들의 거래량 대비 공매도 수량을 투자자 그룹별로 평균 내어 나타낸 그림이다. 맨 위 실선은 외국인에 의한 공매도를, 아래 실선과 점선은 각각 기관 투자자와 개인에 의한 공매도 거래량을 나타낸다(붉은색 박스 부분은 공매도가 금지되었던 2008년 10월 1일부터 2009년 5월 31일까지의 기간이다).

그림을 통해 우선 유가증권시장에서 공매도는 주로 외국인 투자자들이 주도하고 있음을 쉽게 볼 수 있다. 반면 기관과 개인에 의한 공매도는 둘이 합쳐도 샘플 기간 내내 0.5%를 밑돌고 있다. 외국인에 의한 공매도는 시계열 변화가 심하고 변동성 또한 크다. 한 가지 분명한 것은 외국인 투자자의 공매도가 시간이 지날수록 꾸준히 증가하는 추세에 있다는 것인데, 이 같은 추세는 공매도 금지기간을 지나서 다시 재현된다.

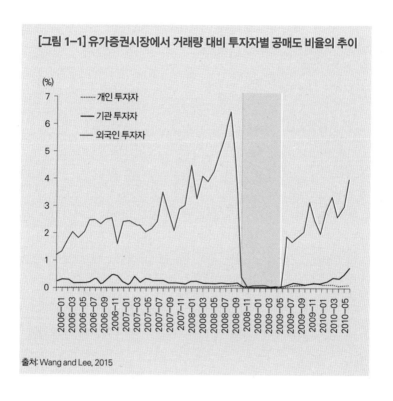

[그림 1-1] 유가증권시장에서 거래량 대비 투자자별 공매도 비율의 추이

출처: Wang and Lee, 2015

2008년 9월 리먼브라더스 사태가 촉발되기 이전까지 외국인들이 꾸준히 한국 주식에 대한 공매도를 늘려왔으며 금융위기 직전엔 6%를 훌쩍 넘을 만큼 포지션을 확장해온 것을 보면, 이들이 2008년 미국발 금융위기가 한국 시장에 미칠 영향을 예측하고 있었을 가능성도 있어 보인다.

[그림 1-2]는 총공매도 거래량 중에서 각 투자 주체들의 공매도 거래량이 차지하는 비율을 보여주고 있는데 이 그림 또한 외국인 투자자들이 한국의 공매도 시장에서 얼마나 지배적인 역할을 하는지

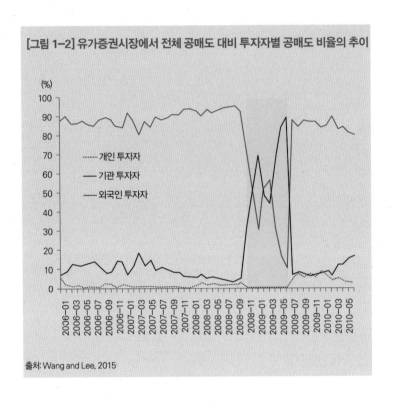

[그림 1-2] 유가증권시장에서 전체 공매도 대비 투자자별 공매도 비율의 추이

출처: Wang and Lee, 2015

명확히 말해준다. 샘플 기간 동안 외국인 투자자들의 공매도가 전체 공매도의 80%를 훌쩍 넘고 있으며 때로는 90%를 상회하고 있기 때문이다. 이에 반해 기관의 물량은 10% 언저리에 있으며 자주 그 아래로 내려가고 있고, 개인 투자자에 의한 공매도는 그림으로는 식별이 어려우리만치 미미하다. 많은 개인 투자자들이 주장하는 것처럼 이와 같이 미미한 개인 공매도는 각종 규제와 차별의 결과일 가능성이 크다.

그럼 외국인 투자자들이 한국의 공매도 시장에서 가장 주도적인 역할을 할 수 있는 이유는 무엇일까? 이들은 이미 해외에서 공매도에 대한 기술과 지식, 경험을 습득한 경우가 많다. 이를테면 헤지펀드의 가장 인기 있고 유명한 투자전략은 롱-숏long-short 전략으로 알려져 있는데 이를 위해서는 공매도 포지션을 잡아야 하기 때문이다. 불행히도 한국에서는 겨우 2012년 말에 들어서야 최초의 한국형 헤지펀드가 출범할 정도로 헤지펀드 산업의 발전이 느렸고 이는 한국에서 공매도 시장이 잘 발달하지 못한 이유가 되었다. 물론 더디게 발전하는 공매도 시장이 헤지펀드 산업의 발전에 걸림돌로 작용한 것 또한 사실일 것이다.

좀 더 최근의 숫자들

공매도와 관련된 좀 더 최근의 통계들을 살펴보면 다음과 같다. [그림 1-3]과 [그림 1-4]는 각각 유가증권시장과 코스닥시장에서 총거래 대비 공매도 거래 비율을 거래량과 거래금액을 기준으로 보여주고 있다.

유가증권시장이나 코스닥시장 모두에서 공매도는 2000년대 중반까지 늘어나는 추세였고, 비록 2008년 금융위기 기간에 금지되긴 했지만 그 이후부터는 대체로 증가하고 있음을 알 수 있다. 그리고 두 시장 모두에서 거래량보다 거래대금을 기준으로 했을 때 공매도 비율은 더욱 높게 나타난다. 이는 앞서 언급했던 것처럼 공매

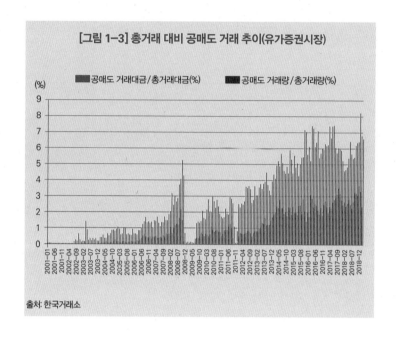

[그림 1-3] 총거래 대비 공매도 거래 추이(유가증권시장)

■ 공매도 거래대금/총거래대금(%)　　■ 공매도 거래량/총거래량(%)

출처: 한국거래소

도가 각 시장에서 주로 대표적인 주식들, 가격이 높은 주식들이나 시가총액이 큰 주식들에 더 많이 나타나는 것을 반영한 것으로 보인다.

유가증권시장에서 총거래량 대비 공매도 거래량은 2018년 마지막 세 달 동안 2.4~3.7%에서 움직였지만 거래금액으로 따졌을 때 그 비율은 6.60~8.21%에 이른다. 이 수치들을 금융위기 직후인 2010년 처음 세 달 동안의 거래량 대비 비율인 0.52~0.67%와 거래금액 대비 비율인 2.04~2.80%와 비교해보면 한국에서 공매도 거래가 얼마나 빠르게 증가하고 있는지 알 수 있다. 9년여 기간 동안 거

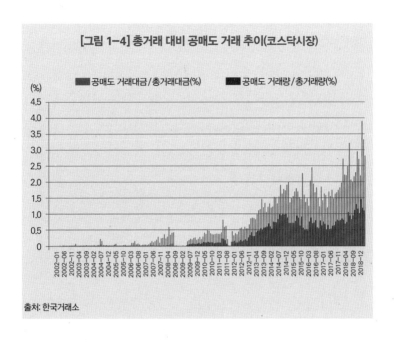

[그림 1-4] 총거래 대비 공매도 거래 추이(코스닥시장)

■ 공매도 거래대금/총거래대금(%)　■ 공매도 거래량/총거래량(%)

출처: 한국거래소

래량 기준으로 약 4배에서 6배, 그리고 거래대금 기준으로 약 3배
정도 증가했으니 말이다.

코스닥시장에서도 역시 공매도는 크게 증가했다. 그러나 2018년
마지막 세 달 동안 거래량 기준 1.11~1.47%, 그리고 거래금액 기준
2.83~3.90%에서 변화하고 있어 유가증권시장의 경우에 비해 약 절
반 정도에 그친다.

다음은 투자자별 공매도 비중이 시간에 따라 어떻게 변화했는
지 살펴보자. [그림 1-5]는 유가증권시장에서의 공매도 비중을 개
인, 기관, 그리고 외국인 투자자별로 나누어 보여주고, [그림 1-6]은

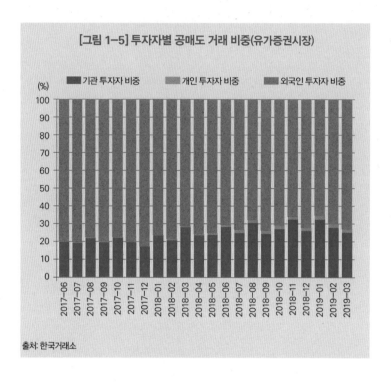

[그림 1-5] 투자자별 공매도 거래 비중(유가증권시장)

■ 기관 투자자 비중　　■ 개인 투자자 비중　　■ 외국인 투자자 비중

출처: 한국거래소

　같은 통계를 코스닥시장을 대상으로 보여준다. 이 두 그림은 공매
도 거래량을 기준으로 작성되었지만, 거래금액을 대상으로 할 경우
에도 크게 다르지 않다.

　2017년 6월부터 2019년 3월까지 2년이 조금 안 되는 최근 기간
동안 월별 평균 비중은 외국인, 기관, 개인 투자자들 각각의 경우
유가증권시장에서 74%, 25%, 1%, 그리고 코스닥시장에서 86%,
12%, 1%로 두 시장 모두에서 외국인 투자자의 비중이 절대적으로
크다. 개인 공매도 비중은 특히 코스닥시장에서 많이 증가하긴 했

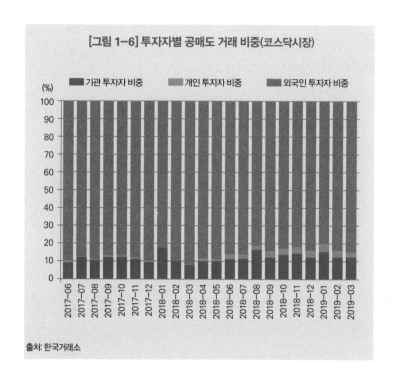

[그림 1-6] 투자자별 공매도 거래 비중(코스닥시장)

출처: 한국거래소

지만 아직도 그 절대적인 비중은 다른 투자자들에 비해 무시할 만한 수준이다.

공매도를 둘러싼
제도의 변화

근래 우리나라에서 많은 개인 투자자들이 기관이나 외국인들에 비해 공매도 거래 시 상대적 불이익을 받고 있다며 이를 해소시켜 달라는 불만과 청원을 쏟아내고 있음은 앞에서 언급한 것과 같다. 그러나 사실 한국에서 공매도는 기관보다 개인에게 먼저 허용되었다. 개인 공매도는 1969년 2월에 개인 투자자들에게 신용융자와 신용대주제도를 허용함으로써 비롯되었는데, 기관 투자자들에게는 1996년 9월, 그리고 외국인 투자자들에게는 1998년 7월이 되어서야 비로소 공매도가 허용되었으니 실제 공매도가 모든 투자자들에게 허용된 것은 겨우 20여 년 전이었던 셈이다.

그러나 법률적으로 허용되었다고 공매도가 바로 활성화되었던 것은 물론 아니다. 공매도를 활성화시키기 위해서는 투자자들이 공매도를 잘 실행할 수 있도록 공매도 관련 인프라도 꼼꼼하게 손보아야 하고, 투자자들과 규제 당국자들의 공매도에 대한 이해도도 상당한 수준까지 끌어올려야 하기 때문이다. 그러나 무엇보다 중요한 것은 법적으로 허용된 공매도가 공정하게 이루어질 수 있도록 이를 면밀하게 규제하는 세부적인 법적 장치를 마련하는 것이다.

한국 최초의 공매도 규제는 내부자 거래를 방지하기 위한 하나의 방편으로 나왔다. 상장회사 임직원이나 주요주주들이 스스로 보유하고 있지 않은 주식을 매도할 수 없도록 한 1976년 12월 증권거래법 개정이 그것이다.[15]

그로부터 20년이 지나 1996년 9월에는 업틱룰uptick rule이 도입되었다. 이는 공매도 거래에 의한 인위적 가격 파괴를 막기 위해 공매도 호가를 직전 체결가 이하로 할 수 없게끔 규제한 제도다. 이는 지금도 많은 선진국들에서 시행하고 있는 제도로, 이를 받아들인 것은 한국 시장에서도 제도적 측면에서 공매도 규제의 큰 틀이 잡혀가고 있다는 신호였다. 업틱룰은 미국에서는 1938년에 도입되었으나 이후 그 효과성에 의문이 제기되면서 2007년 규제-쇼의 시행과 함께 폐지되었다가 2010년 5월에 약간의 수정을 거친 형태로 부활해 유지되고 있다.[16] 수정된 업틱룰은 전날 종가보다 10% 이상 가격이 하락한 경우 해당 주식이 거래되는 미국의 모든 주식시장들에서 가장 높은 가격을 찾아내 그 이상의 가격에서만 공매도를 할 수 있도록 한 제도다.

그러나 한국의 공매도 규제 역사에서 가장 중요한 것은 아마도 공매도를 무차입공매도와 차입공매도로 구분하고 원칙적으로 무차입공매도를 금지한 자본시장법 제180조의 시행이 아닐까 한다 (2009년 2월). 그리고 한 달여 뒤, 거래소는 이를 뒷받침하기 위해 업무 규정을 개정하여 공매도 거래 이행 시 해당 주식을 확보한 사실과 결제 가능 여부를 확인하고 증빙 자료를 준비할 것을 의무화했다. 존재하지 않는 유령주식을 거래할 가능성을 사전에 차단하고자 한 것이다. 그런데 이러한 무차입공매도 금지 규정은 시간을 거슬러 올라가 2000년 우풍상호신용금고의 성도이엔지 주식에 대한 무차입공매도 결제불이행 사건이 계기가 된 것이다.

우풍상호신용금고 공매도 결제불이행 사건

2000년 3월 우풍상호신용금고는 대우증권을 통해 당시 코스닥에 상장되어 있던 성도이엔지 주식 34만 주를 29일 31만 주, 31일 3만 주 등 두 차례에 걸쳐 공매도한다. 그러나 성도이엔지 주식이 이후 연속 상한가를 치며 가격이 올라 결국 우풍상호신용금고가 결제일까지 결제를 이행하지 못하게 된 것이 사건의 얼개다.[17] 우풍은 공매도 결제불이행이 시장에 알려진 직후 고객들의 예금인출 요구bank run가 한꺼번에 쏟아져 결국 같은 해 4월 영업정지 처분까지 받게 되었다.

그러나 조금 더 깊이 들여다보면 이 사건이 그렇게 간단한 것만은 아니었다는 걸 금방 알 수 있다. 당시 성도이엔지의 상장주식 수는 97만 주 정도인데 이 중 대주주와 우리사주 보유 분량인 69만 주를 제외하면 실제 유통주식 수는 30만 주가 채 되질 않는다. 그런데 어떻게 34만 주를 공매도 할 수 있었던 걸까? 이 정도 물량이면 미리 주식을 확보해두고 공매도 거래를 체결하는 것이 불가능했을 터이니 말이다. 당연히 시세조종을 위한 위장 주문이 아닌가 하는 의문이 따라붙게 되었는데, 알고 보니 우풍의 대규모 공매도 자체가 당시 성도이엔지 대주주 등이 주가를 인위적으로 부양시키고 있었던 것에 대항해 이루어진 것이었다. 즉 대주주의 시세조작에 공매도를 통해 맞붙은 것이 사건의 배경이 된 것이다.

이후 성도이엔지 대주주가 대우증권에 공매도 결제를 위한 주식 13만 주를 대여키로 하면서 결제불이행은 일단락되었지만, 이 사건은 2000년 11월 증권선물위원회가 우풍과 성도이엔지 모두를 각각 가격 하락과 상승을 획책한 시세조종 혐의로 검찰에 고발 또는 수사 의뢰하는 것으로 이어졌다. 그리고 이 사건은 유령주식 거래로 회자되는 무차입공매도 최초의 사례로 남았다.

공매도 과열 종목 지정제도

다른 나라들에서처럼 우리나라에서도 시장 상황에 따라 공매도를 한시적으로 규제한 적이 있었다. 2008년 금융위기 당시 가격 폭락을 막고자 그해 10월부터 다음 해 5월 말까지 공매도를 규제한 것, 그리고 2011년 8월 스탠더드앤드푸어스S&P 사가 미 국채 신용등급을 하향 조정하면서 발생된 시장 혼란에 대처하기 위해 3개월 한시적으로 전체 상장주에 대한 공매도를 금지했던 것 등이 그 예다. 이는 모두 비상시에 공매도로 인한 가격 하락을 막아 주주들을 보호하고 투자자들이 패닉에 빠지는 것을 막기 위해 시행된 것이다. 사실 이 같은 조치들은 한시적이긴 하지만 짧지 않은 기간 동안 공매도를 아예 막아버리는 초강력 규제다.

근래에 공매도 규제와 관련해 가장 중요한 이슈는 아마도 공매도 과열 종목 지정제와 국민연금의 주식대여 금지 조치에 대한 논란이 아닐까 한다. 유독 한국에서 더욱 많아 보이는 공매도에 대한 반감과 불신으로 인해 공매도 폐지에 대한 요구가 높아지자 금융위원회는 공매도 과열 종목 지정제도를 2017년 3월 27일부터 시행하기로 한다. 공매도를 전면적으로 폐지하는 대신 과도한 공매도가 이루어지는 몇몇 주식들에 대해 한시적으로 공매도 거래를 중지시켜 주주들을 가격 하락으로부터 보호하겠다는 조치다. 집중적인 공매도로 인한 주가 하락을 막는 것을 목적으로 하기 때문에 과열 종목은 당일 종가가 전일 종가보다 5% 이상 하락한 종목들 중에서만 지정된다. 이 종목들 중 공매도 비중이 과거에 대비해 높거나 또는 거래량 대비 50% 이상 압도적으로 높은 경우 공매도 과열 종목으로 지정되는데, 지정된 주식은 다음 날 하루 동안 공매도 거래가 중지된다.

제도가 도입되어 실행되고는 있으나 그 실효성에 대해 의구심과 논란이 제기되고 있다. 시행된 지 그리 오래지 않아 실증연구가 많지는 않지만 최근 자본시장연구원은 이 제도의 실효성에 대한 시기적절한 보고서를 냈다.[18] 핵심 내용은 이 제도가 유가증권시장과 코스닥시장에서 서로 다른 효과를 나타내고 있다는 것이다. 좀 더 자세히 말하면 유가증권시장에서는 과열 종목으로 지정된 주식들의 주가 하락폭이 감소하고 공매도가 감소하는 등 제도의 취지에 부합하는 효과가 관찰되었지만, 개인 투자자들의 비중이 높은 코스닥시장에서는 이와 같은 효과가 나타나지 않았다는 것이다.

보고서는 결론에서 "공매도 과열 원인의 정당성을 고려하지 않은 공매도 과열 종목 지정제도가 가져올 득이 실을 능가할 것인지 단언하기 어렵다"며 "공매도 과열 종목 지정제도는 공매도에 대한 암묵적 불신을 제도화를 통해 공식화하는 것은 아닌지 우려스럽다"고 끝맺고 있다. 거래 동기를 관심 밖에 둔 채 과열되었다는 사실 하나만으로 공매도를 중지시키는 것이 과연 올바른 일인가에 대한 일리 있는 의문 제기로 보인다. 물론 실증분석의 결과가 시장에 따라 다르게 나타났다는 것은 그 실효성이 어떠한지에 대한 명확한 가르침에 도달할 때까지 아직 더 많은 연구가 필요함을 보여준다.

사실 과열된 시장의 정상화를 도모하기 위해 어떤 상시적常時的 제도를 도입하는 것을 마냥 부정적으로 볼 필요는 없다. 공매도 과열 종목 지정제도는 이를테면 과열된 시장을 진정시키기 위한 사이드카Side Car나 서킷브레이커Circuit Breaker[19] 같은 장치와 비슷한 아이디어에서 나온 것이다. 많은 나라들이 이 같은 장치들을 두고 있는 이유는 급격하고 돌발적인 변동성 상승으로 인한 투자자들의 패닉을 막고 시장의 안정성을 회복시킬 수 있다는 장점을 수용했기 때문이다. 이와는 별도로 업틱룰처럼 미시적微視的이긴 하지만 공매도를 상시적으로 규제하는 장치를 갖고 있는 나라들도 많다. 이 장치들이 얼마나 효율적인지에 대해 의문이 없는 것이 아닌데도 그렇다.

그러나 국민연금은 여기서 한발 더 나아간다.

국민연금의 주식대여 금지

공매도 과열 종목 지정제도가 실시된 약 1년 후인 2018년 3월 14일, 국민연금공단은 과열 종목으로 지정된 주식들에 대해 국민연금이 갖고 있는 주식들을 대여하지 않을 것이라고 발표했다. 그리고 그해 10월 2일 경제정의실천시민연합(경실련)은 국민연금의 주식 대차를 폐지할 것을 청와대에 청원했다.[20] 그로부터 채 한 달이 지나지 않은 10월 22일, 국민연금 보유주식의 대여 금지 조치는 과열 종목에서 모든 종목에 대한 전면적인 주식대여 중단으로 확대되었다. 국민연금이 보유한 주식이 공매도에 활용되는 것을 아예 봉쇄하겠다는 것이었다.

공매도가 주가 하락을 부추기는 것이 사실이라면 국민연금의 이러한 조치는 그리 이상할 것이 없다. 자신이 보유한 주식을 공매도를 위해 빌려주는 행위는 스스로 그 주식의 가격을 깎아먹게끔 도와주는 이율배반적인 행위가 될 수 있기 때문이다. 게다가 국내 최대 기관 투자자인 국민연금이 주식대여에 적극적으로 나서게 될 경우 그 영향력이 개인들이 주식대여에 나서는 것과는 차원이 다를 거라는 건 쉽게 알 수 있다. 실제 국민연금이 5% 이상의 지분을 확보하고 있는 상장사들은 2019년 1월 현재 전체의 14%인 300여 개에 달한다.[21]

그러나 이 조치는 공매도뿐만 아니라 주식시장 발전에도 부정적인 영향을 줄 가능성이 크다. 국민연금을 따라 다른 국내외 연기금들이나 기관 투자자들도 주식대여 금지에 동참할 가능성이 있고, 만약 그렇게 된다면 투자자들이 주식을 빌리는 것이 힘들어지면서 공매도 거래비용이 상승해 사실상 공매도를 규제하는 효과를 가져올 수 있기 때문이다. 즉 강력한 공매도 규제 메커니즘으로 작동할 수 있다는 의미다.

앞으로 살펴보겠지만 공매도 규제는 주가가 효율적으로 결정되는 데 커다란 걸림돌로 작용한다. 만약 보유하고 있는 주식의 주가가 적정가격보다 높은 수준이라면 금융위기를 통해 버블이 나중에 한꺼번에 터지는 것보다는 당장의 손실이 뼈아프더라도 그 이전에 공매도를 통해 주가 조정이 이루어지는 게 훨씬 나을 것이다. 또한 공매도가 규제되는 경우 시장에 유동성을 제공하는 공매도의 순기능 또한 제약된다. 거기에 더해 이 같은 사실상의 공매도 규제가 자본시장 전반에 대한 불신으로 이어질 경우 투자자들이 자본시장을 외면하게 될 가능성도 무시할 수 없다.

이 이슈와 관련된 또 하나의 중요한 점은 국민연금의 주식대여가 실제로 우리나라 자본시장에 얼마만큼 영향을 주고 있는지조차 실증적으로 엄밀히 검증된 적이 없다는 것이다. 부정적인 영향을 미치는지 아닌지 확실치 않은데 일단 금지부터 하고 본다? 별다른 근거 없이 여론에 따라 인기 위주의 약속이 나온 것은 아닐까 의심하게 만드는 중요한 이유다.

규제는 양날의 칼이다. 투자자들이 공정하게 경쟁할 수 있는 무대를 만드는 데 도움이 되어야지 투자자 일부에게 돌아갈 한시적 혜택을 인위적으로 만들어주는 것이어서는 곤란하다. 따라서 그 도입과 유지, 그리고 제한과 폐지의 전 과정에 있어서 어떠한 규제라도 신중에 신중을 기해야 하는 것이다. 정책결정 과정에 있어 모범적인 사례로 미국의 경우를 보자.

공매도로 인한 가격 하락을 방지할 목적으로 1934년에 도입된 업틱룰의 실효성에 대한 의구심이 도마에 올라 미국에서는 2000년대 초중반 이와 관련한 규제를 재정비할 필요성이 제기되었다. 이에 따라 미국 증권거래위원회는 2005년 5월 소위 파일럿 프로그램을 도입하게 되는데 그 내용은 업틱룰을 한시적으로 면제한 주식들과 그렇지 않은 주식들을 지정하고 해당 주식들의 공매도와 가격 데이터를 모든 연구자들이 쓸 수 있도록 공개하는 것이었다. 이는 업틱룰의 효과를 실증연구할 수 있는 환경을 인위적으로 조성해준 것으로 이를 이용한 많은 연구 결과들을 종합하여 최종적인 의사결정을 내리겠다는 신중함의 반영이었다. 그리고 실제로 업틱룰이 가격과 변동성에 미치는 영향을 실증적으로 엄밀히 조사한 연구들을 바탕으로 약 2년 후인 2007년 7월 업틱룰은 폐지되었다.

나는 이 프로그램에 기반한 연구에 직접 참여한 적이 있어 미국의 정책 담당자들이 하나의 정책을 도입·개선·폐지하는 데 얼마나 주의 깊게 의사결정을 내리는지, 그리고 학자들의 연구가 실제 정책결정에 어떻게 도움을 주는지를 직접 보고 겪으며 배울 수 있었다. 부러운 사례였다. 이와 달리 엄밀한 검증 없이 내리는 결정은 시장의 신뢰를 무너뜨릴 수 있다. 더구나 정책 담당자들이 중요한 의사결정을 여론에 따라 결정하는 것은 아닌가 하는 의심을 갖게 되면 투자자들은 더욱 시장을 믿지 못하게 된다.

국민연금이 국내 상장사의 주식을 많이 보유하고 있다는 사실과 실제로 얼마만큼의 공매도 거래가 국민연금으로부터 주식을 빌려 이루어지고 있는지는 별개의 문제다. 많은 사람이 이 두 가지를 혼동하고 있는 것 같아 보이기는 하지만 말이다. 지난 기간 국민연금이 주식대여에 나섰던 이유는 수수료 수익을 얻기 위함이었다. 그리고 그 수수료 수익은 2017년 상반기에 86억 원, 2014년부터 2018년 6월까지 다 합해 689억 원 정도였다. 수수료 수익이 그다지 크지 않으니 그 기회를 날리는 것이 별것 아니라는 얘기를 하고 싶은 것이 아니다.

한 일간지 기사에 따르면 주식대여시장에서 국민연금의 비중은 겨우 0.6%에 불과하다.[22] 이렇게 국민연금의 주식대여 물량이 국내 증권사, 자산운용사, 은행 등 다른 기관들이 빌려준 주식에 비해 턱없이 작다는 것은 국민연금이 주식대여시장에서 발을 빼든 말든 그것이 주가에 미치는 영향이 미미할 것임을 시사한다. 여기에 나를 포함해 많은 사람이 이 제도에 대해 고개를 갸웃거리는 이유가 있다.

실제 주가 하락 위험이 크다면 이해할 수 있겠지만 대여 물량이 작아서 그로 인한 주가 하락 위험이 미미한 경우라면 도대체 왜 주식대여를 스스로 제한함으로써 수수료 수입을 포기하려는 것인지 이해하기 어렵기 때문이다. 만약 정말 국민연금이 대량으로 주식을 대여함으로써 맞게 될 공매도 폭탄이 무서운 거라면 전면 금지가 아니더라도 주식대여를 적정한 수준에서 규제하면 된다. 공매도 규제로 인해 주식이 비효율적인 가격에 거래됨으로써 발생하는 해악은 측정하기가 용이하지 않을 뿐 분명히 존재한다.

국민연금의 주식대여 문제를 적극적 주주 권리 행사를 위한 스튜어드십 코드stewardship code와 관련해서 보는 시각도 있을 수 있다. 스튜어드십 코드를 행사하기 위해서는 주식을 직접 보유하고 있어야 하는데, 빌려준 주식에 대해서는 주주권을 행사할 수 없기 때문에 국민연금의 주식대여가 스튜어드십 코드에 반할 수 있다는 견해다. 그러나 이 문제는 주식대여 자체를 금지하지 않고도 대여된 주식에 관한 중도상환 규정, 즉 콜옵션 규정을 정비하는 등 세부 규칙을 통해 해결할 수 있다. 이를테면 주주총회를 앞둔 시점에서 콜 옵션을 행사하여 빌려준 주식을 되돌려 받으면 주주권을 행사하는데 아무 문제가 없을 것이기 때문이다. 미국의 한 연구에 따르면 실제로 기관 투자자들은 주주총회 등 중요한 기업 이벤트를 앞두고 있는 경우 주식대여를 줄이고 이미 대여한 주식들에 대해서는 콜옵션을 행사하여 자신들의 주주권을 지키고 있었다.[23]

간단하게 정리하자면 이렇다. 국민연금 주식대여 금지는 공매도 과열 종목 지정제도와는 차원이 다른 규제다. 후자가 보다 미시적인 차원에서 한시적으로 적용되는 규제인 반면, 전자는 보다 전면적이고 거시적인 규제 장치이기 때문이다. 그 효과나 중요성도 같을 수가 없다. 따라서 이와 같은 전면적인 조치는 훨씬 더 신중을 기해 이루어져야 한다.

다음은 공시disclosure와 관련한 공매도 관련 법규를 살펴보기로 하자.

한미약품의 수상한 공매도

2016년 9월 29일 오후 4시 33분. 한미약품은 미국의 바이오테크 회사인 제넨텍과 약 1조 원에 달하는 표적 항암제 기술수출 계약을 체결했다는 뉴스를 공시했다. 그러나 불과 2시간 30여 분 후인 오후 7시 6분에 독일 제약회사 베링거인겔하임은 2015년 7월에 기술이 전한 폐암 치료 신약 개발을 중단하겠다는 내용을 한미약품에 통보했다. 한미약품이 만든 표적 항암제 임상시험 도중 시험 참가자 2명이 부작용으로 사망했기 때문이다.

호재성 뉴스 뒤에 바로 악재성 뉴스가 따라 나온 것인데 한미약품은 호재성 뉴스만 공시하고 악재성 뉴스는 당일 공시하지 않았다. 악재성 뉴스는 다음 날인 9월 30일, 그것도 주식시장이 개장한 후 거의 30분이 지난 오전 9시 29분경이 되어서야 공시되었다. 개장 직후 당일 최고가인 65만 4,000원까지 5% 이상 치솟았던 한미약품 주가는 당일 종가 50만 8,000원으로 최고가 대비 22% 이상 급락한 채 마감했다([그림 1-7] 참조).

한미약품은 당연히 9월 29일 밤에 베링거잉겔하임의 계약 파기 통보를 공시했었어야 했다. 그러나 다음 날, 그것도 주식시장이 문을 연 지 무려 30분 가까이 지나서야 공시를 한 것은 대체 어떤 이유 때문이었을까? 여기에 몹시 수상한 정황이 나온다. 시장이 개장된 오전 9시부터 악재성 공시가 나오기까지의 30분 동안 5만 주가 넘는, 금액으로 약 320억 원에 상당하는 공매도 물량이 쏟아져 나온 것이다. 이 물량은 그날 하루 동안 한미약품에 이루어진 전체 공매도 물량인 10만 4,000여 주의 절반에 달하며, 평소 이 회사의 하루 평균 공매도 물량이 5,000주에 살짝 못 미치는 수준인 것을 고려해

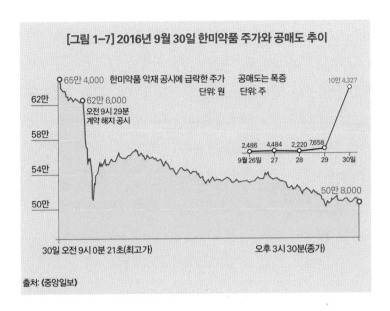

[그림 1-7] 2016년 9월 30일 한미약품 주가와 공매도 추이

65만 4,000 한미약품 악재 공시에 급락한 주가   공매도는 폭증   10만 4,327
단위: 원   단위: 주

62만

62만 6,000
오전 9시 29분
계약 해지 공시

58만

2,486 4,484 2,220 7,658

9월 26일 27   28   29   30일

54만

50만 8,000

50만

30일 오전 9시 0분 21초(최고가)   오후 3시 30분(종가)

출처: 《중앙일보》

보아도 비상식적인 물량이다([그림 1-7] 참조).

물량도 물량이지만 타이밍은 더욱 절묘했다. 이런 엄청난 물량의 공매도가 어떻게 개장 이후 호재성 뉴스만 공시되어 있던, 그리고 악재성 공시는 아직 나오지도 않았던 시간대에 집중적으로 이루어졌던 것일까? 1조 원 규모의 항암제 기술수출 계약은 '한미약품 한해 매출액(1조 3,180억 원)의 76%에 달하는 초대형 계약'이었다.[24] 호재도 이만저만한 호재가 아니었다는 것이다. 그러니 이런 호재를 두고 엄청난 물량의 공매도를 행했던 투자자들에게 도대체 무슨 생각으로 그랬던 것이냐고 되묻는 것은 전혀 이상할 게 없다. 당연히 악재성 정보가 공시 이전에 사전 유출되었으며, 이를 알게 된 몇몇 투자자들이 악재성 정보가 발표되기 직전 공매도를 실행할 시간을 벌기 위해 '공시 전 30분'이라는 시간이 필요했던 것 아니냐는 목소리가 나왔다.

일주일이 채 지나지 않은 10월 4일 금융위원회 자본시장조사단이 이 수상한 공매도에 관한 조사에 착수했고, 같은 달 13일 증권선물위원회는 이 사건을 검찰에 통보했다. 검찰은 한미약품 본사와 한미약품의 악재성 공시가 나오기 전 공매도 거래가 이루어진 여의도 NH투자증권과 신한금융투자 등 증권사 13곳을 압수수색했다.

공매도 관련 공시 강화

한미약품의 수상한 공매도 사태는 악재성 정보가 다음 날 주식시장 개장 후 30분 가까이 지나서야 공시된 전형적인 늑장공시 사례다. 또한 늑장공시로 인한 혜택이 그 기간 동안 공매도 포지션을 늘린 내부자들에게 돌아간 점에서 충분히 의심과 비난을 받을 수 있다.

미공개 정보를 이용한 거래는 많은 나라에서 법률로 금지되어 있다. 우리나라에서는 자본시장법 174조가 미공개 정보 이용 거래 금지 조항이다. 단국대학교의 양철원 교수는 그의 2018년 논문에서 악재성 정보의 사전 유출과 공매도의 관계를 한국의 사례를 중심으로 연구했다.[25] 그는 2013년부터 2015년 사이에 발표된 한국 기업들의 이익 공시와 판매, 공급 계약 관련 공시들을 분석한 후 공시 정보가 사전 유출되는 비율이 무려 50% 이상에 이른다는 충격적인 결과를 찾아냈다. 한국 주식시장에서 엄청난 양의 정보가 공시 이전에 어떤 식으로든 유출되고 있었다는 것이다. 또 호재성 뉴스보다는 악재성 뉴스가 사전 유출되는 비율이 더 높다는 사실도 발견했다. 그러나 이러한 악재성 뉴스 사전 유출이 공매도 거래 증가로 연결된다는 체계적인 증거는 발견하지 못했다. 이 논문의 결과에 따르면 한미약품의 경우는 예외적인 케이스가 되는 셈이다.

공매도 관련 공시의 법률적인 측면을 다른 선진국에 비추어 간략히 살펴보면 다음과 같다.[26] 미국에서는 증권거래위원회에 의해 공매도 거래 데이터가 공시되고, 결제가 이행되지 않은 공매도 내용 또한 별도로 공시된다. 영국은 업틱룰과 같은 가격을 이용한 공매도 규제를 채택하지 않는 대신 투명성을 높이기 위해 공매도 거래 공시의무를 확대 적용하고 있다. 그러나 일본에서는 특이하게도 아베노믹스의 출범과 함께 공매도 공시와 관련된 규제가 오히려 완화되었다. 2008년부터 공매도가 발행주식 수의 0.25% 이상일 경우 공시할 의무를 부과했었는데, 2013년 11월에 이를 0.5% 이상인 경우로 한정하고 0.2% 이상인 경우에는 공시의무 없이 보고의무만을 지운 것이 그 예다.

우리나라에서는 2016년 6월 자본시장법이 개정되어 공매도 잔고가 상장주식 수 대비 0.5%를 넘어서는 날로부터 공시의무가 부과되며 공매도 잔고가 그 비율 이하로 떨어지는 날까지 매일 공시를 해야 한다.

도망자와 추격자

2016년 12월 검찰은 자본시장법 위반 혐의로 한미사이언스 인사팀 상무와 법무팀 직원 등 4명은 구속 기소, 보령제약 법무팀 이사 등 2명은 불구속 기소, 그리고 다른 11명은 약식 기소하고, 또 다른 정보 수령자 25명은 금융위원회에 과징금 부과 대상으로 통보했다. 한미사이언스 인사팀 상무에게는 보령제약 이사 등 자신의 지인들에게 악재 정보를 미리 알려주어 한미약품 주식을 매도하게 한 혐의가, 그리고 적발된 다른 한미사이언스 직원들에게는 이 정보를 동료 직원과 지인 등에게 유출한 혐의가 적용되었다.

그리고 2017년 5월 31일 법원은 다음과 같이 판결하였다. 한미사이언스 인사팀 상무에게 징역 1년에 집행유예 2년, 그리고 벌금 5,000만 원, 보령제약 법무팀 이사에게 징역 6월에 집행유예 2년, 벌금 4억 원, 추징금 3억 6,331만 원. 그리고 증권선물위원회는 적발된 한미약품 직원들과 손실회피 금액이 소액인 25명에게는 과징금 부과 또는 엄중경고 조치를 하였다. 하지만 공매도 거래를 실행한 증권사들은 단 한 곳도 처벌을 받지 않았다. 검찰이 압수수색을 통해서도 혐의를 입증할 물증을 확보하는 데 실패했고, 수사 대상인 일부 금융회사는 악재성 정보의 사전 인지가 아닌 다른 이유로 공매도를 실행했던 것임을 입증했기 때문이다.[27]

무차입공매도의 증가세와 이에 대한 처벌은 심각하게 우려되는 수준이다. 어느 기사에 따르면 2013년부터 2017년까지 5년 동안 무차입공매도 위반으로 제재를 받은 건 68개사였으나 해가 갈수록 위반 건수와 위반액이 증가했다.[28] 무차입공매도로 주식을 판 금액은 2013년 226억 원에서 2014년 2,000억 원, 2016년 3,000억 원, 그리고 2017년엔 5,700억 원대로 대폭 증가하였다. 2013년과 비교해 볼 때 불과 4년 동안 무려 25배가 늘어난 것이다. 또 무차입공매도의 대상이 되었던 주식 수도 2013년 6개사에서 2016년엔 55개사로 무려 9배 이상 늘어났다. 그러나 외국인과 기관 투자자의 경우 전산 시스템상으로 얼마든지 무차입공매도를 실행할 수 있는 환경이어서 실제로는 훨씬 더 많을 것이라는 관측도 나온다.

어째서 이렇게 엄청난 속도로 무차입공매도가 늘어나고 있는 것일까? 그 이유는 어렵지 않게 찾을 수 있다. 무차입공매도는 적발하기 어렵지만, 설령 적발된다고 하더라도 솜방망이 처벌만을 받는 경우가 많았던 것이다. 위의 기사에 의하면 적발된 68개사 중 21개사가 과태료를 부과받았고 나머지 47개사는 '주의' 조치에 그쳤다. 주의 조치에 그치는 경우가 많았던 이유는 무차입공매도 위반의 대부분이 '착오'에 의한 것이었기 때문이다. 처벌이 이 정도라면 아예 과태료를 낼 것을 예산에 반영해두고 버젓이 무차입공매도를 시행하는 것도 충분히 가능한 일이다. 범죄를 처벌하지 않는 것은 범죄를 조장하는 것과 다름없다.

솜방망이 대신 쇠방망이

이처럼 한국에서는 공매도 관련 법규를 위반해도 제재 수준이 낮아 엄중히 처벌받지 않는다. 그럼 다른 나라들의 경우는 어떨까? 제재 수준은 나라마다 천차만별이지만 몇몇 국가와 비교해도 한국은 확실히 처벌이 미약한 나라에 속한다.

미국의 경우 무차입공매도를 한 이후 결제를 이행하지 못하면 500만 달러 이하의 벌금 또는 20년 이하의 징역에 처해진다. 홍콩의 경우 해당 숫자는 10만 홍콩달러(한화 약 1,450만 원)와 2년이어서 처벌이 다소 가벼워 보이지만 확인의무를 위반한 증권사 또한 5만 홍콩달러 이하의 벌금이나 1년 이하의 징역에 처해져 연대책임을 지게 했다는 점이 특이하다. 독일에서는 벌금이 50만 유로(한화 약 6억 5,000만 원)이지만, 네덜란드는 그보다 훨씬 높은 200만 유로(한화 약 26억 원)이고, 영국은 아예 벌금에 상한을 두고 있지 않다. 프랑스의 경우 무차입공매도의 주체가 법인인지 개인 투자자인지에 따라 구분을 두고 있지만 양자 모두에 대해 상당히 강력한 처벌 규정을 두고 있다. 이를테면 영업정지를 포함한 행정처분에 더해 무차입공매도로 인한 이득의 10배 금액 또는 법인의 경우 1억 유로(한화 약 1,300억 원), 개인의 경우 1,500만 유로(한화 약 195억 원)를 벌금으로 내야 한다. 그러나 호주와 일본의 경우에는 처벌이 가벼운 편이다.

우리나라에서 특히 놀랍고도 우려되는 일은 불법적 공매도가 일어난 경우라 하더라도 이를 형사 처벌할 근거가 없다는 것이다.[29] 사정이 이러하니 한국에서 무차입공매도가 빠르게 증가하고 개인 투자자들의 불만이 극에 달하는 것도 무리가 아니다. 금융위원회는 골드만삭스와 삼성증권의 유령주 공매도 사태 이후 10년 이하의 징역과 불법 이득의 1.5배를 과징금으로 부과하는 등 공매도 관련 범죄 처벌을 강화하는 내용으로 자본시장법령을 개정하겠다는 계획을 내놓았다. 어떻게 진행될지 지켜볼 일이다.

지금까지 우리는 공매도 현황과 함께 관련 제도가 우리나라에서 어떻게 발전해왔는지에 대해 살펴보았다. 이제 공매도에 대한 보다 직접적인 중요한 이슈들을 살펴보기로 하자. 도대체 공매도를 왜 그렇게들 미워하는지 말이다.

2부

공매도는 억울하다

말도 많고 탈도 많은 공매도를 위한 변론

• • •

공매도의 영향에 대해 오해가 난무하는 현실이다. 공매도가 주가를 떨어뜨린다는 주장이 대표적이다. 그러나 공매도는 주가가 효율적이 되도록 돕고 시장에 유동성을 공급하는 중요한 역할을 한다. 공매도가 주가변동성을 키운다는 지적도 엄밀히 따져볼 때 사실과 다르다. 그렇지만 공매도가 가격조작이나 미공개 정보를 이용한 부당 이익 추구에 악용될 가능성에 대해서는 주의를 기울여야 한다.

누가 공매도에
돌을 던지나

"올 상반기에도 공매도의 표적이 된 코스피 종목들의 주가가 대부분 하락한 것으로 나타났다. 반면 주가 하락에 돈을 건 공매도 세력들은 하락 장세에서 적지 않은 수익을 거뒀다. … 공매도 거래 비중 상위 10종목의 주가를 살펴보면… 8개 종목의 주가가 하락했다. 이들 10개 종목의 평균 주가는 14.1%나 하락, 같은 기간 코스피(-6.7%) 하락률보다 훨씬 더 컸다."("공매도 표적된 종목 또 된서리",《경향비즈》, 2018. 7. 19)

주변에서 흔히 볼 수 있는 기사의 하나다. 특별한 이유가 있어 고른 게 아니고 검색창에 공매도라고 치고 아무 기사나 골라보았다. 공매도의 표적이 되어서 주가가 떨어졌다고 나온다. 멀쩡한 주식들인데 어쩌다 공매도 폭탄을 두들겨 맞아서 가격이 떨어졌다는 투다. 그런데 기사의 뒷부분에 다소 놀라운 말이 나온다.

"주가가 하락할 것으로 기대하고 이들 종목을 공매도한 투자자들의 예상이 맞아떨어졌다는 의미다."

공매도가 주가를 하락시킨 게 아니고, 공매도 투자자들은 그저 앞으로 가격이 떨어질 주식들을 잘 집어내 투자한 것일 뿐이라는 얘기다. 공매도가 멀쩡한 주식의 주가를 떨어뜨린다면 욕을 먹을 수도 있겠지만, 후자라면 얘기가 달라진다.

저 새는 해로운 새다

1958년부터 5년 동안 가난과 기아를 이겨내기 위해 중국 전역에서 벌어졌던 '대약진 운동'의 참담한 실패는 중국인들뿐 아니라 현재를 사는 모든 이들에게 처절한 교훈을 준다. 대약진 운동의 한 부분으로서 벌어진, 네 가지 해로운 것들을 제거한다는 '제사해除四害 운동'이 특히나 그렇다.

농촌에서 현지 지도를 수행하던 마오쩌둥의 검지손가락이 마침 저 멀리서 곡식을 갉아먹고 있던 참새를 향했고, 그의 "저 새는 해로운 새다"라는 한마디에 중국 전역에 걸쳐 난데없이 참새잡이 운동이 대대적으로 벌어져 참새가 궤멸되었다는 것은 지금 들으면 차라리 저질 개그에 가깝다. 그러나 이 일이 중국인 수천만 명을 굶어 죽게 만들었다는 건 엄연한 사실이다. 참새가 없어지자 참새를 천적으로 삼고 있던 각종 해충들이 들끓어 농작물 피해가 오히려 급증했기 때문이다. 이로운 새를 해로운 새로 잘못 판단한 대가는 이렇게 엄청났다.

　과연 공매도는 해로운 새일까? 이 파트에서는 투자자 또는 일반인들이 공매도에 대해 갖고 있는 부정적 인식들을 하나씩 짚어본다. 우선 투자자들이 공매도를 미워하는 가장 큰 이유라고 생각되는, 공매도가 주가를 떨어뜨린다는 뿌리 깊은 의심부터 살펴보도록 하자.

공매도가
주가를 떨어뜨린다?

가뜩이나 주가가 떨어지고 있어 열 받는데 투자자들이 오매불망 오르기만 바라는 내 주식에 엄청난 물량의 공매도 포지션을 취했다 한다. 팔아야 하나, 말아야 하나? 다 내다 팔자니 과민반응하는 거 아닌가 싶기도 하고 들고 있자니 겁나는 것도 사실이다.

한국에서 공매도에 의해 괴롭힘 당하는 대표적인 기업은 셀트리온이다. 나무위키에 '셀트리온'이라고 치면 주식 관련 정보 첫 줄에 '한국 금융시장에서 최대 규모의 무차별 공매도 공격이 이뤄지고 있는 기업. 1조 규모를 넘었다'라고 뜬다. 이 회사의 서정진 회장은 2012년 5월 7일 '주주님들께 드리는 글(공매도 관련)'에서 공매도와의 전쟁에서 이기기 위해 주주들의 도움과 지원이 필요하다고 간곡히 호소한다. '공매도로 인한 주주가치의 훼손을 막기 위해 지속적으로 최선의 노력'을 기울일 것을 약속하면서, 만약 주주들이 셀트리온 주식을 빌려준 경우 상환 요청이나 연장 거부 등을 실시해 공매도 세력에게 주식을 대여하는 일을 제한하자고 권고하는 내용을 담고 있다.[1]

말이야 부드럽지만 공매도 세력에게 주식을 대여하는 행위는 주주들을 배신하는 행위가 될 수 있다는 경고다. 앞서 살펴보았지만 이전상장까지 해가며 공매도와 사투를 벌이고자 한 주주들의 노고를 이해 못할 바는 없다. 공매도 세력에게 얼마나 진저리를 쳤으면 그렇게까지 했겠는가 말이다.

테슬라: 엿 먹이려다 엿 먹기

2018년 8월 8일, 엘론 머스크Elon Musk 회장이 기존 주주들에게 주당 420달러를 지불하고 테슬라Tesla를 상장폐지하겠다는 내용의 트윗을 날린 것은 결국 공매도 세력을 엿 먹이려 한 것이 아니냐는 의심을 샀다. 공매도에 대한 가장 좋은 복수는 결국 주가 상승일 텐데 실제로 당시 367달러로 420달러보다 훨씬 아래에 있었던 주가가 트윗 이후 급등해 7.4%나 뛰어올랐기 때문이다. 상승가를 기준으로 보면 그날 하루 동안 공매도자들이 입은 평가 손실만 8억 8,400만 달러에 달하는데, 이를 연초 이후 누적 손실로 환산하면 총 24억 달러에 달하는 어마어마한 금액이었다.[2]

트윗 이후 미국 증권거래위원회는 주가조작 혐의로 머스크를 뉴

Am considering taking Tesla private at $420. Funding secured.

9:48 AM - 7 Aug 2018

테슬라를 상장폐지하겠다는 트윗을 날린 엘론 머스크

욕 연방지방법원에 고소했고, 사건은 결국 머스크가 벌금 2,000만 달러를 물고 이에 더해 테슬라 이사회 의장직에서 물러나는 것으로 마무리되었다. 그러나 이사회 의장직에서 물러났더라도 최고경영자CEO 자리를 수성했으므로 머스크가 최악은 면한 채 사건을 마무리 지은 것이라는 평가가 나왔다. 그린라이트캐피탈Greenlight Capital 의 데이비드 아인혼David Einhorn 회장은 머스크가 CEO 자리를 지킨 것을 두고 테슬라의 최고경영자는 법 위에 있다며 비아냥댔다.[3]

테슬라에 공매도 포지션을 취하고 있던 가장 유명한 투자자는 아마도 키니코스 어소시에이트Kynikos Associate의 짐 체이노스 회장일 것이다. 그는 회계부정을 꿰뚫어 보고 엔론 주식을 대량으로 공매도한 후 2001년 12월 엔론이 파산신청을 하면서 그해 초 80달러에 달하던 주가가 단돈 1달러로 떨어지자 숏 커버링을 통해 천문학적인 이득을 벌어들였던 공매도 투자의 귀재다. 회사명인 키니코스는 그리스어로 냉소주의자cinic라는 뜻인데 남들이 오를 것이라 기대하고 매수하는 주식들이 사실은 고평가되어 있음을 알아보고 반대로 투자하는 공매도 투자자들에게 잘 들어맞는 이름이 아닐까한다.

체이노스는 이미 2014년부터 테슬라에 대한 공매도 포지션을 취하고 있었다. 당연히 테슬라에 대해 쉬지 않고 공격을 해대고 있는데 이를테면 머스크가 신형 로드스터 차량과 세미트럭 계획으로 투자자들을 잘못 인도해 루비콘 강을 건넜다고 주장한다거나, 최근 테슬라의 경영진이 회사를 떠나는 일이 테슬라에게 나쁜 징조라는

2018년 4월 CNBC와의 인터뷰

걸 퍼뜨리는 식이다. 이러니 머스크가 체이노스를 비롯한 공매도자들을 얼마나 엿 먹이고 싶어 했을지는 별로 이해하기 어렵지 않다.

술 먹어서 나쁜 놈, 나쁜 놈이 술 먹기

술이 사람을 못된 놈으로 만드는 것이 아니라 그 사람이 원래 못된 놈이라는 것을 술이 밝혀준다.

일본의 어느 술집에서 보았다며 사회 관계망 서비스에 떠도는 문구가 재미있다. 이 경구를 처음 보았을 때부터 나는 공매도 생각을 했다. 술과 사람을 각각 공매도와 주가로 바꾸면 많은 사람이 궁금해하는 바로 그 질문이 되기 때문이다. 과연 공매도가 주가를 떨어뜨리는 것일까, 아니면 원래 떨어질 주식(과대평가된 주식)을 공매도가 잘 가려내는 것일까 하는 질문 말이다.

이 질문에 답하기 위해 다음의 두 가지 공매도를 생각해보자. 하나는 적정한 가격에 있는 주식에 대해 취해진 공매도이고, 다른 하나는 과대평가되어 있는 주식에 대해 취해진 공매도다. 어느 경우든 한꺼번에 많은 양의 주식들이 매도 물량으로 쏟아져 나오면 가격은 일시적이나마 떨어지게 된다. 이는 전혀 이상한 일이 아니다. 기본적인 수요-공급 법칙을 생각해보더라도 그렇다. 물론 이런 일시적인 가격 하락은 비단 공매도에만 적용되는 것이 아니고, 일반적인 매도의 경우(가지고 있는 것을 파는 일반적인 경우로 영어로는 short-selling과 대비해 long-selling이라고 부르기도 한다. 우리가 보통 매도 selling라고 부르는 거래를 말한다)에도 똑같이 적용된다.

중요한 것은 만약 주가가 과대평가되어 있던 것이 아니라면 대량의 매도 물량 자체로 인한 가격 하락은 일시적인 것에 그치고 주가는 곧 다시 회복된다는 점이다. 다시 말해 전혀 과대평가되지 않은 주식이라 하더라도 어떤 이유로든 공매도 물량이 몰리게 되면 일시적으로 주가가 하락할 수는 있지만, 시장이 곧 이러한 주가 하락이 주식의 펀더멘털과는 무관한 것임을 알게 될 것이므로 주가는 다시 회복된다는 것이다. 이는 시장효율성에 따른 당연한 주가의 흐름이다. 따라서 시장이 얼마나 효율적인지가 가격 회복에 있어 중요한 이슈가 된다.

논의를 더 진행시키기 전에 우선 간략하게나마 시장효율성의 개념에 대해 짚고 넘어가 보자. 시장효율성은 주식, 채권, 파생상품 등이 거래되는 금융시장에서도 중요한 이슈이지만 학계에서도 중요한 연구 분야의 하나다. 우리가 효율성이라고 말할 때는 흔히 생산효율성operational efficiency을 생각하는 경우가 많다. 이는 주어진 시간 동안 동일한 양의 자본과 노동을 투입하여 동일한 품질의 상품을 얼마나 더 많이 생산할 수 있는가에 관한 개념이다.

그러나 금융시장에서 효율성은 무엇보다 정보효율성informational

efficiency에 관한 것으로 새로운 정보를 시장이 얼마나 빠르게 반영하는지에 대한 개념이다. 여기서 '빠르게'란 주가가 새로운 정보를 반영하여 새로운 적정가격으로 이동할 때까지 걸리는 시간을 말한다.[4] 시장이 효율적이지 못하다는 말은 주가가 정보를 제대로 반영하는 데 오랜 시간이 걸린다는 얘기다. 따라서 시장이 효율적이지 않다면 주가는 과대평가 혹은 과소평가된 채 오랫동안 유지될 수 있다. 그러나 시장이 어느 정도만이라도 효율적인 경우에는 결국 과대평가된 주식의 가격은 떨어질 것이고, 과소평가된 주식의 가격은 오르게 될 것이다. 이런 기회를 이용하려면 과대평가된 주식에 공매도를, 그리고 과소평가된 주식에 매입 포지션을 취하면 된다.

앞의 공매도 논의를 이어가자면, 공매도 물량으로 인한 일시적인 가격 하락은 시장이 효율적인 경우 단시간에 그치며 주가는 곧 다시 반등하게 된다. 이런 경우 파도 타기식 단기매매 투자가 아니라면 주가 하락으로 인한 피해는 크다고 볼 수 없다. 그러나 하락한 주가가 반등하지 않는 경우도 많다. 과대평가되었던 주가가 하락해 적정가격 수준에 머물게 된 경우에 그렇다.

그저 하락할 때를 잘 알고 있을 뿐?

이제 과대평가된 주식에 대해 이루어진 공매도를 보자. 공매도 물량이 몰리면 가격이 하락할 수 있는 것은 마찬가지다. 순서상으로도 공매도 이후에 주가가 떨어진 것이라서 마치 공매도가 주가를 떨어뜨린 것처럼, 즉 공매도가 주가 하락의 원인이 되는 것처럼 보인다. 그런데 투자자들이 애당초 공매도를 취한 이유는 무엇이었을까? 물론 부정적 정보를 거짓으로 주입하고 시장을 교란하여 이득을 취하려 했을 가능성도 없는 것은 아니다.

그러나 효율적 시장에서 이와 같은 범죄적 행위를 반복적으로 계속해서 저지를 수 있는 투자자는 없다. 시장이 알아차릴 것이기 때문이다. 그것보다는 아마도 공매도 투자자들이 현재 주가가 과대평가되어 있다는 사실을 남들보다 빨리 알아차렸을 가능성이 크다. 그렇다면 이들의 공매도는 좀 더 오랜 기간 과대평가된 상태에 머무를 가능성이 있는 주식을 좀 더 '빠르게' 적정가치에 도달할 수 있도록 만드는 데, 즉 주가를 좀 더 효율적으로 만드는 데 기여하는 투자 행위라고 볼 수 있다. 만약 공매도가 없었다면 시장은 그 주식이 과대평가되어 있다는 것을 좀 더 나중에 알았을 것이고, 따라서 주가는 좀 더 느리게 적정가치에 도달하게 될 테니 말이다. 이것은 공매도가 주가 하락의 원인이므로 비난 또는 규제, 심지어 금지까지 해야 한다는 주장과 배치되는 것이다. 오히려 공매도가 시장효율성을 증대시키는 데 기여하는 긍정적인 기능을 갖고 있음을 주장하고 있기 때문이다.

　문제는 공매도 대상 주식들이 과연 과대평가되어 있었는지 아닌지 알아내는 것이 쉽지 않다는 데 있다. 그나마 다행인 것은 공매도 이후의 가격 변화를 살펴 이를 사후적으로 알아낼 수 있다는 것이다. 만약 주가가 빠른 시간 내에 반등한다면 펀더멘털과는 관련 없이 단순히 매도 물량의 몰림으로 인해 한시적으로 가격 하락이 일어났던 것일 가능성이 높다. 그러나 주가가 하락한 상태에서 회복되지 않고 유지된다면 그 주식은 애초에 과대평가되어 있었던 주식일 가능성이 크다.[5] 후자의 경우라면 공매도 투자자들은 과대평가된 주식을 남들보다 빨리 잘 파악하고 있는 정보기반형informed 투자자들일 것이며, 따라서 그들의 투자는 주가가 적정가격을 찾아가는 프로세스를 돕는, 즉 시장효율성을 증대시키는 행위가 된다. 과연 이러한 주장들은 실증적으로 뒷받침될 수 있을까?

　데사이 교수는 그의 동료들과 함께 쓴 논문에서 공매도 이후 떨어진 가격은 반등하지 않고 무려 12개월 동안이나 지속된다는 실증적 증거를 제시한다.[6] 이는 멀쩡한 주식을 공매도가 망친다는 믿음에 대한 강력한 반증이다. 공매도 거래자들이 과대평가되어 있는 주식을 알아내고 투자하는, 정보에 기반한 투자자들이라는 것을 보여주고 있기 때문이다. 이러한 증기들은 내 논문을 포함한 다른 복수의 논문들에 의해서도 뒷받침된다.

　앞서 소개한 논문에서 나는 미국 데이터를 이용해 공매도 투자자들이 실제로 며칠 후의 주가 하락을 아주 잘 예측하고, 공매도 이후 일주일 동안 계속해서 유의미한 수익을 낼 수 있다는 것을 실증적으로 보였다.[7] 일주일이 지나면 주가가 반등한다는 것이 아니라 투자 기간을 일주일 정도로 가정했을 때 적어도 그 기간 동안에는 가격 반등이 일어나지 않는다는 것이다.

가격 하락이 일주일보다 더 오랜 기간 지속된다는 실증적 증거는 내 논문보다 약간 빨리 출간된 보머 교수와 그 동료들의 논문에서 제시되었다. 그들은 공매도가 많이 이루어진 주식들의 주가 하락이 공매도가 적게 이루어진 주식들의 주가 하락보다 더 클 것을 이용한 투자전략을 통해 향후 20일 정도 유의한 수익을 얻을 수 있다는 것을 보여주었다. 더욱 놀라운 것은 수익률이 투자전략이 수반하는 위험에 대한 보상으로 주어지는 부분을 제고하고서도 무려 연 15.6%에 달했다는 것이다.[8]

공매도가 주로 과대평가된 주식에 대해 취해진다는 이러한 결과는 미국에서만 발견되는 것은 아니다. 한국의 경우에도 공매도의 주가예측성은 마찬가지로 존재하며 공매도를 바탕으로 한 투자는 향후 20일 정도까지 유의한 수익을 내고 있었다.[9] 홍콩의 경우에는 그 기간이 훨씬 더 길었다. 홍콩거래소HKEX는 공매도가 가능한 주식들을 분기마다 지정해 발표한다. 이는 이 리스트에 들어 있는 주식들만 공매도할 수 있게 규제한, 전 세계 주식시장들 중에서 홍콩거래소에만 있는 특징적인 규칙이다. 홍콩대학의 에릭 창 교수팀은 주식이 공매도 가능 리스트에 등재되면 평균적으로 이후 40일이 넘는 기간 동안 가격이 떨어져 무려 60일 이후까지도 누적수익률이 음(-)의 값을 갖는다는 것을 발견하였다.[10] 이는 공매도 규제가 주식의 과대평가를 가져올 수 있다고 경고한 에드워드 밀러Edward Miller 교수의 1977년 논문을 뒷받침하는 또 하나의 중요한 실증연구다. 공매도 투자가 오랜 기간 이익을 낼 수 있다는 사실은 공매도가 단순히 물량을 앞세운 일시적인 가격 충격을 통해 이익을 도모하는 투자가 아니라, 과대평가된 주식을 찾아내고 그 주식들이 적정가격을 향해 가는 과정에서 이익을 얻는 투자임을 잘 보여준다.

이제 공매도 투자자들이 정보에 기반한 투자를 한다는 것 정도는 잘 알겠다. 그런데 이들은 도대체 어떤 정보까지 알고 있는 것일까?

북한이 언제 미사일을 쏠까? 공매도에게 물어라

공매도 투자자들은 가끔 '별걸 다' 알고 있다. 성균관대학교의 김영한 교수는 그의 동료 저자와 함께 1999년부터 2012년까지 북한의 핵미사일 발사 실험에 주목해 공매도 투자자들이 이 사건을 예측할 수 있었는지 살펴보았다.[11] 미사일 실험과 같은 이벤트는 한국 주식시장으로부터 영향받지 않는 외부적exogeneous 사건임으로 인해 경제적 현상들의 인과관계를 연구할 수 있는 좋은 환경을 제공한다. 이를테면 미사일을 쏠 것을 예측해서 공매도를 한 것이지, 공매도를 했기 때문에 북한에서 미사일을 쏘는 것은 아닐 터이니 말이다. 결과는 아주 흥미로웠다.

북한이 무기 실험을 하기 이전에 실제로 한국 시장에서 공매도가 유의하게 늘어났던 것이다. 다시 말해 북한의 미사일 실험이 한국 주식시장에 부정적 뉴스로 작용할 것을 예측한 이들이 실제로 실험이 이루어지기 전에 공매도 포지션을 늘렸다는 것이다. 이는 공매도자들이 북한의 미사일 실험을 알고 있었다는 뜻이다.

그럼 북한의 핵실험을 미리 알고 공매도를 늘리는 이들은 도대체 누구일까? 흥미롭게도 공매도를 대폭 늘린 투자자들은 북한과 공식적인 외교를 수립한 국가들에서 온 외국인 투자자들이었다. 정부조차 때로는 북한의 핵실험을 제대로 예측하지 못하는 경우가 있는데 외국인 공매도 투자자들이 그것을 예측하고 공매도 포지션을 늘리고 있었다니 놀라운 일이 아닐 수 없다.

이 장에서 소개한 연구들은 공매도가 과대평가된 주식이 적정가격을 찾아가는 걸 돕는다는 내용들이다. 이는 물론 가격효율성의 증대와 관련된다. 그러나 많은 투자자들은 설령 가격효율성의 기능을 열외로 치더라도 공매도를 싫어하는 중요한 또 다른 이유를 갖고 있다. 그것은 주가변동성에 대한 것이다. 이제 다음 장에서 이를 살펴보자.

공매도가
변동성을 키운다?

공매도에 대해 우려하는 또 다른 한 가지는 공매도가 가뜩이나 시장의 충격에 예민한 주식들의 주가변동성을 더욱 높인다는 데 있다. 위험선호도가 높은risk-loving 투자자들이야 높은 변동성을 기꺼이 받아들이겠지만, 보다 일반적인 경우라고 생각되는 많은 위험회피적risk-averse 투자자들은 그렇지 않다.

그럼 공매도가 변동성을 증대시킨다는 것은 어디까지가 진실인 걸까? 다시 디터, 워너 교수와 함께 쓴 내 논문으로 돌아가 보자. 우리는 우선 미국의 공매도 투자가 어떤 식으로 이루어지는지를 살펴보는 것에서 시작했다.

모멘텀 투자와 역모멘텀 투자

다음 경우를 생각해보자. 앞으로 가격이 떨어질 것으로 기대되는 주식들을 열심히 찾고 있는 공매도 투자자인 당신의 레이더에 다음 두 가지 그룹의 주식들이 들어왔다. 하나는 지난 일주일 동안 가격이 계속 오르고 있는 주식들이고, 다른 하나는 반대로 계속 떨어지고 있는 주식들이다. 만약 가격이 떨어지고 있는 주식들이 앞으로도 계속 떨어질 것이라 예측하여 공매도 포지션을 취한다면 이는 하락하고 있는 주가에 추가적인 부담이 될 것이므로 적어도 단기적으로는 가격 하락을 더욱 부채질하게 된다. 그리고 가격이 과도하게 하락한다면 회복을 위해 더욱 큰 주가 상승이 필요하게 되고, 따라서 이는 과도한 하락과 상승의 반복을 통해 변동성을 증가시킨다.

이렇게 주가가 떨어지고 있는 주식의 추가적 주가 하락을 기대하며 취하는 공매도는 모멘텀 투자전략의 일부다. 모멘텀 투자란 말 그대로 가격이 상승 중인 주식에는 상승 모멘텀에, 그리고 가격이 하락 중인 주식에는 하락 모멘텀에 기대어 투자하는 방식을 말한다. 상승 중인 주식을 사고, 하락 중인 주식을 매도함으로 인해 모멘텀 투자는 각각의 추세를 강화시키는 방향으로 작용하여 변동성을 증가시키는 것이 일반적이다.

반대로 가격이 오르고 있는 주식에 집중되는 공매도는 그 주식들의 주가가 이제는 충분히 올랐으므로 앞으로는 떨어질 것이라고 기대하며 행하는 투자다. 이렇게 주가 모멘텀과 반대 포지션을 취하는 투자전략을 추세에 따르는 투자인 모멘텀 투자에 대비해 부의 모멘텀negative momentum 또는 역모멘텀contrarian 투자전략이라고 부른다. 역모멘텀 투자 방식의 공매도는 가격이 오르고 있는 주식에 대해 이루어지므로 추가적인 가격 상승을 제한하는 방향으로 작용해 변동성을 줄인다. 2006년에 출간된 한 논문에서 아브라모프를 비롯한 3명의 연구자들은 이러한 역모멘텀 투자가 변동성을 줄이는 데 기여함을 실증적으로 보였다.[12]

따라서 공매도와 변동성의 관계를 알아보기 위한 첫번째 단계는 모멘텀과 역모멘텀 투자 중 공매도 투자가 주로 어떤 방식으로 이루어지는지를 조사하는 것이었다. 이를 위해 우리는 공매도가 대상 주식들의 지난 일주일 동안의 누적수익률과 어떤 관계에 있는지를 회귀분석했다. 우리는 시간적 비교를 통해 누적수익률이 높을 때 공매도가 증가한다는 것과, 횡단면 비교를 통해 누적수익률이 높은 주식들에 행해진 공매도가 그렇지 않은 주식들에 행해진 공매도보다 유의하게 더 많다는 것을 알 수 있었다. 다시 말해 가격이 올랐을 때, 그리고 가격이 오른 주식들에 공매도가 취해졌다는 것이다. 이는 공매도가 역모멘텀 투자 방식으로 이루어진다는 증거로 변동성을 늘리는 것이 아니라 오히려 줄이는 데 기여할 수 있는 투자임을 보여주는 것이었다.

그럼 이러한 역모멘텀 방식의 공매도 투자는 미국뿐만 아니라 한국에서도 마찬가지인 것일까? 이를 살펴보기 전에 이에 영향을 미칠 수 있는 한국과 미국의 거래제도 차이를 잠깐 짚어보자. 미국과 달리 한국에서는 상하한 가격제한폭이 적용된다. 이는 주가가 정보를 빠르게 반영하는 것을 방해하는 메커니즘으로 작용할 수 있다.

끔찍한 상상: 공매도 종목이 연속 상한가를 친다고?

사실 역모멘텀 방식의 공매도는 갖고 있는 정보에 대해 어지간한 확신을 갖지 않고는 실행할 수 없는 투자다. 공매도의 최대 손실이 이론적으로 무한대라는 것을 생각해봐도 공매도가 매수보다 더 어려운 투자인 것은 맞지만, 역모멘텀 방식의 공매도라면 훨씬 더 어려운 투자가 될 수 있다. 왜 그런지 궁금하다면 한참 오르고 있는 주식에 공매도를 통해 승차할 용기가 있는지 스스로에게 물어보면 된다. 요 며칠 많이 올라 이제는 하락할 것이라 생각해 공매도 포지션을 잡은 종목이 기대와는 달리 상승 모멘텀을 유지하며 며칠 동안 계속 오른다면? 단 며칠이라도 연속으로 상한가를 친다면? 생각만 해도 끔찍하다.

한국에서 상한가, 하한가 등 가격제한폭은 시장 개설 초기부터 도입되었으나 1995년부터 지금처럼 가격 대비 비율로 정하는 정률제로 정비하였다.[13] 이는 미국이나 유럽에는 없고, 한국과 일본, 대만 등에서 시행되는 일종의 변동성 규제 장치다. 그동안 가격제한폭은 코스피와 코스닥 시장에서 각각 6%와 8%로 시작한 후 점점 확대되어 근래에는 두 시장 모두에서 상하한 15%로 유지되었지만, 2015년 6월 15일부터 다시 2배로 확대되어 현재는 30%의 제한폭이 적용되고 있다. 다음과 같은 상상을 해보자.

당신은 오늘 코스닥에 상장되어 있는 '아모텍'이라는 회사의 주식을 2만 3,000원에 100주 샀다. 그리고 이 주식은 앞으로 10일 동안 상한가를 친다. 30%의 가격제한폭을 적용하니 주가는 약 31만 7,000원 정도가 되고 10일 동안의 수익률은 1,300%에 달한다. 그런데 2만 3,000원에 100주를 공매도했었다면 어떻게 될까? 230만 원을 벌기 위해 3,170만 원을 쓴 셈이니 손해가 2,940만 원이다. 매수 포지션이었다면 최악의 경우라 하더라도 손실이 230만 원을 넘을 수는 없었을 것이다.

그럼 코스닥이 개장한 1997년 이후 연속 상한가 기록은 과연 며칠 동안이었을까? 2000년 1월 20일부터 3월 17일까지 무려 40거래일 연속으로 상한가를 친 '동특(현 리드코프)'이라는 회사가 기록을 갖고 있다. 8,920원에 시작한 이 회사의 주가는 약 100배 상승하여 89만 9,705원까지 상승했다. 2위는 34일 연속 상한가를 기록한 '리타워텍'이라는 회사였으나 현재는 상장폐지되었으니 주주들은 아마도 천국과 지옥을 동시에 왔다 갔다 했을 것이다. 3위는 현재 '다음카카오'의 전신인 '다음커뮤니케이션'이 차지했는데 1999년 11월 1만 1,200원으로 시작해 주가가 40만 6,500원이 될 때까지 26거래일 연속으로 상한가를 기록했다.

공매도는 변동성과 무관하다

공매도 분석을 한국 시장으로 확대한 논문에서 왕수봉 교수와 나는 한국에서도 역시 공매도 투자가 역모멘텀 방식으로 이루어지는지를 확인해보기로 했다.[14] 우리는 2006년부터 2010년까지의 기간 동안 한국 시장에서 공매도의 대부분을 차지하고 있는 외국인 투자자들의 공매도에 집중해 이들이 주로 어떤 주식을 어떤 식으로 공매도하는지에 대해 조사했다. 결과는 미국 시장의 경우와 놀라울 정도로 비슷했다. 공매도 투자가 역모멘텀 방식으로 이루어지고 있다는 강력한 증거를 한국에서도 발견한 것이다. 우리는 계속해서 역모멘텀 투자 방식이 과연 변동성을 줄이는지를 직접적으로 테스트해야 할 필요성을 느꼈고, 따라서 주가변동성을 직접 공매도 변수에 회귀분석해보았다. 그리고 이를 통해 공매도가 주가변동성에 전혀 유의한 영향을 미치지 않고 있음을 발견할 수 있었다. 결국 우리는 공매도가 주가변동성을 늘린다는 증거를 찾을 수 없다고 결론 내렸다.

공매도와 변동성은 너무 중요한 주제라서인지 위에서 소개한 연구 이외에도 한국 시장을 대상으로 한 몇 가지 눈에 띄는 연구들이 있다. 왕수봉 교수와 나는 이 주제에 관해 외국인 투자자들의 공매도에 집중했지만, 서울대학교의 김우진 교수와 고려대학교의 이동욱 교수, 그리고 동아대학교의 정찬식 교수는 한국 시장에서 개인 투자자들의 공매도를 보다 집중적으로 연구했다. 이들의 연구에서도 공매도가 변동성을 증가시킨다는 증거는 발견되지 않았다. 논문은 오히려 개인의 공매도가 시장에 유동성을 공급하고 가격효율성을 증대시키는 긍정적인 역할을 한다는 것을 보여주었다.[15]

이는 내가 한국 시장의 개인 공매도 투자자들을 대상으로 왕수봉 교수와 함께 쓴, 앞으로 소개할 다른 몇 편의 논문에서 보여주는 것과도 일치하는 결과다. 중앙대학교의 유시용 교수 또한 그의 논문에서 개인 공매도가 변동성을 늘린다는 증거를 찾지 못했다고 밝혔다. 여기에 더해 외국인 투자자는 오히려 변동성을 안정화시키는 데 기여하고 있다며 "본 연구의 정책적 함의는 공매도 거래 활동은 변동성을 감소시키는 효과가 있기 때문에 특별한 경우를 제외하고는, 공매도 거래 활동을 허용하는 것이 시장 안정화 측면에서는 도움이 된다고 할 수 있다"고 결론 맺고 있다.[16]

여기서 소개한 논문들은 서로 다른 샘플 기간 동안 서로 다른 방식으로 공매도와 변동성의 관계를 분석한 것이지만 모두 똑같은 결과를 보여주고 있다. 그것은 공매도가 변동성을 늘린다는 증거는 없다는 것이다.

그러나 무엇이든 그러하듯이 여기에도 예외가 없는 것은 아니다. 이를테면 공매도가 주가조작에 이용되면 변동성을 늘리는 결과를 가져올 수 있다. 그리고 어떤 사람들은 공매도가 가격조작에 이용되는 사기 행위의 일부에 불과하다고 믿는다. 공매도가 미움 받는 또 하나의 이유다. 다음 장에서 이를 좀 더 들여다보자.

가격조작,
그 짜릿한 유혹

주식시장에서 가격조작price manipulation은 명백한 불법이다. 거짓 정보로 투자자들을 기만하고 주가변동성을 증대시켜 투자자들에게 막대한 피해를 입힐 수 있기 때문이다. 가격조작은 보유하고 있는 주식의 가치를 높이기 위해 가격을 올리려는 목적으로 이루어지기도 하지만, 공매도 대상 주식의 가격을 떨어뜨릴 목적으로 이루어지기도 한다. 그러나 불행히도 많은 경우 가격조작은 눈에 잘 보이지 않는다. 시장이 발달해온 만큼 가격조작 방식도 세련돼왔기 때문이다.

숏스퀴즈와 베어레이드
많은 투자자들은 공매도가 가격조작에 이용될 수 있다는 점을 우려한다. 그러나 조작으로 인한 가격 하락과 공매도로 인한 가격 하락은 구별되어야 한다. 매도 압력으로 인한 가격 하락은 범죄의 결과로 볼 수 없지만, 이득을 취할 목적으로 거짓 정보를 퍼뜨리는 등 적극적으로 가격을 조작하는 행위는 명백한 불법이기 때문이다.

특히 공매도 포지션을 취한 이후 이를 정산short covering하는 시점에서 가격이 올라 손실을 입을 것이 유력한 경우(이를 '숏스퀴즈short squeeze' 상태라고 한다), 가격이 떨어지기를 바라다 못해 아예 가격이 떨어지도록 '만들고' 싶은 유혹을 떨치기 어렵다. 숏스퀴즈 상태에서는 주가에 부정적 영향을 미칠 것을 목적으로 악의적인 헛소문을 지어내 퍼뜨린다든가 부정적인 뉴스를 확대·과장한다든가 하는 등의 불법행위를 무릅쓸 인센티브가 증가하게 되기 때문이다.

이렇게 인위적으로 가격 하락을 획책하는 행위를 '베어레이드bear raid'라고 부르는데 이는 강세장bull market을 황소에 빗대고 약세장bear market을 곰에 빗대어 부르는 출처 불분명한 월가의 관행에서 비롯된 이름이다. 구글에서 'bear raid'라고 치면 'market manipulation'(시장조작)이라는 검색어가 함께 뜬다. 이처럼 베어레이드는 시장조작의 하나이며, 따라서 엄격히 법으로 금지되어 있고 적발 시 엄중한 처벌을 받게 된다.

007 카지노 로얄: 공매도 세력의 가격조작을 막아라

세상천지 온갖 악의 세력과 맞서 싸워 지구(?)를 지켜온 제임스 본드가 공매도 세력과 총질을 한 적이 있다는 걸 아시는지?

007 시리즈 중에서도 꽤 완성도가 높은 작품으로 평가받는 (IMDB 평점 8.0) 영화 〈카지노 로얄〉(2006년)에서 제임스 본드는 공매도 포지션에서 이익을 내기 위해 테러를 통해 주가를 떨어뜨리려 하는 악당들과 맞서 싸운다. 신을 믿는 테러리스트들이 그들의 테러 자금 관리를 오로지 투자수익만 믿는 르쉬프르라는 인물에게 맡기는데 이 악당은 거액의 이익을 만들어낸답시고 스카이플릿이라는 항공사 주식 100만 주를 공매도해버린다. 그러나 르쉬프르가 애당초 이 같은 초대형 공매도 포지션을 잡은 이유가 그 항공사의 주가가 고평가되어 있다는 자신감에서 나온 것은 물론 아니었다. 주가가 고평가되어 있든 말든 현재 주가에 상관없이 앞으로 주가가 더 떨어지도록 '만들' 자신이 있었기 때문이다. 신형 항공기 발표 행사장에서 테러리스트들로 하여금 항공기를 폭파시키게 하는 등의 방법을 통해서 말이다.

그러나 007이 이 같은 계획을 저지하면서 이들은 공매도 포지션에서 커다란 손실을 보고 만다. 주가를 떨어뜨리기 위해 항공기를 폭파하려 하다니…. 영화라서 그런지 회사에 대한 나쁜 소문이나 퍼뜨리는 것에 비해 베어레이드도 참 통 크게 한다.

에뮬렉스 소동

2000년 8월. 통신망 서비스 회사인 인터넷와이어Internet Wire에 다녔던 23세의 청년 마크 제이콥Mark Jacob은 요즘 걱정이 이만저만이 아니다. 에뮬렉스Emulex라는 광섬유 회사의 주가가 오르면서 이 회사에 취해둔 공매도 포지션에서 10만 달러 가까운 손해를 보게 생겼기 때문이다. 손실을 피하고자 이리저리 궁리하던 제이콥은 결국 대형 사고를 치고 만다. 전 직장이었던 인터넷와이어를 통해 에뮬렉스의 최고경영자가 사임할 것이며 이익이 났다고 발표된 영업이익도 사실은 손실이 난 것이었다는 등 거짓 리포트를 배포함으로써 주가를 끌어내려 손실을 만회하고자 한 것이다.

다음 날 아침 10시 13분, 이 거짓 뉴스는 블룸버그 등 유력 미디어를 통해 방송되었고 시장에선 난리가 났다. 나스닥에 상장된 에뮬렉스 주식은 방송을 탄 지 16분 만인 10시 29분까지 가격이 104달러에서 43달러로 곤두박질치며 거래 중지되었다. 새빨간 거짓말에 시장 전체가 속아 주가의 62% 또는 시가총액 22억 달러가 단 16분 동안에 날아간 것이다. 에뮬렉스 주가는 정보가 거짓임이 밝혀진 이후 그날 종료 시점까지 빠르게 회복되었으나 그사이 제이콥은 하락한 가격에 공매도 포지션을 정산해 24만 달러의 이득을 챙길 수 있었다.

이 사건은 당연히 미 연방수사국FBI의 수사를 불러왔다. 제이콥은 유죄를 인정했음에도 불구하고 불법적으로 취한 모든 이득을 회수당했고, 약 10만 달러의 벌금을 추가로 물어야만 했으며, 그것에 더해 44개월을 감옥에서 보내야만 하는 신세가 되었다. '주식시장에 원자탄을 터뜨린' 죗값이었다.[17]

공매도를 통한 유상증자 공모가 조작

하루도 못 가 뻔히 들통날 일을 저지른 제이콥의 사례는 베어레이드의 가장 유치한 형태다. 그러나 고수(?)들의 가격조작은 이보다 훨씬 정교해서 잘 드러나지 않는 경우가 많다. 공매도와 관련된 가격조작 가능성은 당연히 학계에서도 관심거리였는데 제라드와 난다 교수는 그들의 1993년 논문에서 처음으로 이를 이론적으로 제시했다.[18]

보통 유상증자seasoned equity offering: SEO를 할 경우 증자를 성공시키기 위한 가격 할인이나 승자의 저주winner's curse(너무 높은 값을 지불함으로써 성공적으로 증자에 참여하는 경우 이는 오히려 손해일 수 있다)에 대한 보상으로 주어지는 가격 할인으로 인해 주가가 하락하는 경우가 일반적이다. 이는 증자 이전에 미리 공매도 포지션을 잡아두면 증자 이후 가격 하락을 통해 이득을 얻을 수 있다는 말이다. 그런데 여기에 약간의 가격조작을 더하면 가격 하락을 부추겨 보다 큰 이득을 얻는 것이 가능하다.

증자에 참여하는 이들이 주식을 사는 가격인 공모가offer price가 증

자일 하루 전날 마감된 시장가격closing price에 의해 결정된다고 하자.[19]

그렇다면 공모가 산정 직전 대량으로 공매도 포지션을 잡아 공모가를 더욱 낮게 책정되도록 만들 수 있다. 이런 기회를 공매도 투자자들이 놓칠 리 없다는 것은 그리 놀라운 일이 아니다. 그러나 기업 가치가 펀더멘털에 비해 저평가되어 있다고 생각하는 투자자들조차 주식을 매수하는 게 아니라 매도하게 될 인센티브를 갖게 된다는 점을 이론적으로 증명해낸 것은 놀라운 성취다. 이들 역시 낮게 책정된 공모가에 배정받은 신주로 공매도를 정산함으로써 큰 이득을 얻을 수 있기 때문이다. 고평가가 아니라 저평가되어 있는 주식에 공매도를 한다는 새로운 발견은 충격적이었고, 그렇다면 공매도의 가격효율성 향상 기능은 도대체 어디로 간 것이냐는 비판이 당연히 뒤따랐다. 이런 이유로 이 논문은 공매도가 반드시 가격효율성을 제고하는 것은 아니라는 점을 강조할 때 자주 인용된다.

미국 증권거래위원회는 이와 같은 가격조작 가능성을 사전에 차단하고자 1988년 8월 법규 10b-21을 도입해 공매도 포지션이 증자 기간(유상증자 계획을 제출한 시점announcement date부터 실제 증자 시 issue date까지의 기간) 동안 이루어졌다면 이를 증자를 통해 매수한 주식으로는 정산할 수 없도록 규제하였다. 실제 이 법규는 증자 시 공매도를 통한 가격조작을 줄이는 데 도움이 되었다. 증자 기간 동안 이루어진 공매도가 해당 법안이 도입되기 이전에 비해 확연히 줄었기 때문이다.[20] 그러나 이 조항이 공매도를 오히려 너무 심하게 규제하는 것은 아닌가 걱정한 미국 증권거래위원회는 이 조항을 그보다 훨씬 완화된 법규 105호로 대체했다(1997년 4월). 이는 매수한 주식으로 정산할 수 없도록 한 공매도 범위를 증자 계획 제출 시점부터 이루어진 모든 공매도로 지정한 10b-21과 달리, 증자 5일 이전까지 이루어진 공매도 포지션만으로 한정한 것이다.

헨리와 코스키 교수가 바뀐 제도의 실효성을 검증해보았다. 만약 이 법규가 효과적이었다면 증자를 통해 매수한 주식으로 커버하고자 하는 공매도는 증자 6일 전까지만 이루어지고 규정이 적용되는 5일 이내의 기간 동안에는 줄어들었어야 했다. 그러나 공매도는 규정이 적용되는 기간에도 전혀 줄지 않았으며 실제 증자가 이루어지기 하루 전까지도 계속해서 늘어났다. 개정된 법규가 그다지 효과적이지 않았다는 얘기다. 이는 완화된 법률에 의해서는 유상증자 이전 공매도를 통한 가격조작으로 부당이득을 챙기려 하는 행위를 완전히 제거할 수 없음을 실증연구를 통해 보여준 것이었다.[21]

한국에서 유상증자 시기 공매도를 통한 가격조작 문제가 본격적으로 이슈가 된 것은 2016년부터다. 당시 진행되었던 현대상선과 삼성중공업 유상증자에서 투자자들이 공매도를 통해 주가를 떨어뜨린 뒤 낮게 책정된 공모가로 배정받은 신주를 이용해 증자 이전 공매도를 청산한 수상한 거래를 금융위원회에서 포착했기 때문이다. 제라드와 난다 교수가 그들의 이론 논문에서 보여주었던 바로 그 사례다.

현대상선과 삼성중공업의 사례

2016년 8월 2일. 현대상선에 15만 5,000주 이상의 공매도 물량이 쏟아진 것을 본 이들은 고개를 갸웃했다. 직전 7거래일 평균치 공매도의 무려 5배에 달하고 당일 총거래량의 37%에 상당하는 엄청난 물량이었지만 거래 발생 이유가 확실치 않았기 때문이다. 이유는 장이 마감되고 나서야 밝혀졌다. 현대상선이 당일 증시 마감 후 2,000억 원 규모의 전환사채CB를 발행해 산업은행과 우리은행 등 채권단에게 배정할 것을 공시한 것이다. 보통 CB 발행은 전환권 행사가 신주 발행을 필요로 하는 탓에 주가 희석 사유에 해당된다. 따라서 그 발행 계획은 명확히 그리고 적시에 공시되어야 한다. 더구나 현대상선은 약 보름 전인 7월 18~19일 이틀간 2억 8,000만 주에 대한 일반공모 청약을 받았던 상태였다. 그러나 그 당시에 이미 2,000억 원 규모의 CB 발행 계획을 세워놓고도 이를 투자자들에게 제대로 고지하지 않았던 것이다.[22]

그럼 어떻게 정보가 공시조차 되기 전에 이 정도로 엄청난 공매도 물량이 나올 수 있었을까? 당연히 공매도 투자자들이 CB 발행 정보를 공시 전에 미리 알고 있었던 것이 아니냐는 의혹이 제기되었다. 당시 현대상선과 채무 재조정을 협의하고 있던 채권단들이 채무자의 CB 발행 정보를 몰랐을 리가 없으므로 의심은 자연스럽게 이들 채권단들에게 집중되었고 이들이 다른 곳으로 정보를 사전에 유출했을 가능성 또한 함께 지적되었다. 주가는 공시 후 이틀 동안

33%나 폭락했고, 그 피해는 고스란히 주주들의 몫이었다.[23] 유상증자 실시로 인해 같은 달 5일 상장되는 신주 물량 부담이 가뜩이나 큰 와중에 CB 발행까지 더해 주가 하락을 부추긴 후, 자신들은 공매도를 통해 이익을 실현하고 손실은 유상증자에 참여한 개인 투자자들을 포함한 주주들에게 고스란히 넘긴 것 아니냐는 비난이 쏟아졌다.

2016년 8월, 선박자재 비용을 확보하기 위해 1조 1,400억 원 규모의 유상증자를 결정했던 삼성중공업 역시 공매도 세력의 집중 공격을 받았다. 하루 평균 공매도량이 발표 이후 며칠 동안 44만 8,000주에 달했는데 이는 발표 이전 겨우 6만 주 수준에 불과했던 것에 비해 엄청난 증가였다. 역시 신주 공모가가 통상적으로 시장가보다 낮게 책정되는 점을 감안해 증자에 참여해 받은 신주로 공매도를 정산코자 한 것이 아니냐는 합리적 의심이 제기되었다.[24]

이와 같은 사례를 접한 금융위원회는 미국의 10b-21이나 105호 같은 법규가 우리나라에도 필요함을 깨닫고 관련 내용을 법제화하는 것이 필요하다고 주장했다. 그러나 법안은 2016년 11월 여당인 더불어민주당 박용진 의원에 의해 발의된 이후 정무위원회에 2018년 2월까지 네 번이나 상정되었지만 불행히도 단 한 차례도 제대로 논의되지 못했다. 우선순위에서 밀린 데다 예산안 등 정치적인 싸움으로 인해 위원회가 파행되는 일이 잦았기 때문이다.

법안이 표류하는 와중에 증자를 앞둔 회사의 주주들이 공매도 세력의 공격을 받는 일은 또 일어났다. 이번에는 카카오와 현대중공업, 그리고 삼성중공업이 대상이었다. 카카오는 글로벌주식예탁증서GDR 발행을 통한 유상증자 공시 이후 거래량 대비 공매도 비중이 20%에 달했는데 그중에는 무려 47%에 달한 날도 있었다. 공매도 가격이 13만 5,000원에서 14만 4,000원 사이였음에 반해 신주 발행 가격은 그보다 낮은 12만 9,000원에 확정되었으니 공매도 투자자들은 적어도 주당 6,000원에서 1만 5,000원씩의 차익을 땅 짚고 헤엄치기 식으로 챙길 수 있었던 셈이다.[25] 2017년 12월에는 삼성중공업과 현대중공업이 나란히 유상증자 계획을 밝혔고 각각 평소보다 4배 또는 20배가 넘는 공매도 폭탄을 두들겨 맞았다. 같은 달 현대상선의 유상증자는 애초 계획했던 7,000억 원 규모를 6,000억 원으로 줄였음에도 불구하고 주가 하락으로 인해 무려 2,300억 원 규모의 실권주를 대량으로 생산하는 참담한 실패로 끝났다.[26]

충남대학교의 윤평식 교수와 한국주택금융공사의 임병권 연구위원은 2018년 발간된 논문에서 한국 시장에서 유상증자 공시일부터 최초 발행가격 확정일까지의 기간 동안 공매도가 비정상적으로 증가했고, 이렇게 증가한 공매도가 발행가격을 낮게 책정하는 데 유의미한 역할을 했음을 보였다.[27] 제라드와 난다 교수의 이론을 최초로 한국 시장에서 실증분석한 논문이다. 1993년에 이론적으로 제기된 문제로부터 현시점의 한국 시장도 예외는 아니었던 셈이다.

허수성 호가와 시간외 대량매매를 통한 시장질서 교란

한림대학교의 김지현 교수와 한국거래소의 우민철 박사는 공매
도를 악용한 시장질서 교란 행위를 약 세 가지로 구분하여 제시한
다.[28] 이들은 우선 대량의 공매도 호가를 이용해 시세 하락을 부추
기는 행위를 시세조종 행위와 시장질서 교란 행위로 처벌해야 한다
고 주장한다. 호가 정보가 투명하게 공개되는 주식시장의 장점으
로 인해 시장참가자들은 다른 투자자들의 호가를 실시간으로 볼
수 있고 그에 즉각적으로 반응하게 된다.

이때 어지간한 투자자들이 엄청난 수량의 공매도 호가가 버젓이
거래 대기 상태에 놓인 것을 보고 이를 무시하기는 쉽지 않다. 따라
서 대량의 허위 공매도 호가를 내 투자자들에게 잘못된 정보를 전
달하거나 투자자들의 센티멘트를 부정적으로 조작하는 일이 충분
히 가능하다. 이처럼 체결 가능성이 없는 호가를 내고 정정과 취소
를 반복하는 등의 행위를 법률에서는 허수성 호가로 지정하여 부
른다. 대량의 허수성 공매도 호가는 가격 하락 조작에 악용될 가능
성이 높아 이를 규제, 처벌해야 한다는 주장이 타당성을 얻고 있다.

여기에 더해 저자들은 시간외 대량매매가 거짓 공매도에 이용될
수 있다는 점을 지적한다. 대량의 공매도를 청산하기 위해서는 당
연히 대량의 주식 매수가 필요하다. 하지만 주식시장에서는 주식을
대량으로 장중에 사고파는 것이 생각보다 간단치 않은 경우가 많
다. 주문에 비해 물량이 부족하거나, 물량이 너무 커서 거래 자체가

가격 변동을 일으키는 경우가 적지 않기 때문이다. 이를테면 대량으로 주식을 매수하는 경우 주가는 매수가 진행되는 동안에도 매수압력으로 인해 상승할 수 있다.

결국 거래를 시작할 때보다 비싼 가격을 지불하고 나서야 대량매수를 완수할 수 있게 된다. 이런 문제점을 피하기 위해 많은 투자자들은 시간외 대량매매(블록딜) 거래를 이용한다. 시간외 대량매매에선 큰 물량을 보다 쉽게 거래할 수 있도록 시장가보다 낮은 가격에 매수가 이루어지는 경우가 많다. 저자들은 이 점을 공매도 투자자들이 악용할 수 있다는 점을 지적한다. 시간외 대량매매 시의 낮은 가격이 거래 용이성을 높이기 위한 것이 아니라, 낮은 가격에 주식을 매수해 공매도 포지션을 청산하기 위해 쓰이는 시장질서 교란 행위에 이용될 수 있다는 것이다.

마지막으로 저자들이 지적하는 것은 공매도에 의한 가격 하락을 제어하기 위한 장치인 업틱룰을 회피하기 위해 차익공매도나 헤지공매도를 악용할 가능성에 대한 것이다. 모든 공매도 거래는 업틱룰을 따라야 하지만 차익거래arbitrage와 헤지거래를 위한 공매도는 이들 거래가 정해진 가격에 체결되어야 하는 특성을 갖고 있음으로 인해 업틱룰을 적용받지 않는다. 문제는 어떤 공매도 거래가 차익거래 또는 헤지거래인지 여부를 공매도 투자자 자신이 자발적으로 선택해 표시하게 되어 있어 실제로 그러한지 아닌지 여부를 확인하기 어렵다는 데 있다. 실제로는 업틱룰 적용에 예외가 되지 않는 거래임에도 불구하고 이를 마치 예외에 해당되는 거래인 것처럼 꾸며 업틱룰을 회피하고 이를 통해 가격 하락을 부추겨 하락된 가격으로 숏 커버링을 할 유인이 있다는 것이다.

물론 이와 같은 우려가 현실이 되기 위해서는 업틱룰이 가격 하락을 방지하는 데 효과적이라는 증거가 필요하다. 앞에서도 밝혔지만 미국 시장에서 업틱룰의 가격 하락 방지 효과는 그다지 유의하지 않았다. 한국 시장에서 업틱룰의 효과가 엄밀하게 증명된 것은 아니지만 그렇다고 공매도자들이 업틱룰을 회피해 가격 하락을 부추길 가능성을 무시할 필요는 없을 것이다.

위와 같은 공매도 악용 가능성들이 그저 가능성으로만 그친다면 좋겠지만 그건 너무 순진한 기대일 것이다. 현재까지 해당되는 사례가 많지 않다고 해서 앞으로도 일어나지 않으리라는 보장은 당연히 없다. 저자들의 경고에 귀를 기울여야 하는 이유다.

미공개 정보를 이용한
공매도

앞에서 한미약품의 수상한 공매도를 살펴보았지만 미공개 정보를 이용한 불법적인 공매도가 한미약품 사례에만 국한되는 것은 물론 아니다. 또 다른 유명한 사례로 2013년 미공개 영업이익을 이용한 CJ E&M 주식 대량매도 사태를 들 수 있다.

CJ E&M 주식 대량매도 사태

2013년 10월 어느 날. CJ E&M의 기업설명 활동 담당인 IR팀장과 팀원들은 3분기 실적을 가假마감한 결과 방송 부문 등의 적자로 인해 영업이익이 당시 전망치였던 200억 원에 훨씬 못 미치는 70억 원에 불과하다는 중요한, 그러나 악재임이 확실한 정보를 회계팀으로부터 전달받았다. 이들은 이 정보를 4명의 애널리스트들에게 전달했고, 이들 4명은 다시 11개 자산운용사의 펀드매니저들에게 이 정보를 전달하였다. 그리고 이 미공개 정보를 전달받은 펀드매니저들은 CJ E&M 주식을 대량 매도했다. 무려 356억 5,500만 원어치를 말이다. 이날 CJ E&M 주가는 9% 이상 폭락했고 그 피해는 고스란히 주주들에게 돌아갔다. 기관들은 보유주식을 미리 매도해 손실을 회피할 수 있었지만 더욱 심각한 것은 이러한 상황에서 공매도를 이용해 이득을 얻은 경우도 있다는 점이었다.[29]

내부자 정보를 이용한 거래는 설령 공매도가 관련되어 있지 않다 하더라도 그 자체로 불법이지만 공매도는 이와 결합해 부당한 이익을 얻을 기회를 더욱 확장시키는 데 이용될 수 있다. CJ E&M 사례는 기업 내부자와 애널리스트, 그리고 펀드매니저들이 미공개 영업이익을 통해 서로 얽힌 예지만, 실제로 이들이 단합하는 사례들이 이와 같이 내부자 정보를 통하는 것으로만 국한되지는 않는다. 이를테면 애널리스트들이 투자의견을 변경하기 전에 이를 사전 유출해 특정인들이 거래에 이용할 수 있도록 만드는 사례들은 학계에서도 많은 연구가 진행된 주제다. 이를 좀 더 살펴보자.

애널리스트 투자의견 하향 조정과 공매도

애널리스트인 당신은 지금 어느 주식에 대한 투자의견을 '매수'에서 '중립'으로 하향 조정하려고 한다. 아니면 목표 주가를 1만 5,000원에서 1만 3,000원으로 하향 조정하려 한다고 생각해도 좋다. 시장은 당신의 투자의견 하향 조정에 적어도 단기적으로라도 주가 하락으로 반응할 가능성이 높다. 애널리스트들이 보통 자신이 분석하는 주식들에 대해 우호적인 자세를 견지한다는 점에 비추어보면 더욱 그렇다. 따라서 투자의견 변경을 발표하기 전에 눈치 빠른 내 친구에게 이를 귀띔해주면 친구는 미리 공매도 포지션을 취해 큰 수익을 낼 수 있을 것이다. 이익은 나중에 나눠 가지면 되니 이는 나에게도 절호의 기회다.

보통 '차이니즈 월Chinese Wall'이라 불리는 법적·윤리적 정보 교류 차단 장치로 인해 투자은행 내부에서조차 각 부서 간 정보 교환은 엄격히 규제된다. 이에 따라 투자 업무와 분석 업무 역시 분리되는 것이 일반적이다. 투자팀이 매수해 들고 있는 주식들의 주가를 올리기 위해 분석팀이 그 주식들을 긍정적으로 평가해주는 등 주가를 인위적으로 조작할 가능성이 있기 때문이다.

그러나 모든 규제가 그러하듯이 규제를 회피할 수 있는 여지는 얼마든지 있다. 약간의 귀띔만으로도 충분한 경우가 많아서 더욱 그렇다. 크리스토프 교수팀이 보여준 것이 바로 이 '귀띔'(이를 업계 용어로 '티핑tipping'이라고 한다)의 힘이었다. 이들은 애널리스트들이 투자의견을 하향 조정하고자 하는 경우 이를 발표하기 전에 미리 공매도 투자자들에게 귀띔해주어 그들이 공매도 포지션을 선도적으로 취함으로써 이득을 얻을 수 있도록 돕는다는 점을 밝혀냈다.[30] 이러한 선행매매front-running가 명백한 불법행위임에도 불구하고 말이다.

[그림 2-1]은 미국에서 투자의견이 하향 조정된 회사들의 비정상abnormal 공매도 거래가 하향 조정 발표 20일 전부터 10일 후까지 어떻게 변했는지를 보여주고 있다(발표일은 0으로 표시되었다). 여기서 비정상 공매도란 주어진 시기에 특이하게 증가하거나 감소한 공매도량을 지칭하는 것인데 이 논문에서는 샘플 기간 동안의 공매도량 중간값을 기준으로 이를 계산하였다. 좀 더 정확히 말하면 상장

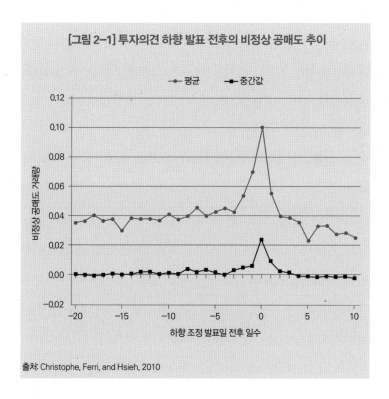

[그림 2-1] 투자의견 하향 발표 전후의 비정상 공매도 추이

출처: Christophe, Ferri, and Hsieh, 2010

주식 수 대비 공매도된 주식 수의 비율(일별 자료)에서 동일 비율의 샘플 기간 동안의 중간값을 빼서 얻은 값을 말한다.[31] [그림 2-1]은 발표 3일 전부터 비정상 공매도의 평균과 중간값이 모두 크게 증가했다는 것을 명확히 보여준다. 이는 공매도 투자자들이 며칠 후 발표될 투자의견 하향 조정을 미리 알고 있었을 가능성을 보여주는 것이다. 계속해서 저자들은 투자의견이 하향 조정된 주식들 중 특히 공매도가 많이 늘어난 종목들이 공매도가 적은 종목들에 비해 발표 이후 6개월 동안 더 낮은 수익률을 내고 있음을 보였다. 이는 공매도 포지션에서 큰 수익을 낼 수 있었다는 걸 말하는 것이다.

이 논문에서는 공매도가 증가하는 이유를 애널리스트들이 투자자들에게 하향 조정이 발표될 것임을 귀띔해주는 티핑 행위로 추정하고 있다. 물론 공매도 투자자들이 티핑과 무관하게 기업이 과대평가되어 있다는 것을 스스로 알아내어 공매도를 취했을 가능성도 있다. 이 경우 공매도자와 애널리스트의 기업평가는 완전히 독립적으로 이루어진 것이다. 다시 말해 티핑을 통하지 않고도 공매도와 투자의견 하향 조정이 비슷한 시기에 나올 가능성을 무시할 수는 없다는 것이다. 더구나 티핑 행위 증거를 찾아내는 것은 몹시 어렵다. 이런 이유로 티핑이 없는 경우와 있는 경우를 비교해 어느 쪽이 더 타당성 있는 대답인지 실증적으로 찾아내는 것은 쉬운 일이 아니다.

그러나 그림이 주는 정보만으로도 우리는 상당히 합리적인 추측을 할 수 있다. 이 합리적 추론에서 중요한 것은 애널리스트가 알려주지 않는 이상 하향 조정이 발표되는 날짜를 공매도자들이 알 수가 없다는 점이다. 일정 기간마다 정기적으로 나오는, 이를테면 분기별 영업이익 발표와 달리 애널리스트 투자의견 조정은 불규칙적이고 비정기적으로 일어나는 이벤트이기 때문이다. 따라서 티핑 가능성을 제외하면 하필 왜 하향 조정이 발표되기 3일 전부터 공매도가 늘어났는지 설명하기 어렵다.

한국의 몇몇 연구자들은 크리스토프 교수팀의 연구를 한국 시장을 대상으로 확장하였다. 그런데 한국에서의 연구 결과는 서로 약간씩의 차이를 보이고 있다. 엄윤성 교수는 2009년 6월 1일부터 2011년 5월 31일까지 한국의 제조업체들을 대상으로 연구를 진행했는데, 크리스토프 교수팀의 결과처럼 한국에서도 투자의견 하향 조정 이전에 비정상 공매도가 크게 증가하고 있음을 알아냈다. 그리고 이처럼 공매도가 증가한 이유가 애널리스트와 투자자 간 불법적인 정보 거래인 티핑 행위에 기인한 것은 아닌지 의문을 제기했다.[32]

왕수봉 교수와 함께 쓴 그의 후속 논문은 더욱 흥미로운 결과를 보여준다. 개인 투자자는 국내 증권사의 투자의견 하향 조정에 민감하게 반응하고, 외국인 투자자들은 외국계 증권사의 투자의견 하향 조정에 민감하게 반응해 공매도를 증가시킨다는 것이다. 이는 한국인은 한국인끼리, 외국인은 외국인끼리 티핑 행위를 벌일 가능성에 대한 증거다. 한국인 공매도자가 한국인 애널리스트와 친할 가능성이 높고 외국인 공매도자가 외국인 애널리스트와 친할 가능성이 높다면 티핑도 끼리끼리 일어날 수 있다는 얘기다. 티핑이 과연 민족이나 인종 간에 배타적으로 일어나는 것인지는 모르겠으나 어쨌든 티핑 행위가 한국 주식시장에서도 결코 적지 않을 것이라는 경고임에는 틀림없다.[33] 티핑 행위를 잡아내기가 쉽지 않다는 게 문제이긴 하지만 말이다.

여신금융협회의 박태준 실장과 예금보험공사의 장병훈 연구위원은 티핑 가능성을 약간 다른 방식으로 접근해 검증하고자 했다.[34] 이들은 선행 연구들이 모두 투자의견 하향 조정에만 초점을 맞추고 있다고 비판하며 상향 조정과 하향 조정 모두를 조사해야 한다고 주장한다. 이를테면 투자의견 하향 조정의 경우뿐만 아니라 상향 조정의 경우에도 공매도가 급증한다면 이를 티핑의 징후로 볼 수 없다는 것이다. 상향 조정의 경우에는 사전 정보에 기반한다 하더라도 공매도가 증가할 이유가 없기 때문이다.

그리고 이들은 2013년까지 확장한 샘플을 조사한 결과 놀랍게도 상향 조정과 하향 조정 두 경우 모두에 있어서 공매도가 증가했다는 새로운 증거를 발견하였다. 저자들은 이 실증적 증거를 토대로 티핑이나 다른 어떤 이유로 공매도가 늘어난 것이 아니고, 단순한 투기적 수요에 의해 공매도가 증가한 것일 뿐이라고 결론짓고 있다. 재미있는 연구이긴 하지만 이러한 실증적 증거들을 애널리스트들과 공매도 투자자들에게 보내는 의심의 눈초리를 걷으라는 결론으로 연결하는 건 섣부른 일이다. 상향 조정과 하향 조정 두 경우 모두 공매도가 증가했다고 해서 양방향 모두 같은 동기가 작용했다고 믿을 근거는 없으며, 이 논문이 하향 조정 시 공매도 증가의 배경에 있음직한 티핑의 정황을 직접적으로 반박한 것 또한 아니기 때문이다.

상향 조정의 경우처럼 주가 상승이 예측되는 경우 증가하는 공매도는 단순한 투기적 수요나 전환차익거래 등 정보에 기반하지 않은 다른 이유에 의한 것일 수 있지만, 하향 조정의 경우처럼 주가가 하락할 것으로 예상되는 경우의 공매도 증가는 사전 정보에 기반한 투자일 가능성이 크다. 즉 투자의견 상향 조정 시의 공매도 증가를 하향 조정 시 티핑의 정황에 대한 반박의 근거로 쓰는 건 무리다.

지금까지 우리는 공매도가 욕먹는 이유를 광범위하게 살펴보았다. 그중에는 근거가 불분명한 이유들도 있으며, 실증분석을 통해 뒷받침되는 이유들도 있다. 그러나 다음 파트에서 살펴보겠지만 공매도의 장점이 공매도가 욕먹는 이유들과 밀접하게 연관되어 있다는 사실은 커다란 아이러니다. 이제 공매도가 이렇게 욕을 먹으면서도 여태껏 살아남은 이유, 그리고 많은 나라들에서 허용되고 있는 이유를 살펴보자. 다음 파트의 주제다.

3부

이것이 '진짜' 공매도다

예측과 통찰로 금융 생태계를 지키는 파수꾼

●●●

공매도는 수없이 욕을 먹고 있으며 나쁜 점만 크게 부각되는 경향이 있다. 그래서 도입 배경이 되었던 순기능은 대부분 가려져 있다. 공매도의 최대 장점은 정보를 신속하게 반영하여 주가에 거품이 끼지 않도록 해 가격효율성을 높이는 데 있다. 또한 유동성을 공급하는 것 역시 공매도의 중요한 순기능의 하나다. 여기에 더해 거짓 정보와 부정행위 등을 밝혀내고 차단하는 효과도 갖고 있다. 이러한 순기능에 더해 공매도를 다양한 투자와 헤지 전략의 수단으로 활용할 수 있다.

공매도의 최대 장점, 가격효율성

공매도를 할 수 없는 시장을 생각해보자. 이런 시장에서는 앞으로 주가가 떨어질 것이라고 생각하는 투자자들이 적극적으로 시장에 참여할 수 있는 길이 제한된다. 이들의 시장참여가 제한되면 시장에는 앞으로 주가가 오를 것이라 믿는 낙관적인 투자자들만 남게 된다. 당연히 주가에 버블이 생길 가능성이 커진다. 불행히도 버블이란 좋든 싫든 언젠가는 터진다. 버블이 꺼질 때 주가는 하락할 것이고 버블이 심할수록 주가 하락도 더욱 심할 것이다. 이렇게 주가가 폭락하는 사태들 중에는 우리가 가끔 금융위기라고 부르는 것들도 있다. 시장에 금융위기를 좋아하는 투자자는 없다. 공매도자들이 없다면 더욱 그러하다. 아마 여러분도 큰 문제없이 동의할 것이다.

공매도 규제는 버블을 만든다

삼성전자의 예로 돌아가 보자. 지금은 2019년 2월 1일 오전 10시 17분이고, 현재 삼성전자 주가는 4만 6,750원이다. 이 가격에 대해 투자자들의 의견은 크게 두 가지로 갈릴 수 있다. 한 그룹의 투자자들은 이 가격이 삼성전자의 가치를 반영하는 데 충분치 않은, 너무 낮은 상태undervalued에 있다고 생각한다. 따라서 이들은 앞으로 주가가 오를 거라 믿는다. 이들을 낙관적인 투자자라 부르자. 다른 그룹의 투자자들은 이 가격이 삼성전자의 펀더멘털에 비해 턱없이 비싸다overvalued고 생각한다. 따라서 이들은 앞으로 주가가 떨어질 것이라 생각한다. 이들을 비관적인 투자자라 부르자.

주가가 높다고 믿는 투자자들은 그 반대의 투자자들에 비해 시장에 참여하는 것이 더 힘들다. 주식을 공매도하는 것이 매수하는 것보다 일반적으로 더 어렵고 보다 큰 거래비용을 수반하기 때문이다. 이를테면 공매도의 경우 주식대여 수수료를 제외하더라도 각종 규제 장치로 인한 보이지 않는 비용이 상당하다.

만약 공매도가 너무 비싸거나 철폐되어 아예 불가능하다면 비관적인 투자자들은 어떻게 투자를 해야 할까? 우선 해당 주식에 대한 풋옵션put option을 매입하는 것을 공매도의 대안으로 생각해볼 수 있다. 그러나 불행히도 개별 주식에 대한 옵션 시장은 한국뿐만 아니라 미국에서도 그다지 잘 발달하지 못한 편이고, 개별 주식에 대해서는 풋옵션이 존재하지 않는 경우도 많다.[1] 풋옵션이 공매도의 좋은 대체안이라고 보기 어려운 이유다.

따라서 공매도가 규제되는 시장에서는 주가가 과대평가되어 있다고 믿는 비관적인 투자자들이 시장참여 기회를 박탈당하게 될 가능성이 크다. 만약 그렇게 된다면 시장에는 낙관적인 투자자들만 남게 될 것이다. 이런 경우 주가는 자연히 낙관적인 견해만을 반영해 펀더멘털에 비해 턱없이 높게 뛰어오를 수 있다. 주가에 버블이 끼게 되는 것이다. 공매도를 규제하면 이런 식으로 주가에 버블이 생기게 된다고 처음 주장한 사람은 에드워드 밀러 교수다. 그의 유명한 1977년 논문은 공매도 규제로 인한 주가의 비효율성을 이론적으로 보여준 것으로 이후 수많은 관련 연구들의 훌륭한 길잡이가 되었다.[2]

공매도 규제 상황에서 발견되는 버블의 징후

시카고대학의 다이아몬드와 베레키아 교수는 밀러 교수의 연구를 거래량과 주가의 관계를 살펴보는 것으로 확대했다. 결론부터 말하자면 이들의 주장은 공매도가 허용되지 않는 상황에서 주식 거래량이 감소하면 이를 해당 주식의 주가가 과대평가된 증표로 볼 수 있다는 것이다.[3] 공매도가 규제되는 경우 가격이 떨어질 것이라 믿는 투자자들이 시장에 참여할 수 없게 되므로 그만큼 거래량이 줄어들 것이기 때문이다. 다시 말해 낮은 거래량이 시장에서 배제된 비관적인 투자자들이 많다는 것을 반영하므로 이를 주가가 과대평가되어 있을 가능성을 암시하는 것으로 볼 수 있다는 것이다.

캔자스대학의 악바스Akbas 교수는 이 같은 가능성이 과연 실증적으로도 뒷받침될 수 있을 것인지 몹시 궁금했다. 연구에 착수한 그는 2016년《저널오브파이넌스Journal of Finance》논문을 통해 다이아몬드와 베레키아 교수의 연구가 실증적으로도 뒷받침된다는 것을 보여주었다.[4] 공매도 규제 여부를 반영하기 위해 저자는 우선 기관 투자자의 보유 지분 또는 시가총액이 작은 주식들과 큰 주식들을 구분해 전자를 상대적으로 공매도하기 어려운 주식들로, 그리고 후자를 쉬운 주식들로 구분했다. 만약 거래량과 주가의 관련성이 두 그룹들 간에 유의한 차이를 보인다면, 다시 말해 낮은 거래량과 주가 하락의 연관성이 상대적으로 공매도하기 어려운 주식들의 그룹에서 더 유의하게 나온다면 이는 다이아몬드와 베레키아 교수의 연구를 뒷받침하는 결과가 될 터였다.

악바스 교수는 어닝쇼크earning shock에 주목했다. 어떤 주식이 어닝쇼크를 보였다면 이는 실제 발표된 영업이익이 시장참가자들이 기대했던 수준에 못 미쳤다는 뜻이다. 이는 다시 말해 시장참가자들이 너무 큰 영업이익을 기대하고 있었다는 말도 된다. 그리고 이런 참가자들은 앞에서 말한 낙관적인 투자자들의 예가 된다. 낙관적인 투자자들의 커다란 영업이익 기대치를 반영하면 주가는 과대평가될 가능성이 크다. 정리하자면 어닝쇼크는 과대평가의 증거다. 실증분석 결과는 예상한 대로 나왔다. 거래량이 낮은 주식들이 이후 어닝쇼크를 겪어 주가가 하락하는 경우가 공매도가 어려운 주식들에게서 월등히 많았던 것이다. 이는 공매도 규제가 버블을 만든다는 것을 보여주는 비교적 최근의 중요한 실증연구다.

1/1.525 = 95.06/81.81?

만약 똑같은 주식이 두 곳의 거래소에서 서로 다른 가격에 거래되고 있다면 이는 투자자들에게는 하늘이 주신 일생일대의 기회다. 싼 가격에 주식을 매입해서 비싼 가격에 매도하면 그만큼 차익을 얻을 수 있기 때문인데 이 같은 기회가 효율적 시장에서는 그리 흔치 않기 때문이다. 비싼 가격에 공매도하고, 이 공매도 대금을 이용해 싼값에 주식을 매입하는 차익거래로 인해 두 거래소 간 가격 차이는 결국 사라지게 된다. 공매도 거래가 비싼 가격을 내리는 방향으로, 그리고 매입 거래가 싼 가격을 올리는 방향으로 작동하기 때문이다.

이렇게 차익거래는 주가를 보다 효율적으로 만드는 거래로 매입과 매도를 동시에 필요로 하는 게 일반적이다. 그리고 공매도는 차익거래의 중요한 일부다. 만약 위의 예에서 공매도가 금지되어 있다면 차익거래는 성립할 수 없게 되고, 따라서 가격 차이는 그대로 유지된다. 가격이 효율적인 상태로 회복되지 못한다는 얘기다.

라몬트와 세일러 교수는 모기업의 자회사 카브아웃 사례에 집중하여 모기업과 자회사의 시장가치 비율이 두 주식의 교환 비율을 제대로 반영하지 못하는 경우처럼 명백하게 차익거래 기회가 있는 경우에조차 공매도가 규제되면 주가가 적정가에서 벗어난 채 유지된다는 것을 보여준다.[5] 이들의 논문은 꽤 유명한 사례를 다루고 있으니 이를 좀 더 자세히 살펴보자.

기업분할divestiture의 방법에는 '물적분할'과 '인적분할'이 있다. 기업분할의 결과로 생기는 신설법인 주식을 원래 회사(존속법인)가 100% 보유하는 경우를 물적분할이라 하고, 이를 존속법인 주주들이 주식의 보유 비율에 따라 배분받게 되는 경우를 인적분할이라고 한다. 물적분할과 인적분할은 각각 영어로 카브아웃carve-out과 스핀오프spin-off로 번역되는 경우가 많은데 인적분할의 경우에는 이 같은 번역에 문제가 없지만 물적분할은 약간 다르다. 물적분할의 경우 자회사 지분 100%가 존속법인에 의해 보유됨으로써 새로운 주주의 참여가 제한되는 데 비해 카브아웃의 경우 그 지분은 100%보다 작은 경우가 일반적이며 최초 기업공개를 통해 자회사를 상장시키는 과정이 포함됨으로써 새로운 주주들의 참여가 보장되기 때문이다.

2000년 3월 2일, 컴퓨터 네트워크 시스템 회사인 쓰리콤3Com은 자회사인 팜Palm이라는 회사를 최초 기업공개IPO 절차를 거쳐 카브아웃하고 이를 통해 팜의 지분 95%를 보유하게 된다. 그리고 남은 주식 5%는 연말까지 쓰리콤의 주주들에게 인적분할spin-off을 통해 배분할 것임을 발표한다. 계획에 따르면 쓰리콤 주주들은 보유주식 1주당 팜 주식 1.525주를 배분받게 된다. 이는 쓰리콤 주식 1주를 사는 것이 팜 주식 1.525주를 사는 것과 마찬가지라는 말이다. 따라서 당연히 두 주식의 가격도 이 비율을 반영해 쓰리콤 주가가 팜 주가보다 1.525배 비싸게 결정되어야 한다.

그런데 이상한 일이 벌어졌다. 시장에서 두 주식 가격이 이 비율과 전혀 상관없이 결정되었던 것이다. 기업공개 첫날 팜의 종가가 95.06달러였으니 1:1.525 비율에 따르면 이날 쓰리콤의 주가는 145달러 가까이 갔어야 했다. 그러나 실제 시장가격은 81.81달러로 전날 종가보다도 오히려 더 떨어지고 말았던 것이다! 그리고 이렇게 잘못 매겨진 가격mispricing은 향후 몇 개월이나 지속되었다.

정상적인 시장이라면 동일한 주식이 두 개의 다른 가격을 갖는 경우 차익거래가 일어나 가격 차이가 금방 없어져야 한다. 차익거래는 저평가된 것을 사고 고평가된 것을 공매도하는 과정이므로 위의 경우에는 쓰리콤을 매수하고 팜을 공매도하면 된다. 그러나 이러한 차익거래는 일어나지 않았다. 팜을 공매도하는 것이 몹시 어려웠기 때문이다. 주식을 빌리는 비용도 만만치 않았지만 주식을 빌려오는 것 자체가 쉽지 않았다. 카브아웃으로 인해 팜 주식 대부분을 쓰리콤 주주들이 보유하고 있었는데 이들이 팜 주가가 공매도에 의해 하락할 것을 우려해 아예 주식을 빌려주려 하지 않았기 때문이다.

쓰리콤과 팜의 사례는 명백하게 잘못 매겨진 가격조차 공매도가 없으면 바로잡히지 않는다는 것을 잘 보여준다.

우리는 지금까지 공매도가 규제될 때 특정 투자자들이 시장에서 제외되며, 그로 인해 주가가 어떻게 적정가격에서 벗어나게 되는지에 대한 중요한 사례와 연구들을 살펴보았다. 만약 공매도가 허용되는 상태라면 어떻게 달라질까? 비관적인 투자자들이 공매도를 통해 시장에 참여할 수 있게 됨으로써 시장에는 낙관적인 견해를 가진 투자자들과 비관적인 투자자들이 모두 참여하게 된다. 이에 따라 서로의 견해가 얽혀 시장에 낙관적인 견해만이 판치는 경우를 막을 수 있다. 다시 말해 공매도는 주가에 버블이 생기는 것을 막아 적정주가를 달성하도록 도움을 주는 장치인 것이다. 가격효율성을 증대시키는 공매도의 가격발견 효과. 아무리 공매도가 미워도 이를 폐지하면 안 되는 가장 큰 이유다.

뭘 좀 아는 자들의 투자전략

공매도가 가격을 더 효율적으로 만든다는 것은 주가가 시장에 나온 정보를 재빨리 흡수해 반영하도록 공매도가 돕는다는 뜻이다. 그리고 이는 공매도가 정보에 기반한 투자일 때 가능하다. 과연 공매도는 정보를 반영한 거래일까? 다시 말해 공매도 투자자들은 현재 어떤 주식이 과대평가되어 있어 앞으로 주가가 떨어지게 될 것임을 알고 있는 것일까? 아님 물량으로 밀어붙여 가격 하락을 도모하는 테러리스트들에 불과할까? 이 질문에 실증적으로 답하기 위해서는 공매도 이후 주가가 과연 하락하는지, 그리고 얼마나 오랫동안 그 가격이 하락된 상태로 반등 없이 지속되는지를 통계적으로 검증해보아야 한다.

피글리오스키 교수는 1981년 논문에서 이 질문에 대한 초기의 실증연구를 제시한다.[6] 그는 1973년부터 1979년 중반까지 샘플 주식들을 과거 6개월 동안의 공매도 잔고short interest를 이용해 10개 포트폴리오로 나누고, 이후 12개월 동안 각 포트폴리오별 수익률을 추적했다. 그 결과 실제로 공매도 잔고가 높은 포트폴리오의 수익률이 공매도 잔고가 낮은 포트폴리오의 수익률보다 유의하게 낮았음(공매도 수익률이 높았음)을 발견했다. 공매도 투자자들이 미래의 주가 하락을 올바르게 예측하여 투자했다는 증거를 찾은 것이다. 더구나 이 같은 결과가 12개월 동안 지속되었다는 사실은 주가 하락이 공매도 물량으로 인해 일시적으로 일어난 것이 아니라 펀더멘털에 기반한 것임을 보여준다.

이 연구 결과는 훗날 다른 연구들에 의해서도 뒷받침된다. 이를테면 데사이 교수는 동료 교수들과 함께 미국 나스닥시장의 공매도를 1988년부터 1994년까지 분석해 공매도 잔고가 높은 주식들이 그렇지 않은 주식들보다 매월 약 1% 정도 수익률이 낮음을 보였다.[7]

드차우 교수와 동료들은 공매도 대상이 되는 주식들이 과연 과대 평가될 가능성이 높은 주식들인지를 주식들의 특성에 집중해 살펴 보았다.[8] 이들은 가격 대비 현금흐름, 영업이익, 그리고 장부가-시장 가 비율에 주목하여 이 수치들이 낮은 주식들을 펀더멘털 대비 고 평가되어 있는 주식들로 보고 공매도 포지션을 잡으면 이후 유의한 이익을 얻을 수 있다는 것을 보였다.

이 논문들은 공매도가 정보에 기반한 투자인지 여부를 주로 그 수익성을 살펴봄으로써 검증하고 있다. 그러나 이 주제는 다른 측면 에서도 검증해볼 수 있다. 이를테면 공매도 투자자들이 앞으로 발 표될 영업이익을 제대로 예측할 수 있는지 여부를 확인해보는 것이 다. 그들이 정보를 가진 투자자들이라면 아마도 어닝쇼크가 일어 날, 즉 영업이익이 시장 기대치보다 낮게 발표될 주식들을 잘 예측 하여 선제적으로 공매도 포지션을 잡아 이득을 꾀할 수 있을 것이 다. 영업이익 발표 시에 기대대로 어닝쇼크가 일어나면 그에 따라 주가가 하락할 것이고, 따라서 낮은 가격에 숏 커버링을 함으로써 이익을 얻을 수 있기 때문이다.

공매도가 정보를 반영한 투자라는 실증연구 중 가장 유명한 논 문은 바로 이 점에 착안했다. 크리스토프, 페리, 그리고 엔젤 교수 팀이 그들의 2004년 논문에서 공매도 투자자들이 향후 발표될 영 업이익을 제대로 예측하는지 살펴본 것이다.[9] 이들의 연구에 의하 면 공매도 투자자들은 영업이익이 예상치보다 낮게 발표될 주식들을 올바르게 예측하여 이들에 대해 미리 공매도를 취하고 있었다. 이들은 769개의 샘플 주식들을 향후 발표될 어닝쇼크에 따라 5개 그룹으로 분류한 후, 공매도 투자가 영업이익 발표 이전에 각 그룹 별로 다르게 이루어졌는지를 조사했다.

그리고 어닝쇼크가 가장 큰 그룹(발표된 영업이익이 예상치보다 훨씬 못 미치는 주식들)에 대해 그 반대의 그룹(영업이익이 예상치를 크게 웃도는 주식들)의 경우보다 훨씬 더 큰 공매도 포지션이 잡혀 있었음을 찾아냈다. 이는 영업이익이 시장의 기대치에 비해 낮게 나올 것임을 공매도 투자자들이 영업이익 발표 이전에 이미 올바르게 예측하고 있었음을 나타내는 것이다. 다시 말해 이는 공매도 투자자들이 뭘 좀 아는 투자자들이라는 증거다.

초빈도 데이터를 이용한 연구

공매도가 미래 주가를 예측할 수 있다는 주제에 관련된 논문들은 대개의 경우 공매도 거래를 실시간으로 추적하는 유량flow에 의한 연구가 아니라 매월 발표되는 공매도 잔고라는 저량stock 데이터에 의한 연구가 갖는 필연적 한계를 극복할 수 없었다. 주가와 공매도 사이의 역동적 관계를 파악하는 데 월별 공매도 데이터는 너무 시계열 간격이 컸고, 이를 주가수익률과 정확히 대응시키는 것도 어려웠기 때문이다(이를테면 월간 공매도 잔고 변화가 해당 월의 어느 날짜에 얼마만큼 일어난 것인지 알 수 없다).

적어도 나와 디터, 그리고 워너 교수의 논문이 발표된 2009년까지는 그랬다. 내가 박사과정 마지막 해를 보내던 때, 워너 교수는 나를 초청해 규제-쇼로 말미암아 당시 처음으로 이용 가능해진 주식별, 호가별, 거래별 공매도 데이터(이를 초빈도 데이터high frequency data라 부른다)를 이용해 공매도에 관한 많은 의문점들을 풀어보자는 제안을 하였다. 당시만 해도 햇병아리 연구자였던 나에게 워너 교수와 같은 대가의 제안은 부담이 크긴 했지만 당연히 무척 매력적인 것이었다. 우리는 이 공매도 자료를 이용해 주식별-일별 공매도 데이터를 만들고 이에 기반해 공매도 거래의 단기 주가예측성을 조사했다. 이 논문은 공매도에 관한 많은 이슈들을 다루고 있지만 그중 공매도 거래의 주가 예측가능성에 대한 부분을 소개하면 다음과 같다.

일별 공매도 증가가 며칠 후 해당 주식의 가격 하락을 올바르게 예측하고 있는지를 살펴보기 위해 우리는 미래 주가수익률을 공매도 변수에 회귀분석하여 그 통계적 유의성을 따져보았다. 데이터가 주식별-일별로 구성된 패널 구조를 갖고 있기 때문에 우리는 회귀분석에 일별 더미변수day-fixed effect와 주식별 더미변수stock-fixed effect를 모두 포함하여 다음의 두 가지를 모두 조사할 수 있었다. 즉 다른 주식들보다 공매도가 많은 주식들의 주가가 공매도가 적은 주식들의 주가보다 더 떨어지는지(이를 횡단면cross-sectional 분석이라 한다), 그리고 공매도가 늘어난 얼마 후 주가가 실제로 떨어지는지(이를 시계열time-series 분석이라 한다)를 함께 살펴볼 수 있었다.

분석 결과는 무척 흥미로웠다. 다른 주식들에 비해 공매도가 많이 행해진 주식과 다른 날에 비해 공매도가 늘어난 주식은 며칠 후 통계적으로 유의하게 주가가 떨어진다는 실증적 결과를 얻은 것이다. 좀 더 정확히 말해 우리는 공매도가 10% 늘어난 이틀 후 주가가 약 0.04% 정도(이는 월별 수익률로 약 0.9% 또는 연율로 11%에 해당하는 큰 값이다) 하락한다는 것을 발견하였다. 이와 같은 결과는 뉴욕 증시에 상장된 주식들뿐 아니라 나스닥에서 거래되는 주식들에 대해서도 마찬가지였는데 나스닥의 경우 월별 수익률 하락은 약 0.7% 정도였다. 이 정도면 거래비용을 감안한다고 하더라도 공매도 투자가 충분히 큰 수익을 낼 수 있음을 잘 보여주는 수치다.

물론 공매도 거래량과 미래 주가의 관계를 위에서처럼 꼭 선형 관계linear relation로 한정할 이유는 없다. 예를 들어 적당한 수준의 공매도가 미래 주가를 예측하지 못한다 하더라도 '아주' 많은 공매도는 주가 하락을 예측하는 강력한 변수가 될 수도 있기 때문이다. 이 같은 가능성을 검토하기 위해 샘플 주식들을 공매도 수량에 따라 5개 그룹quintile으로 나누고 각 그룹별로 공매도와 수익률의 관계를 살펴본 결과 우리는 꽤 강력한 비선형 관계가 있음을 또한 찾아낼 수 있었다. 공매도가 가장 많았던 최상위 20% 주식들의 일별 수익률은 뉴욕 증시의 경우 0.071%, 그리고 나스닥의 경우 0.043% 하락(공매도 이익)했지만, 공매도가 가장 적었던 최하위 오분위 그룹의 일별 수익률은 뉴욕 증시의 경우 0.083%, 그리고 나스닥의 경우 0.108%만큼 오히려 상승했던 것이다.

이러한 비선형 관계는 최상위 오분위 그룹에 공매도를 취하고 최하위 오분위 그룹에 매수 포지션을 취하면 뉴욕 증시에서 0.154%, 그리고 나스닥에서 0.151%의 일별 수익률을 얻을 수 있음을 보여주는 것이었다. 이 수치들은 각각 월 수익률 3.39%와 3.32%에 해당하는 값으로 앞 문단에서 살펴본 선형 관계를 이용한 투자에서 얻는 0.9%나 0.7%보다 훨씬 큰 값이다. 다시 말해 공매도와 수익률의 비선형 관계를 이용해 투자할 경우 훨씬 큰 수익을 얻을 수 있다는 것이었다.

공매도 수요를 측정할 수 있을까?

위에서 살펴본 것처럼 적지 않은 연구 결과들이 공매도가 주가 하락을 성공적으로 예측한다는 것을 보여준다. 그런데 여기서 재미있는 질문 하나를 던질 수 있다. 과연 공매도 거래량이 공매도 수요demand의 좋은 측정치가 될 수 있는가 하는 문제다. 다른 매수거래의 경우라면 이 질문은 그다지 의미가 없다. 매수거래가 일어났다는 자체가 이미 그 주식에 대한 선호를 드러내는revealed preference 것이기 때문이다.

그러나 이는 규제가 많고 거래비용이 큰 공매도의 경우에는 훨씬 더 중요한 질문이 된다. 설령 수요가 있다손 치더라도 각종 규제들이 실제로 거래가 일어나 그 수요를 충족시키는 것을 막는 경우가 허다하기 때문이다. 이는 드러난 공매도 거래량이 실제 공매도 수요의 일부만을 보여준다는 것을 의미한다. 만약 규제가 없었다면 실제 공매도로 이어졌을 수요들이 과연 얼마만큼인지를 알 수 있다면 주가가 얼마나 과대평가되었는지를, 다시 말해 주가가 얼마나 하락할 것인지를 더욱 정확히 예측할 수 있을 것이다.

코헨과 디터, 그리고 멀로이 교수는 간단한 아이디어를 이용해 이 어려운 일을 성공적으로 해낸다.[10] 일반적으로 가격이 증가할 때 수량이 같이 증가하면 수요곡선은 오른쪽으로 이동한다. 저자들은 이와 같은 성질을 주식대여시장에도 적용할 수 있음에 주목했다. 주식대여 수수료를 가격으로 보고 대여주식 물량을 수량으로 본다면 주식대여 수수료와 대여주식 물량이 함께 늘어나는 경우 이를 수요곡선이 오른쪽으로 점프한 것, 즉 공매도 수요가 증가한 것으로 볼 수 있다는 것이다. 이들은 이를 이용해 공매도 수요가 증가한 주식들은 한 달 후 평균적으로 약 3% 정도 가격이 하락한다는 것을 발견했다. 놀라운 것은 이 수치가 위험으로 설명되는 부분을 제거하고 난 뒤에 얻은 위험초과수익률이라는 점이다. 게다가 월별 수익률이니 여기에 12를 곱해야 연수익률을 계산할 수 있다. 실로 엄청난 값이다. 숨겨졌던 수요를 더욱 정확히 측정하고 나니 주가가

'과대하게' 과대평가되어 있었음이 더욱 확연히 드러난다.

공매도가 없으면 주가는 부정적 정보를 느리게 반영한다

주가가 과대평가되어 있다는 건 대부분의 투자자들에게 기분 나쁜 뉴스다. 앞으로 주가가 떨어질 것이라는 말이기 때문이다. 그러나 공매도는 이런 부정적 정보를 이용해 투자하는 거래다. 따라서 공 매도가 가격효율성을 증대시킨다는 말은 공매도 덕분에 주가가 특히 부정적인 정보를 빠르고 적절하게 반영하게 된다는 것을 의미한 다. 다시 말해 공매도가 주가가 부정적인 정보를 적절하게 반영하도록 돕는 통로가 되는 셈이다. 이는 공매도가 규제되는 시장에서는 주가가 부정적인 정보를 적절히 반영하지 못해 주가의 정보효율성 이 떨어진다는 말과 같다.

　공매도 규제와 주식 거래량, 그리고 주가의 관계를 연구한 다이 아몬드와 베레키아 교수의 논문으로 다시 돌아가 보자.[11] 공매도가 규제되는 시장에서 거래량이 감소하면 이는 부정적 정보를 갖고 있 는 투자자들이 시장에서 제외되고 있음을 나타내는 것이고, 따라 서 향후 주가 하락으로 연결될 가능성이 크다는 것은 이미 살펴보 았다. 긍정적 정보에 대해 떠들기를 좋아하는 사람들조차 부정적 정보는 숨기거나 외면하고 싶어 하는 경우가 많은데 여기에 공매도 규제와 같은 제약이 더해지면 부정적 정보가 가격에 반영되는 시간이 긍정적 정보보다 더 오래 걸릴 수밖에 없다. 다이아몬드와 베레키아 교수는 이 논문에서 공매도 규제가 가격이 긍정적인 정보를 반영하는 데는 아무런 영향을 미치지 않지만 부정적인 정보를 반영하는 데는 장애로 작용해 가격효율성을 떨어뜨리게 됨을 잘 보여준다.

브리스, 고에즈만, 주 교수는 전 세계 46개국의 공매도 시장을 분석하고 공매도 규제가 가격효율성에 어떻게 영향을 미치는지를 연구했다.[12] 이들의 연구는 이 책 뒷부분에서 세계의 공매도 시장을 살펴볼 때 다시 소개하겠지만, 간단히 말하자면 이들의 결론은 다이아몬드와 베레키아 교수의 이론을 실증적으로 지지하고 있다. 즉 이들의 논문은 공매도가 규제되는 국가들에서는 그렇지 않은 국가들에서보다 부정적 정보가 가격에 더욱 느리게 반영된다는 실증적 증거를 제시한다.

공매도 투자자, 같은 정보도 더 똑똑하게 이용하는 사람들

공매도가 가격효율성에 도움을 준다는 연구 결과들은 차고 넘친다. 우리는 위에서 겨우 몇 개를 살펴보았을 뿐이다. 당연히 뒤따르는 질문들이 있을 것이다. 공매도 투자자들은 도대체 누구길래 남들이 모르는 정보를 갖고 투자할 수 있는 것일까? 공매도가 가격효율성을 향상시키는 것은 어떤 채널을 통해 가능한 것일까? 이 질문들에 답하기 위해 이들이 회사의 내부자들이거나 내부자들과 어떤 식으로든 소통할 수 있는 채널을 확보한 투자자들일 가능성을 우선적으로 생각해볼 수 있다.

그러나 2012년에 발표된 흥미 있는 한 연구는 공매도 투자자들이 남들이 갖고 있지 않은 특이한 정보 소스를 갖고 있는 것은 아니라고 주장한다. 이 연구에 따르면 공매도 투자자들은 다만 다른 투자자들에게도 똑같이 알려진 대중적 정보public information를 더 잘 분석하고 해석하며 이해하는 자들일 뿐이다.

엥겔버그, 리드, 링겐버그 교수팀은 기업 관련 뉴스들이 나온 날 전후로 일별 공매도가 어떻게 변했는지를 조사했다.[13] 만약 공매도 투자자들이 남들이 모르는 정보를 갖고 투자하는 자들이라면 연구자들은 뉴스가 나오기 '이전에' 공매도가 비정상적으로 증가한 것을 관찰할 수 있을 것이었다. 그러나 놀랍게도 공매도 거래는 뉴스 이전이 아니라 뉴스 발표 당일과 발표 이후에 비정상적으로 늘어났다. 공매도 투자자들이 어떤 정보를 미리 알고 포지션을 취한 게 아니라는 것이다.

그리고 공매도에서 얻는 이득은 뉴스 발표 당일에 많았으며 당연하지만 그 뉴스가 부정적일 때 더 컸다. 이는 공매도 투자자들이 부정적인 뉴스를 예측해서 투자하는 것이 아니라 뉴스가 나온 당일 발표된 뉴스를 잘 해석해 공매도를 실행하고, 그로 인해 이득을 얻는다는 것을 시사한다. 이는 공매도 투자자들이 기업의 내부 정보를 알고 있거나 '티핑' 등을 통해 알게 된, 남들이 모르는 정보를 이용해 투자한다는 연구들과 정면으로 배치되는 결과다. 공매도 투자자들은 다만 뛰어난 정보 분석력information processing skill을 가진 투자자들일 뿐이라는 것이다.

공매도는 내부자 거래를 촉진시켜 가격효율성을 높인다

기업에 대해 가장 많은 정보를 갖고 있는 주체는 기업의 임원이나 대주주 등 우리가 흔히 내부자insider라 부르는 사람들일 것이다. 따라서 투자자들이 이들을 통해 기업의 내부자 정보(외부에 아직 알려지지 않은 정보라는 의미에서 이렇게 부른다)를 알 수 있다면 주식 투자에서 원하는 성과를 거둘 가능성이 월등히 커진다(이를테면 신약 개발에 성공했다는 뉴스를 내부자를 통해 발표 전에 알 수 있다면 미리 주식을 매수해 큰 이익을 얻을 수 있을 것이다).

그러나 내부자 정보를 이용한 부당한 거래를 막기 위해 만들어진 수많은 법률적 장치들뿐만 아니라, 거래를 통해 자신들만 알고 있는 정보가 시장에 드러날 수 있음을 걱정하는 스스로의 인센티브에 의해서도 내부자들의 주식 거래는 명시적으로 또는 암묵적으로 제한된다. 하지만 내부자 거래가 감소한다는 것은 투자자들에게는 내부자 거래를 관찰함으로써 해당 기업에 대해 알려지지 않은 정보를 추론해 투자할 수 있는 기회가 줄어든다는 것을 의미한다. 이

지점에서 공매도의 또 다른 중요한 역할이 등장한다.

당신이 어느 회사의 고위급 임원이라고 해보자. 아직 외부에 발표하지는 않았지만 당신은 당신 회사가 앞으로 큰 어려움을 겪게 될 것임을 잘 알고 있다. 머지않아 주가가 떨어질 것을 알고 있다는 말이다. 당장 주식을 매도한다면 적어도 주가 하락에서 오는 손해는 방지할 수 있을 것이다. 하지만 당신은 내부자이기 때문에 주식 매도는 많은 규제 장치를 피해 신중하게 해야 한다. 다시 말해 시장에 부정적 정보가 드러나지 않도록 천천히 조금씩 시간을 들여 매도해야 한다. 그런데 여기에 변수가 하나 생겼다. 아무래도 공매도 투자자들이 냄새를 맡은 것 같다.

공매도 투자자들은 공격적인 공매도 포지션을 통해 당신 회사의 주식이 현재 과대평가되어 있다는 강력한 시그널을 시장에 던질 가능성이 크다. 앞으로 좋지 않은 일이 일어날 수 있다는 것을 적극적으로 투자자들에게 알려주는 셈이다. 그렇게 되면 가격 하락 시기가 생각보다 앞당겨질 수도 있고, 하락 정도가 더 심해질 수도 있다. 만약 지금 주식을 팔지 않는다면 아마도 당신은 며칠 후 훨씬 더 낮은 가격에 주식을 매도해야 할지도 모른다. 그렇다. 이왕 팔 거라면 공매도 투자자들보다 더 빨리 파는 게 낫다.

공매도 투자자들과 매도 경쟁을 하는 것이 내부자들에게 유쾌한 일일 수는 없다. 그러나 이로 인해 촉발된 내부자 거래는 주가가 내부자 정보를 반영할 수 있도록 도와주어 투자자들이 기업에 대해 더 많은 정보를 배워 투자하게끔 해준다. 마사 교수와 다른 3명의 연구자들에 의하면 이 같은 일은 놀랍게도 실제 현실 속에서 벌어지고 있었다. 이들은 공매도가 내부자 거래를 활성화시켜 주가 효율성을 향상시킨다는 내용의 논문을 2015년에 발표했다.[14] 저자들은 미국 데이터를 이용해 내부자들이 공매도 가능성이 높은 주식들을 그렇지 않은 주식들보다 더 많이, 그리고 더 빨리 매도한다는 사실을 실증적으로 밝혀냈다. 공매도가 가격효율성을 높이는 방법으로 내부자 거래 활성화라는 새로운 채널을 찾아낸 것이다.

최근에는 이와 같은 현상이 한국 시장에서도 발견되었다. 동국대학교 전진규 교수는 내부자 범위를 최대주주 및 지분율 5% 이상의 대주주, 그리고 5% 미만을 소유한 임원으로 한정하고 마사 교수팀의 연구를 한국 데이터를 이용해 검토해보았다.[15] 실증분석 결과는 공매도가 많은 주식들일수록 최대주주와 대주주들의 보유 지분율이 더욱 빨리 감소한다는 사실을 보여준다. 이는 공매도가 내부자 거래를 촉진시켜 기업의 부정적 정보가 더 빨리 반영될 수 있도록 한다는 마사 교수팀의 결과가 미국뿐 아니라 한국 시장에도 적용되고 있다는 것을 보여주는 것이다.

개인 공매도 투자자, 똑똑할까, 호구일까?

공매도 투자가 정보를 반영한 투자라는 논의에 관련되지만 이 장에서는 약간 다른 주제로 잠시 들렀다 갈까 한다. 한국 주식시장에서 다수를 차지하는 개미들, 즉 개인 투자자들을 공매도 측면에서 좀 더 살펴보기 위해서다. 보통 개인 투자자들은 기관 투자자들과 비교했을 때 갖고 있는 정보가 취약하고 심리적 편향psychological bias에 의한 영향도 더욱 크게 받는다고 알려져 있다. 경제학 이론들도 주사위를 던져 의사결정을 하는 랜덤한 투자자들을 모델링할 때 개인 투자자들을 염두에 두는 경우가 많다. 경제학에서는 이러한 랜덤한 방식의 투자자들을 노이즈 트레이더noise trader라고도 부른다. 많은 연구들에서 개미들은 흔히 이 카테고리로 분류된다. 그도 그럴 것이 퀀텀펀드보다 똑똑한 개인 투자자를 생각해내기는 쉬운 일이 아니기 때문이다.

그런데 개인 투자자들에 대한 이런 통념을 깨는 재미있는 연구들이 얼마 전부터 나오기 시작했다. 개인 투자자들이 개미가 아니라 호랑이일 수도 있다는 것이다. 카니엘과 사아, 그리고 티트만 교수는 주식시장에서 과연 개인 투자자들이 똑똑한지 호구인지를 파악하기 위해 다음과 같은 간단한 아이디어에 기반한 실증연구를 실행했다.[16] 만약 개인 투자자들이 적어도 단기적으로 주가를 예측할 수 있는 똑똑한 투자자들이라면 이들이 많이 사들인 주식들은 짧은 시일 내로 주가가 오를 것이다. 주가가 오를 것이라고 기대했으니 당연히 매입 포지션을 취해두었을 것이기 때문이다.

반대로 앞으로 주가가 떨어질 주식들을 제대로 예측할 수 있다면 이들은 미리 매도 포지션을 취할 것이다. 따라서 실증분석은 이들이 많이 매입한 주식 포트폴리오 수익률이 향후 얼마나 오르는지, 그리고 많은 매도 포지션을 취한 포트폴리오 수익률이 향후 실제로 얼마나 떨어지는지를 집중해서 살펴보면 된다. 이를 위해 이들은 2000년부터 2003년까지 뉴욕 증시에 상장된 샘플 주식들을 과거 9주 동안 개인 투자자들의 매도와 매입 포지션 정도에 따라 매주 각각 10개의 그룹으로 나누어 포트폴리오를 만들고, 이들의 수익률을 포트폴리오 형성 20일 전부터 20일 후까지 추적하였다.

[그림 3-1]은 이렇게 형성된 10개의 포트폴리오 중에 최상위와 최하위 두 개씩의 포트폴리오 수익률이 향후 어떻게 변화하는지를 보여주고 있다. 여기서 최상위(십분위-10) 포트폴리오란 순매입(매입-매도)이 가장 높은, 다시 말해 개인들이 가장 많이 사들인 주식들로 이루어진 포트폴리오이고, 반대로 최하위(십분위-1) 포트폴리오는 순매입이 가장 낮은, 다시 말해 개인들이 가장 많이 매도한 주식들의 포트폴리오다. 포트폴리오 이름에 붙은 번호가 클수록 개인들이 더 많은 매입 포지션을, 그리고 작을수록 더 많은 매도 포지션을 취했음을 나타낸다고 생각하면 된다. 결과는 놀라웠다. [그림 3-1]은 개인 투자자들이 많이 사들인 주식들(십분위-10 또는 십분위-9&10)의 포트폴리오가 평균적으로 향후 30일 정도까지 계속 양(+)의 수익률을 쌓아가고 있음을, 즉 이들의 가격이 계속 상승하고 있

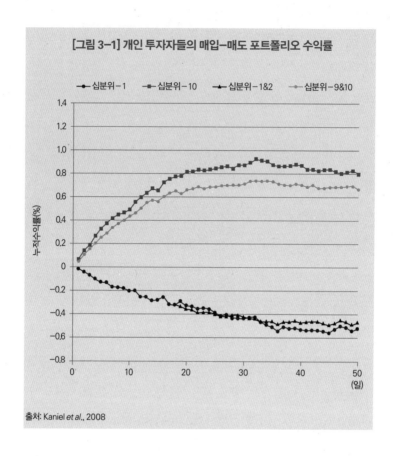

[그림 3-1] 개인 투자자들의 매입-매도 포트폴리오 수익률

십분위-1   십분위-10   십분위-1&2   십분위-9&10

출처: Kaniel *et al.*, 2008

음을 보여준다.

반대로 개인 투자자들이 많이 팔아치운 주식들(십분위-1 또는 십분위-1&2)의 포트폴리오 수익률은 향후 40일 가까이 계속해서 떨어지고 있어 개인 투자자들이 과대평가된 주식들의 가격 하락을 정확히 예측하고 있었음을 잘 보여주고 있다. 이는 개인 투자자들이 흔히 생각하는 것처럼 랜덤한 투자자들이 아니라 정보에 기반해 투자하는 똑똑한 투자자들임을 보여주는 실증적 증거다.

왕수봉 교수와 나는 개인 투자자가 똑똑한 투자자인지 여부를 한국의 개인 공매도 투자자로 한정해 조사해보기로 했다.[17] 이는 단순히 카니엘 교수팀의 연구를 한국으로 확장한 것이 아니었다. 공매도 투자는 매수거래에 비해 그 위험성이 크고 거래비용도 높아 정보에 대한 어지간한 자신감 없이는 실행하기 힘들 것이라는 생각이 있었고, 개인 공매도 투자자에 대한 연구는 실제로 한국뿐 아니라 다른 어느 나라에서도 흔치 않았기 때문이다. 더구나 한국의 주식시장은 개인 투자자들의 비중이 압도적으로 큰 시장이다. 유가증권시장과 코스닥을 합쳐 개인 투자자 거래 비중이 무려 3분의 2에 달한다.[18]

그리고 개인 공매도 투자자들이 과연 이익을 내고 있는지를 데이터를 통해 확인하기 위해서는 공매도된 주식들의 주가가 사후 하락했는지를 살펴보는 것만으로는 충분치 않았다. 과연 개인 공매도자들이 주가가 떨어졌을 때 실제로 공매도 포지션을 정산close했는지 여부를 살펴보는 것이 중요했기 때문이다.

공매도 이후 주가가 떨어졌다는 것은 공매도자들이 수익을 얻을 '가능성'이 있다는 것을 알려줄 뿐이지, 그들이 실제로 그만큼의 수익을 올렸는지 아닌지에 대해서는 아무것도 말해주지 않는다. 이를테면 삼성전자 주식을 산 이후 가격이 올랐다면 매수자들이 수익을 올렸을 가능성이 크지만, 이러한 수익은 주식을 팔기 전까지는 실현되지 않는 잠재적인 것에 불과하므로 실제로 올린 수익과 반드시 일치하는 것은 아니다(끝까지(?) 오르기를 기다렸다가 정산 시기를 놓치고 결국 가격 하락을 못 이겨 손절매하는 투자자들은 잘 드러나지 않아서 그렇지 우리 주변에 생각보다 많다. 그들은 없는 게 아니라 그저 잘 보이지 않을 뿐이다).

우리는 개인 공매도를 자세히 추적해 매도와 매입(숏 커버링) 시기와 수량, 그리고 가격 정보까지를 포함한 개인 공매도 투자자들의 계좌 데이터를 분석할 수 있었다. 물론 계좌 주인이 누구인지에 대한 정보는 개인정보 보호법상 가려져 알 수 없었지만 말이다. 이 데이터를 이용해 우리는 주어진 매입 거래와 그에 선행한 매도 거래를 찾아내 연결시킴으로써 공매도 포지션이 실제로 언제 시작되고 언제 종료되었는지를 추론할 수 있었다. 사실 투자자별 데이터는 얻기가 쉽지 않아 실제로 공매도가 얼마만큼의 수익을 내며 정산되는지, 투자자들이 평균적으로 얼마나 오랜 기간 동안 공매도 포지션을 유지하는지 등에 대해서는 미국 시장을 대상으로 한 연구들에서조차 밝혀진 바가 없었다. 그러나 우리는 훌륭한 데이터 덕분에 개인 공매도 투자자들에 대해 그동안 알려지지 않았던 많은 것을 알 수 있었다.

가장 궁금했던 핵심 질문은 개인 투자자들이 과연 똑똑한가에 관한 것이었다. 우리 논문은 이에 대해 어떤 대답을 내놓았을까? 결과는 앞서 살펴본 카니엘 교수팀의 미국 시장 연구와 다르지 않았다. 한국에서 개인 공매도 투자자는 똑똑했다! 비록 한국에서 개인 투자자들에 의한 공매도는 미미한 수준에 불과했지만 말이다. 그들은 공매도를 통해 분명히 이익을 내고 있었다. 이 결과는 한국에서 개인 공매도 투자자들이 정보에 기반한 투자를 한다는 김우진, 이동욱, 정찬식 교수팀의 연구 결과와도 일치하는 것이다.[19]

[표 3-1]은 2007년 8월부터 2010년 5월까지의 기간 동안 1만 1,841개 증권 거래 계좌를 통해 총 32만 6,625회 거래된 299개의 주식들을 대상으로 한 개인 공매도의 특성을 계좌별 수익률에 따라 5개 그룹으로 나누어 요약해 보여준다. 표에 따르면 수익률이 가장

[표 3-1] 한국 개인 공매도의 수익성과 특성

	2007:08-2010:05				
	낮은 계좌별 평균 공매도 수익률(%)	2	3	4	높은 계좌별 평균 공매도 수익률(%)
공매도 수익률(%)	−1.361	−0.052	0.121	0.403	2.574
t-value	(−19.55)	(−42.05)	(111.13)	(152.14)	(35.84)
시간당 공매도 수익(천 원)	−106.73	−9.32	6.22	23.14	220.79
t-value	(−14.65)	(−7.62)	(13.63)	(20.26)	(12.20)
공매도 주식 수	304.17	270.73	259.64	299.44	563.13
공매도 거래대금(백만 원)	8.01	8.81	8.19	7.92	9.10
Time-To-Cover (공매도를 시작해서 정산할 때까지의 시간: 한 시간 단위)	12.08	59.85	43.27	23.08	9.17
공매도 주식의 종목 수	4.59	4.96	6.64	7.56	8.13

출처: Wang, Lee and Woo, 2017

높은 계좌의 경우 공매도 수익률은 시간당 2.57%에 달했고, 이는 거래비용을 제하고도 시간당 22만 원이 넘는 액수였다. 수익률이 가장 낮은 두 그룹을 제외하면 공매도 수익률과 이익금은 모두 양의 값들이고 이들은 모두 통계적으로도 유의했다.

이처럼 개인 공매도자들이 실제로 수익을 얻고 있었다는 것에 더해 우리는 또 다른 중요한 몇 가지 사실들을 발견할 수 있었다. 바로 공매도 거래량과 종목 수, 그리고 수익률의 상관관계에 대한 것이었다. [표 3-1]은 우선 수익률이 높은 계좌일수록 공매도 거래가 활발했다는 것을 보여준다. 가장 수익률이 높은 계좌는 평균 563주, 액수로는 910만 원 상당을 공매도하고 있다. 그러나 가장 수익률이 낮은 계좌의 경우 이 수치들은 각각 304주와 800만 원으로 줄어든다. 더 재미있는 것은 수익률이 높은 계좌일수록 종목도 다양했다는 사실이다.

표의 가장 마지막 줄은 계좌당 평균적으로 몇 종목의 주식을 공매도하고 있는지를 보여주고 있는데 가장 수익률이 높은 계좌의 경우 8종류 이상이고, 수익을 내고 있는 상위 3개의 그룹만 보더라도 모두 6개 이상의 서로 다른 주식들에 공매도를 취하고 있음을 알수 있다. 이쯤 되면 한두 주식도 아니고 여러 주식을 동시에 활발하게 공매도하여 이익을 얻을 수 있는 능력을 가진 한국의 개인 투자자들이란 도대체 어떤 사람들인지 몹시 궁금해진다. 그러나 이 주제는 잠시 후에 다시 다루기로 하고, 먼저 실증연구를 통해 드러난 개인 공매도 투자의 특성들을 좀 더 살펴보기로 하자.

개인 공매도, 짧게 치고 빠져라?

개인 공매도 투자자들은 과연 얼마나 오랫동안 공매도 포지션을 유지할까? 다시 말해 이들은 공매도 이후 보통 얼마의 기간이 지나서 공매도 포지션을 정산하는 것일까? 내 논문이 나오기 전까지 이런 질문들에 대한 답은 어디에도 알려져 있지 않았다. 앞서도 말했지만 공매도 투자의 잠재적 수익성만을 알 수 있었을 뿐, 실제 공매도 정산이 언제 어떻게 일어났는지에 대한 데이터 자체가 없었기 때문이다.

그러나 우리는 실증분석을 통해 개인 공매도의 무려 44%가 단 하루 동안에 이루어졌음을 밝혀낼 수 있었다. 이는 공매도 포지션을 잡은 당일, 장이 마감하기 전에 주식을 매입해 포지션을 정산하는 경우가 절반에 약간 못 미칠 정도로 많았다는 것을 뜻한다. 이는 개인 공매도 투자자들 상당수가 장중 단기 추세를 이용하는 투자자들임을 말해준다. 이들은 가끔 하루보다 훨씬 더 길게 포지션을 유지하기도 했지만 76% 정도를 차지하는 대부분의 개인 공매도 거래는 적어도 일주일(5거래일) 이내에 정산되고 있었다. 한마디로 한국 시장에서 개인 공매도 투자자들은 대부분 단기 투자자들이었다.

다음으로 우리는 공매도 투자 기간investment horizon과 수익률의 상관관계를 살펴보았는데, 여기서 또 하나의 재미있는 사실을 발견할 수 있었다. 공매도 포지션을 짧게 유지하는 거래일수록 수익률이 더 높다는, 즉 공매도 기간과 수익률 사이에 음의 상관관계가 존재한다는 사실이었다. 이를테면 1시간 이내 또는 1시간 이상 6시간 이내로만 유지한(다시 말해 하루 안에 포지션을 정리하는 경우) 공매도 포지션에서 얻는 시장초과수익률의 평균은 무려 2.8%와 1.2%에 달했다. 이 숫자들이 연간 수익률이 아닌 시간당 수익률임에도 불구하고 말이다.

왕수봉 교수와 나는 이 숫자들을 더욱 깊이 연구하고자 다른 논문[20]에서 일일 공매도 거래day trading short-selling만을 따로 떼어내 분석하였다. 이 논문을 통해 우리는 하루 만에 정산되는 일일 공매도의 경우에는 변동성이 큰 주식에 관한 공매도뿐만 아니라 투자 시간이 하루 이내에서 길게 유지되는 공매도일수록 수익률이 높다는 것을 알 수 있었다.

그러나 일일 공매도가 아닌 경우 수익률은 공매도 기간이 늘어날수록 계속 큰 폭으로 줄어들었다. 이를테면 공매도 투자 기간이 30시간에서 60시간 정도가 되면 시장초과수익률이 0.03%로 대폭 줄어드는 식이다. 그리고 이 수익률은 투자 기간이 20거래일(120시간)을 넘어서면서부터는 음의 값으로 바뀌었다. 손해를 보기 시작하는 것이다. 결국 우리는 개인 공매도자들의 경우 짧게 치고 빠지는 전략으로 높은 수익률을 얻고 있었다는 것을 알 수 있었다.

　그럼 도대체 개인 공매도 투자는 왜 기간이 짧을수록 수익이 높은 것일까? 여기에는 몇 가지 설명이 가능하다. 우선 개인 공매도 투자자들이 갖고 있는 정보가 중장기적 정보라기보다 주로 단기적 정보일 가능성을 생각해볼 수 있다. 그 가능성은 충분하다. 기업의 장기적인 미래에 대한 정보를 습득하거나 예측하는 것이 단기적인 미래에 대한 경우보다 어려운 것이 일반적이며, 이는 특히 개인 투자자들에게 더욱 그러할 것이기 때문이다.

　우리가 찾은 수익률과 투자 기간의 관계에 대한 또 다른 설명은 심리학에서 빌려온 이론을 통해서도 가능하다. 투자자들이 이득을 실현하는 것보다 손실을 실현하는 데 훨씬 소극적이라는 유명한 심리적 효과인 손실회피loss aversion 성향 또는 처분효과disposition effect에 기댄 설명들 말이다. 이는 카네만과 트버스키 교수가 그들의 1979년 논문에서 전망이론Prospect Theory을 통해 연구한 것으로, 동일한 수량의 손실로 인한 효용 상실이 동일한 수량의 이득으로 얻는 효용 증가보다 크기 때문에 사람들에게는 손실을 회피하는 성향이 이득을 선호하는 성향보다 강하게 나타나게 된다는 것을 말한다. 이를테면 100만 원을 벌었을 때 증가하는 만큼의 행복감보다 같은 액수를 잃었을 때 느끼는 상실감이 더 크다는 것이다. 이러한 심리적 바이어스는 1985년에 쉐프린과 스텟만의 논문에서 '처분효과'로 명명된다. 공매도 포지션에서 손실이 나기 시작하면 처분효과로 인해 투자자들은 공매도 정산을 뒤로 미루게 된다. 이 경우 긴 공매도 투자 기간은 손실 실현을 회피하기 위한 결과로 나타나는 것이므로 결국 공매도 기간과 투자수익은 음의 관계를 갖게 된다.

한국의 개인 공매도 투자자, 누구냐 넌?

개인 공매도 투자자들이 짧은 기간 동안의 공매도를 통해 실제로 높은 수익을 올리고 있다는 것에 더해 하나 더 짚고 넘어가야 할 것이 있다. 과연 이들이 한꺼번에 몇 개의 종목에 대해 공매도를 취하고 있는 것일까 하는 점이다.

한 주식에 집중해서 하는 공매도가 나을까, 아님 여러 주식에 동시에 공매도를 하는 것이 나을까? 개인 투자자가 여러 주식에 동시에 공매도를 취하고 수익을 올리는 것이 가능하기는 한 일일까? 우리는 위 논문에서 이와 같은 의문점을 풀기 위해 개인 투자자들이 평균적으로 몇 종목의 주식을 공매도하는지를 살펴보고 그에 따른 수익성을 조사해보았다. 이를 위해 계좌 데이터를 조사했는데 한 개인이 여러 계좌를 갖고 있는 경우 여러 명의 개인으로 간주되는 문제는 데이터의 한계로 인해 극복할 수 없었음을 미리 밝혀둔다.

하나의 주식만을 공매도하는 계좌는 전체의 30% 정도였으며, 2종목 이상 5종목 이하를 공매도하는 계좌는 약 4,600계좌로 전체의 40%에 달했다. 전체 계좌의 약 70%가 평균적으로 5종목 이하의 주식을 공매도하고 있었던 셈이다. 그러나 더 많은 종목을 공매도하고 있는 계좌의 수도 만만치 않아서 5종목 이상 30종목 미만의 주식들을 공매도하는 계좌 수는 3,461개였고, 무려 30종목이 넘는 주식을 공매도하는 계좌도 340개에 달했다.

더욱 재미있는 것은 종목 수와 수익률의 관계였다. 놀랍게도 우리는 더 많은 종목을 공매도하는 계좌일수록 수익률이 높다는 사실을 발견하였다. 이를테면 한 종목에만 공매도하는 계좌의 시간당 시장초과수익률은 평균 0.3%였지만, 5종목에서 10종목의 경우 이 수치는 0.5%로 오르고, 20종목에서 30종목의 경우 다시 0.7%로 상승하며, 30종목 이상의 경우 0.9%로 한 종목 공매도의 경우보다 무려 3배나 높게 나타난 것이다. 우리는 여기서 깊은 고민에 빠졌다. 30종목 이상의 주식을 공매도하면서 높은 수익을 올릴 수 있는 개인 투자자들은 과연 누구일까? 주변에선 공매도한다는 친구도 별로 본 적이 없는데 도대체 이들 개인 공매도자들은 누구일까?

카니엘 교수팀의 실증적 연구 결과와 일관되게 개인 투자자들이 똑똑한 투자자라는 결과를 한국의 공매도 시장을 통해서도 밝혀냈다는 점에서 이 논문이 학계에 공헌한 것은 맞다. 그러나 미리 밝힌 바와 같이 우리가 갖고 있는 데이터에는 계좌의 주인에 대한 인적 정보가 생략되어 있어 이들이 누군지는 알아낼 도리가 없었다. 다만 높은 공매도 비용과 위험성을 무릅쓰고 투자할 수 있다는 점, 한국에서 개인 공매도가 어려움에도 불구하고 이를 실행할 수 있었다는 점, 친구 따라 강남 가는 식이 아니라 주식에 대한 올바른 정보를 갖고 투자를 하고 있다는 점, 그리고 하나의 주식도 아니고 여러 종목의 주식을 동시에 공매도하며 수익을 올리고 있다는 점 등에서 이들 개인 투자자들이 아마도 옆집에 사는 평범한 이웃은 아닐 거라는 점은 쉽게 생각해볼 수 있었다.

우리는 이들 개인이 아마도 전직 증권맨(현직 증권맨의 투자는 법으로 금지되어 있다)이거나 전직 고위급 임원, 전직 트레이더나 펀드매니저, 애널리스트, 고위 공직자 등 금융과 산업, 경제 전반 또는 특정 주식들에 대해 고급한 지식과 경험, 그리고 기술을 갖고 있는 사람들일 것이라는 추론을 제시하는 것으로 논문을 마칠 수밖에 없었다(주변에 공매도로 돈 벌었다는 동료들이 없어 재무경제학 교수들은 쉽게 제외시킬 수 있었다).

거래비용: 또 다른 공매도 규제 메커니즘

금융위기 시 공매도를 한시적으로 금지하는 경우를 제외하더라도 법률적으로 공매도를 규제하는 경우는 드물지 않다. 이를테면 뮤추얼펀드의 경우 주식을 빌리는 거래 자체가 법률적으로 제한되고, 다른 많은 기관 투자자들의 경우에도 내규를 통해 공매도 투자를 규제하는 경우가 적지 않다. 그러나 법률적 규제로 인한 이유 이외에도 공매도는 거래비용을 통해 다양하게 규제된다. 높은 거래비용이 공매도 거래에 장애로 작용해 공매도를 법적으로 규제하는 것과 동일한 효과를 가져올 수 있기 때문이다.

거래비용 중에는 우선 대여자에게 주식상환 시까지 매일 지불해야 하는 대여 수수료를 생각해볼 수 있다. 수수료가 비싸지면 당연히 공매도 비용은 늘어난다. 그러나 주식대여가 저마다 다른 자산운용사들에 의해 다양한 방식으로 이루어지므로 공매도 거래비용 데이터는 얻기가 어렵다.

컬럼비아대학의 존스 교수와 시카고대학의 라몬트 교수는 이 같은 어려움을 극복하기 위해 다소 엉뚱하게도 대공황기인 1926년부터 1933년까지의 공매도에 주목했다.[21] 특별히 그 시기에 집중한 이유는 미국에서 이 기간에는 주식대여가 뉴욕증권거래소NYSE를 통해 중앙집중식으로 관리되었기 때문이다. 당시에는 주식을 빌리고 싶은 자와 빌려주려는 자 등 수요와 공급 양측의 거래자들loan crowd이 뉴욕증권거래소 주식대여 객장loan post에서 직접 만나 대여 수수료를 결정하고 거래를 성사시켰다.

그리고 이렇게 중앙집중식 주식대여를 통해 결정된 주식별 대여 수수료는 다음 날 《월스트리트저널Wall Street Journal》에서 볼 수 있었으므로 누구나 쉽게 알 수 있었다. 저자들은 이 대여 수수료 자료를 이용해 높은 공매도 비용이 공매도를 줄이고 주가의 과대평가를 도우며, 따라서 향후 주가가 하락하는 것으로 이어짐을 실증적으로 보여준다. 이는 밀러 교수, 그리고 다이아몬드와 베레키아 교수의 주식 과대평가 가설Overvaluation Hypothesis이 미국의 대공황기에조차 실증적으로 입증됨을 보여준 것인데, 1933년 이전의 자료를 바탕으로 한 연구가 학술지에 게재된 것이 무려 70년 후인 2002년이라는 점도 재미있다.

대여 수수료에는 또 다른 중요한 측면이 있다. 바로 대여 수수료 자체도 대주-대차 물량의 수요와 공급에 따라서 결정되기 때문에 공매도 포지션을 정산하기 전까지 얼마든지 변동할 수 있다는 점이다. 이는 대여 수수료 금액뿐만 아니라 그 변동성까지도 공매도 비용이 될 수 있음을 보여준다. 또 주식 대여자의 갑작스러운 리콜로 인해 공매도 포지션을 원치 않는 순간에 정산해야 하는 위험도 대표적인 공매도 비용의 하나다.

엥겔버그, 리드, 그리고 링겐버그 3명의 교수는 2018년에 출간된 논문에서 주식마다 다르게 다양하게 결정되는 이러한 공매도 비용 자체가 공매도 위험short-selling risk으로 작용해 공매도 거래와 주가에 유의한 영향을 미침을 실증적으로 보여주었다.[22] 이 논문의 내용을 한마디로 요약하면 대여 수수료 변동성이나 리콜 위험 등 공매도 위험이 클 경우 공매도 거래가 잘 일어나지 않게 되고, 따라서 주가가 과대평가될 가능성이 높다는 것이다. 이 논문은 정定적인 공매도 비용인 법률적 규제나 주식의 특성(시가총액, 장부가-시장가 비율, 주식 소유 구조 등)에 관심을 집중했던 기존 연구들과 달리, 대여 수수료 변동성이나 리콜 위험 등 동動적인dynamic 공매도 비용에 집중

한 점이 특징적이다. 무엇보다 이러한 동적인 비용이 공매도 거래와
주가에 유의한 영향을 미친다는 것을 처음으로 보여주었다는 점에
서 의미가 크다.

공매도 규제와 금융위기: 닷컴 버블의 붕괴

공매도의 가장 중요한 점이 가격효율성을 제고하는 데 있다는 점은
앞에서 수차 강조하였다. 그런데 그럼에도 정책 입안자들이 공매도
를 고집스럽게 규제하려 하는 경우 이 때문에 가격효율성이 저해됨
으로써 발생하는 손실은 어느 정도나 될까? 이 질문에 답하기 위해
다소 극단적이긴 하지만 공매도를 규제한 결과로 나타난 재앙적 사
례를 살펴보도록 하자. 이 사례는 그저 수많은 재앙적 사례 중 하나
가 아니라 아마도 그중 가장 유명하고 중요한 사례일 것이다. 바로
2000년대 초반 나스닥에 상장된 정보기술 분야 주식들이 줄줄이
폭락하며 투자자들을 공포에 떨게했던 닷컴 버블DotCom Bubble의 형
성과 소멸에 관한 것이다. 애당초 버블이 끼었던 이유가 공매도를 규
제한 데 있었다는 놀라운 사실을 이제 좀 더 자세히 살펴보기로 하자.
　1990년대 후반은 닷컴주, 그러니까 정보기술 분야의 주식들이
엄청난 호황을 누린 시기다. 굵직한 이벤트들도 많아서 1997년 3월
15일에는 아마존Amazon이, 1998년 11월에는 더글로우브theGlobe가
상장되었고, 2000년 1월에는 거대 미디어 그룹인 아메리칸온라인

AOL과 타임워너Time Warner가 합병했다. 기술주 중심인 나스닥 지수 Nasdaq composite index가 얼마나 과열되었고 이후 얼마나 심하게 폭락했는지는 [그림 3-2]가 잘 보여주고 있다.

1990년대 후반부터 2000년대 초반까지 나스닥 지수의 상승세는 현기증이 날 정도다. 1998년 후반에 2,000 언저리에 있던 지수가 2000년 3월 10일에는 역사상 가장 높은 5,048.62를 기록했다. 불과 2년도 안 되는 기간 동안 개별 주식도 아니고 지수 자체가 2.5배가 뛴 것이다. 그런데 이 지수는 2000년 후반에 이르러 그간의 상승분을 모두 반납하며 폭락해 1998년 후반기 수준으로 복귀하고 말았다. 롤러코스터도 이런 롤러코스터가 없다. 2,000-5,000-2,000의 움직임이 겨우 2년여 동안 일어났으니 말이다.

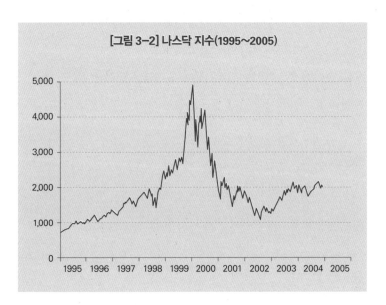

[그림 3-2] 나스닥 지수(1995~2005)

[그림 3-3]을 보면 이와 같이 지수가 폭등락한 것이 사실상 인터넷 주식에 의해 주도된 것임을 알 수 있다. 그림은 위에서부터 인터넷 주식 지수, 나스닥 지수, S&P500 지수를 보여주고 있는데 세 지수 모두 1997년 12월 말에 100의 값을 갖도록 조정되었다. 인터넷 부문은 2000년 2월까지 지수값이 1997년 말 대비 무려 10배를 넘었다. 그러나 2000년 말이 되자 지수는 2년 전 수준으로 복귀했다.

그린라이트캐피탈의 데이비드 아인혼은 이와 같은 인터넷 거품

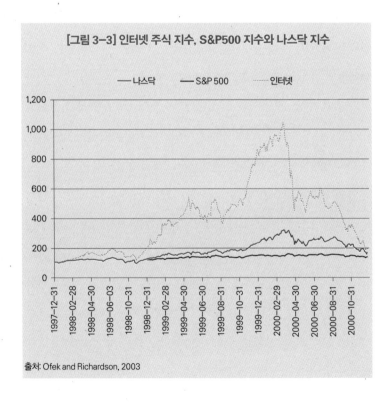

[그림 3-3] 인터넷 주식 지수, S&P500 지수와 나스닥 지수

출처: Ofek and Richardson, 2003

이 AOL과 공매도 투자자들의 대결에서 비롯되었다고 주장한다.[23] 많은 공매도 투자자들은 당시 AOL이 비용을 자본 처리하는 잘못된 회계 관행에 기대어 주가를 부풀렸다고 믿었다. 그러나 아인혼은 설령 이런 잘못된 관행이 있었다 하더라도 당시 AOL의 주가가 공매도를 할 수준은 아니라고 판단했다.

1999년 초에 이미 그의 이 같은 결정은 옳았던 것으로 밝혀졌다. 당시 AOL에 공매도를 했던 투자자들이 막대한 손실을 본 것이다. AOL에 대한 공매도 실패는 연쇄적으로 인터넷 주식 공매도 투자전략에 대한 전반적인 회의를 가져와 전체적으로 공매도가 줄어드는 원인이 되었고 이는 결국 인터넷 거품으로 이어졌다. AOL에 대한 공매도 투자자들의 손실이 당시 공매도에 대해 실제로 얼마나 많은 회의를 불러일으켰는지는 알 수 없다. 다만 공매도 부재가 거품을 가져왔다는 사실은 새로울 것이 없다. 앞서 기술했다시피 학계에서 이미 오래전에 이러한 가능성들을 연구, 제시했기 때문이다.

뉴욕대학의 오펙과 리차드슨 교수 역시 나스닥 인터넷주가 급등하고 폭락한 이유를 공매도 규제에서 찾고 있다.[24] 당시 인터넷 주식들은 최초 상장 이후 일정 기간 동안 주식을 매도할 수 없도록 규정한 보호예수 규제lockup와 높은 공매도 비용으로 인해 공매도하기가 어려웠다. 그리고 이는 지수 급등을 부채질했다. 그러나 보호예수 기간이 끝나자 매도 물량이 쏟아져 나왔고 주가는 급락했다. 버블 붕괴가 하필 2000년에 발생한 것은 인터넷 주식들에 대한 보호예

수 기간 만료가 특히 1999년 끝 무렵과 2000년 초중반에 집중되었기 때문이었다.

닷컴 버블이 만들어지고 깨진, 재무금융에서 손꼽히는 흑역사인 이 금융위기는 너무도 유명하지만 이 위기를 공매도 규제와 연관 짓는 사람들은 그리 많지 않다. 역설적이지만 바로 이러한 이유로 인해 이 논문이 주는 교훈은 더욱 크다. '가격효율성 상실'이라는 온화한 표현이 때로는 '시장 붕괴'라는 파괴적이고 드라마틱한 표현을 대신할 수도 있다는 점에서 그렇다. 이렇게 보면 공매도 규제는 생사의 문제다. 약간 선정적이긴 하지만 충분히 그럴 수 있다.

시장이상현상과
공매도

이 장에서는 공매도 규제가 시장이상현상market anomaly이 존재하고
유지되는 데 어떤 역할을 하는지 살펴본다. 시장이상현상이 주가가
적정 수준에서 벗어난 상태가 지속되는 것을 가리키므로 이 주제
는 사실 앞 장의 공매도와 가격효율성이라는 주제와 다르지 않다.
다만 시장이상현상이 경제학에서 워낙 큰 주제이기도 하고 공매도
와 연관시켜 다룰 내용도 적지 않아서 독립된 장으로 빼내어 중요
한 몇 가지 연구들을 중점적으로 살펴보기로 한다.

효율적 시장과 공매도
시장이 효율적이지 않은 경우 주가는 적정가에서 벗어난 상태로 꽤
오랫동안 지속될 수 있지만, 효율적 시장에서는 그렇지 않다. 차익

거래로 인해 적정가가 재빨리 회복되기 때문이다. 이를 효율적 시장 가설Efficient Market Hypothesis이라 하며 이는 경제학에서 꽤 오랫동안 핵심적인 연구주제가 되어왔다. 그런데 도대체 효율적 시장의 핵심인 적정가격이라는 것은 무엇을 말하는 걸까?

두 주식이 있다. 주식 A는 내일 150원이 될 것이고 주식 B는 내일 200원이 될 것이며, 주가가 이렇게 될 가능성은 두 경우 모두 100%라고 하자(따라서 이 주식들의 거래는 무위험 거래다). 만약 두 주식 모두 오늘 100원에 거래되고 있다면 어떤 이성적인 투자자도 A를 사지는 않을 것이다. 주식 B를 같은 값에 사두면 A의 경우보다 50원을 더 받을 수 있기 때문이다. 따라서 B와 같은 가격이라면 주식 A는 시장에서 퇴출된다.

이는 A가 B보다 낮은 가격에 거래되어야 함을 보여준다(같은 이유로 주식 B의 가격은 A의 가격보다 올라가야 하지만 이 예에서는 A의 가격에만 집중하기로 한다). B보다 낮은 가격에 거래되어야 함에도 불구하고 같은 가격에 거래되고 있다는 사실은 오늘 A의 가격이 시장에서 과대평가되어 있음을 뜻한다. 이에 가격 하락을 예상한 투자자들은 주식 A를 공매도 할 것이고, 따라서 시장이 효율적이라면 A의 주가는 지금보다 낮아질 것이다. 그런데 주식 A에 대한 공매도가 엄청나게 비싸거나 법률적으로 규제되어 불가능하다면 어떤 일이 벌어질까?

시장이상현상이란 간단히 말해 수익이 위험과 상관없이 주어지는 상태가 지속되는 것을 말한다. 당연하겠지만 똑같은 위험을 감수해야 한다면 수익이 높은 투자안이 더 매력적이다. 또, 같은 수익이 보장된다면 위험이 작은 투자안이 더 매력적일 것이다. 시장에서 많은 부분을 차지하고 있을 것이라고 생각되는 위험 회피적risk averse 성향의 투자자들에게는 적어도 그렇다.

앞의 예에서는 주식 A와 B의 위험이 같으므로 수익이 큰 B의 주가가 A의 주가보다 높아야 한다. A주식에 공매도가 집중되어 주가가 75원으로 떨어졌다고 하자(B의 주가는 그대로다). 이제 두 주식 모두 수익률은 100%다. 위험이 같으므로 같은 수익률을 보장하기 위해 가격이 조정된 것이다. 효율적 시장에서 가격 메커니즘은 이런 방식으로 작동한다. 그리고 공매도는 가격이 효율적 시장을 달성하도록, 다시 말해 적정가를 회복하도록 돕는 중요한 역할을 한다.

많은 연구자들은 공매도 규제가 이상현상의 존재에 어떤 중요한 역할을 하는 것이 아닐까 의심해왔다. 하버드대학의 슐라이퍼 교수와 시카고대학의 비시니 교수는 그들의 1997년 논문에서 이론과는 달리 차익거래가 위험과 비용을 발생시키며, 그로 인해 현실 속에서 자주 제한되고 있음에 주목했다. 그리고 이처럼 차익거래가 제한limits of arbitrage되고 있는 것을 시장이상현상이 존재할 필요조건으로 지목했다.[25] 공매도 규제는 차익거래 제한의 가장 중요한 예다. 따라서 많은 경제학자들은 이 연구의 연장선상에서 공매도 규제가 효율적 시장과 어떻게 연결될 수 있는지에 대해 연구해오고 있다.

시장이상현상은 공매도를 싫어한다

스탠퍼드대학의 네이글 교수는 1980년부터 2003년까지 미국 데이터를 분석한 후 이를 바탕으로 시장이상현상의 많은 부분이 공매도를 규제한 데서 나왔다고 주장했다.[26] 이는 공매도와 시장이상현상을 연결시킨 중요한 논문이다. 이 연구에서 그는 기관보유 지분율institutional ownership을 공매도 규제 측정치로 사용하였다. 기관 투자자들이 주식대여시장에서 주식 공급자loan supplier로 중요한 역할을 하기 때문에 기관보유 지분율이 낮은 주식은 그렇지 않은 주식보다 주식을 빌리기가 어려워 공매도가 상대적으로 더 힘들기 때문이다.[27] 따라서 만약 공매도 규제가 시장이상현상의 중요한 요인이라면 시장이상현상은 기관보유 지분율이 낮은 주식들의 경우에 더욱 강하게 나타나야 할 것이다.

그런데 시장이상현상과 기관보유 지분율의 이러한 관계는 대개 개인보다 기관이 더 똑똑한sophisticated 투자자라는 점에 의해서도 뒷받침될 수 있다. 똑똑하지 않은 투자자들은 주식이 과대평가되었다는 사실을 인지하지 못해 이에 적절히 대응할 수 없지만, 똑똑한 투자자는 이를 인지하고 주식을 매도함으로써 이에 대응한다. 기관보유 지분이 높다는 것은 똑똑한 투자자가 주식을 많이 갖고 있다는 것이고, 이는 굳이 어렵고 비싼 공매도를 통하지 않더라도 갖고 있는 주식을 매도함으로써 과대평가에 쉽게 대응해 투자할 수 있다는 것을 뜻한다. 반면 기관보유 지분이 낮은 주식은 공매도를 통할 수밖에 없어 과대평가에 대한 대응이 어렵다. 따라서 기관보유 지분이 낮은 주식들은 기관보유 지분이 높은 주식들보다 과대평가된 상태가 유지될 가능성이 더 높다.

네이글 교수는 실제로 기관보유 지분율이 낮은 주식들에게서 시장이상현상이 더욱 강하게 나타나며, 이들 주식들은 좋은 소식good news보다 나쁜 소식bad news을 더욱 느리게 반영한다는 것을 실증적으로 보여주었다. 그가 주목한 것은 시가총액이 장부가보다 큰 주식들의 수익률이 그렇지 않은 주식들의 수익률보다 낮게 나타나는 현상(이를 '가치이상현상value anomaly'이라고 한다)이나, 또는 가치를 파악하기가 어려운 주식들(예를 들어 거래량이 많거나 변동성이 높고, 또는 애널리스트들의 예측이 분분한 주식들)의 수익률이 그렇지 않은 주식들의 수익률보다 낮게 나타나는 이상현상들이었다. 어떤 독자들은 이러한 현상이 왜 시장이상현상이라고 불리는지 의아해할 것이다. 그렇다면 수익률은 위험에 대한 보상이므로 위험과 관련이 없는 요인들은 주가수익률 또는 주가에 영향을 미칠 수 없다는 것을 떠올려보자. 이를테면 장부가-시장가 비율 등은 주가에 영향을 미치고 있음이 오래전에 밝혀졌으나 이 비율이 어떤 위험의 측정치인지에 대해서는 많은 논란이 있어왔고, 어떤 연구들은 이 비율이 아예 알려진 어떤 위험과도 관련이 없다고 주장한다. 시장이상현상으로 분류되는 이유다. 그리고 이러한 이상현상들은 기관보유 지분율이 낮은 주식들에게서 유달리 강하게 나타나고 있었다.

반대로 주식대여의 큰손들인 뱅가드500펀드나 디멘셔널펀드어드바이저Dimentional Fund Advisors 등 패시브passive 펀드들이 많이 투자하고 있는 주식들의 경우 이러한 이상현상들은 확연히 미약했다. 한마디로 요약하면 공매도를 규제하면 시장이상현상이 더욱 심화된다는 것이다.

그러나 아스퀴스, 파탁과 리터 교수는 1988~2002년 기간 동안 미국 주식들을 분석해 전혀 다른 결론을 이끌어냈다.[28] 공매도 규제와 시장이상현상은 잘해야 겨우 미미하게 연결되어 있을 뿐이라는 것이다. 이들은 공매도 거래의 많은 부분이 시장이상현상으로 인한 차익거래가 아니라 전환사채차익거래convertible bond arbitrage를 실행하기 위한 목적에서 비롯된 것임을 주장했다(전환사채차익거래는 전환사채와 전환권 대상 주식에 각각 매입과 매도를 동시에 취하는 투자전략으로 헤지펀드 등의 대형 기관 투자자들이 주로 사용한다. 이는 이 책의 뒷부분에서 보다 자세히 다룬다).

게다가 이 논문에 의하면 공매도하기 어려운 주식들이 실제로 그렇게 많은 것도 아니었다. 많은 주식들의 경우 공매도에 큰 제약이 없었다는 것이다. 그러나 이 주장은 사피와 시거드슨 교수의 2011년 논문에서 반박되었다. 이들은 전 세계 26개국 데이터를 이용해 많은 부분 주식대여가 제한되고 있음을 보였다.[29]

최근의 연구들은 공매도 규제가 시장이상현상에 큰 역할을 한다는 것을 대체로 지지하는 쪽이다. 이제 와튼스쿨의 스탬바우 교수가 비교적 최근에 발표한 이 주제와 관련된 두 가지 논문들을 하나씩 살펴보자.

센티멘트가 높으면 이상현상은 더 심해진다

네이글 교수가 횡단면 분석을 통해 공매도와 시장이상현상을 살펴본 것과 달리 스탬바우 교수는 시장이상현상이 강해지는 시간적 변화에 주목했다.[30]

시장이상현상으로부터 이득을 얻기 위한 가장 유명한 투자전략은 아마도 과소평가된 주식들에 롱 포지션을 취하고 과대평가된 주식들에 숏 포지션을 취하는 롱-숏 전략일 것이다. 그런데 공매도에 대한 규제와 높은 비용 때문에 숏 포지션을 취하는 것이 롱 포지션을 취하는 것보다 더 어려운 것이 일반적이다. 따라서 시장에는 과대평가된 주식들이 과소평가된 주식들보다 더 많이 존재하게 된다. 이는 롱-숏 전략의 수익성이 롱 포지션보다 숏 포지션 쪽에서 더 크게 나오게 될 것임을, 다시 말해 이상현상이 주가의 과소평가보다는 과대평가에서 비롯될 가능성이 더 클 것임을 시사한다. 그렇다면 시장이상현상은 당연히 과대평가가 심해지는 경우에 더 강력하게 나타나야 한다. 따라서 공매도 규제와 시장이상현상의 관계는 과대평가가 심해지는 시기에 더욱 중요하게 될 것이며 롱-숏 전략의 수익성 또한 그러한 시기에 더욱 커질 것이다.

스탬바우 교수팀은 이 같은 스토리가 실증적으로 뒷받침되는지 알아보기 위해 시장이상현상이 어떤 경우에 더 강력하게 나타나는지 살펴보았다. 그리고 투자자들의 센티멘트investor sentiment가 높을 때 여러 가지 시장이상현상에 기반한 롱-숏 투자전략 수익률이 더욱 커진다는 것을 발견했다. 이는 시장이상현상이 센티멘트가 높은 시기에 더욱 강하게 나타난다는 뜻인데, 여기서 센티멘트가 높다는 것은 시장이 좋아질 것이라 믿는 낙관적인 견해들이 그렇지 않은 견해들보다 더 많다는 것을 의미한다. 결국 센티멘트가 높은 시기는 과대평가가 심해지는 시기인 것이다. 그리고 예상한 대로 롱-숏 전략의 수익은 롱 포지션보다는 숏 포지션에서 주로 나왔다. 롱 포지션을 취한 주식들의 주가가 오르는 데서 나오는 수익률보다 숏 포지션을 취한 주식들의 주가가 떨어지는 데서 나오는 수익률이 더 컸다는 것이다.

정리하자면 공매도하기가 어렵기 때문에 주식들은 과대평가되고 이러한 경향은 센티멘트가 높을 때 더욱 심하며, 따라서 이후 반전reversal도 심하게 나타나 주가가 크게 하락하므로 숏 포지션에서 더 큰 수익을 낼 수 있다는 내용이다. 결국 주가 과대평가가 시장이상현상의 주원인이며, 이는 공매도 규제로 인해 더욱 강화된다는 것을 보여주는 연구다.

공매도와 시장이상현상에 관한 스탬바우 교수의 두 번째 논문은 여러 가지 이상현상 중 특별히 기업고유위험 퍼즐에만 집중했다.

이를 살펴보기 위해서는 우선 기업고유위험이 무엇인지, 그리고 그것이 어떤 연유로 퍼즐이 되는지를 알아야 한다.

공매도 규제와 기업고유위험 퍼즐

컬럼비아대학의 앤드류 앙 교수팀은 기업고유위험idiosyncratic risk과 주가수익률의 관계에 대해 스스로 발견한 실증분석 결과를 놓고 깊은 고민에 빠졌다. 결과를 도저히 이해할 수 없었던 것이다. 책상 위에 올려진 결과치들은 기업고유위험이 주가수익률과 음의 관계에 있다는 것을 보여주고 있었다. 다시 말해 주식의 다른 특성들이 모두 같다고 할 때 기업고유위험이 큰 주식일수록 그렇지 않은 주식들보다 더 '비싼' 가격에 거래되고 있었던 것이다. 그리고 이 음의 관계는 통계적으로 꽤 강건해 이를 우연이라고 믿을 수도 없었다. 지금까지도 많은 경제학자를 괴롭히고 있는 기업고유위험 퍼즐 Idiosyncratic Volatility Puzzle은 이렇게 발견되었다.[31]

이미 강조했다시피 수익률은 위험의 함수다. 노벨경제학상이 주어진 유명한 모델인 자본자산가격결정모형Capital Asset Pricing Model: CAPM에 따르면 주가에 영향을 미치는 위험은 오직 한 가지뿐이다. 주식수익률이 시장수익률과 같이 움직이는 정도에서 비롯되는 체계적 위험systematic risk 또는 시장위험market risk인 베타위험β-risk이 바로 그것이다. 만약 남북 관계가 험악해져 한반도에 전쟁 위험이 고조된다면 이는 코스피에 상장된 거의 모든 주식들에게 부정적 뉴스가 될 가능성이 높다. 반대로 남북 화해 모드가 진전되면 이는 전체적으로 긍정적인 영향을 미치게 될 것이다. 이처럼 남북 관계 변화는 한국 시장에 상장된 주식들에게는 피할 수 없는 숙명적 위험의 진원지가 된다.

이와 같이 모든 주식들에게 영향을 미치는 위험을 체계적 위험이라고 부른다. 그렇다 하더라도 뉴스에 반응한 주가 변화가 모든 주식들에게서 다 똑같은 정도로 나타날 수는 없다. 어떤 주식들은 남북 관계 변화에 아주 예민하게 반응해서 주가가 크게 출렁이지만, 다른 주식들은 반응하는 정도가 그에는 훨씬 못 미칠 수도 있을 테니 말이다. 이처럼 주가가 정치나 거시경제 또는 시장의 변화에 따라 출렁이는 정도를 체계적 위험 중에서도 '베타위험'이라고 부른다.

그리고 베타위험은 주식마다 다르다. 베타가 큰 주식은 시장 변화에 민감하게 반응하는 주식이다. CAPM에 의하면 체계적 위험은 오직 베타위험뿐이고, 그 외에 다른 모든 위험요인들은 베타위험과 상관없는 위험, 즉 기업고유위험이 된다. 따라서 기업고유위험은 주가가 시장과는 상관없이 기업 고유의 이벤트에 따라 움직이는 데서 발생되는 위험이다. 중요한 것은 베타위험은 피할 수 없지만, 기업고유위험은 얼마든지 회피할 수 있다는 것이다. 이를테면 남북 관계 변화는 한국에 상장된 모든 주식들이 회피할 도리 없이 받아들여야 하는 위험이지만, 기업 오너의 갑질 때문에 주가가 떨어지는 위험은 갑질하는 오너가 없는 다른 비슷한 주식에 투자함으로써 충분히 회피할 수 있는 위험이다. 따라서 투자자들이 베타위험이 큰 주식들을 매수하도록 하려면 큰 수익률이 보상으로 주어져야 한다. 베타위험과 수익률은 양의 관계에 있을 거라는 얘기다.

그러나 기업고유위험은 얼마든지 회피할 수 있는 위험이므로 수익률을 통한 보상이 주어지지 않는다. 따라서 베타위험과 아무런 상관이 없는 기업고유위험은 주가와 유의한 관계가 없어야 한다. 설령 기업고유위험도 어쨌거나 위험이라고 백보 양보한다고 하더라도 위험에 대한 보상은 높은 수익률이 되어야지 낮은 수익률이 될 수는 없다. 주가수익률과 기업고유위험 간 음의 관계가 퍼즐이라 불리는 이유다. 놀랍게도 기업고유위험 퍼즐은 어떤 특정 시기나 특정 국가에만 국한된 것이 아니고 오랜 기간 동안 전 세계 많은 나라들에게서 꾸준히 나타났다. 결코 우연적 현상이 아니었다는 것이다. 위험도 아닌 것이 위험처럼 구는 것도 애매한데 더구나 수익률과의 관계도 반대로 나타나는 이 퍼즐을 설명하기 위해 경제학자들은 골머리를 앓았다. 이 와중에 스탬바우 교수는 이 퍼즐과 관련해 특히 공매도의 역할에 주목했다.[32, 33]

말했다시피 기업고유위험이 크다는 것은 주가변동성의 많은 부분이 시장이나 거시경제적 요인보다 기업에 고유한 요인으로부터 나온다는 것을 말한다. 이를테면 남북 관계의 변화라든가 세계적인 유가 상승 등 투자자들이 조절할 수 없는 거시변수들보다는 어느 기업의 분식회계가 밝혀졌다거나, 특정 프로젝트가 성공 또는 실패하는 등 기업에 고유한 부분들이 변동성을 증가시킨다는 것이다.

이럴 경우 주가는 더욱 예측하기 어렵다. 아무래도 기업 특성에 따른 변동성은 거시경제적 요인에 의한 변동성보다 더 우연적이고, 따라서 덜 체계적일 가능성이 크기 때문이다. 그리고 이렇게 되면 차익거래자arbitrageur들이 차익거래를 실행하는 것이 더 어려워진다. 이런 식으로 기업고유위험은 차익거래를 방해하는 위험요인으로 작동한다. 기업고유위험이 큰 주식들은 차익거래위험arbitrage risk도 크다는 것이다. 다시 말해 이러한 주식들에 대해서는 설령 기회가 있더라도 차익거래가 일어나기가 쉽지 않다는 얘기다.

차익거래 기회가 있다는 것은 주가가 적정가에서 벗어나 있다는 뜻이다. 그리고 적정가에서 벗어난 상태라는 것은 둘 중 하나다. 과대평가되어 있거나 과소평가되어 있거나. 만약 과소평가되어 있다면 그 주식을 매수하면 되고, 과대평가되어 있다면 그 주식을 공매도하면 된다. 이후 과소평가된 주식들의 가격이 오르면 매수 포지션에서 수익을 얻고, 과대평가된 주식들의 가격이 떨어지면 매도 포지션에서 수익을 얻어 큰 이익을 얻을 수 있다. 이것이 차익거래다.

그런데 차익거래가 일어나기 어렵다면 주가는 과대평가나 과소평가된 상태에서 오랫동안 유지된다. 문제는 차익거래가 일어나기 어려운 정도가 과대평가와 과소평가의 경우에 다르다는 것이다. 매수보다 공매도가 더 어려운 투자이기 때문이다. 수차례 언급했지만 공매도에는 수많은 규제와 높은 거래비용이 따라오는 경우가 많아서 그렇다. 이러한 '차익거래의 비대칭성arbitrage asymmetry'으로 인해 시장에는 과대평가된 주식들이 과소평가된 주식들보다 더 많게 된다. 많은 경우 매수거래가 과소평가된 주가를 해소시키지만, 공매도는 제한되어 과대평가된 주가를 해소시킬 만큼 충분히 이루어지지 않기 때문이다.

이제 기업고유위험이 차익거래위험을 키운다는 사실과 공매도가 매수보다 어려워 주가의 과대평가 해소가 과소평가 해소보다 더 어렵다는 차익거래의 비대칭성 두 가지를 합쳐보자. 기업고유위험이 높은 주식들은 차익거래위험이 높아 기업고유위험이 낮은 주식들보다 과대 또는 과소 평가되는 경우가 많다.

그런데 차익거래의 비대칭성으로 인해 기업고유위험이 높은 주식들 중에는 과대평가된 주식들이 과소평가된 주식들보다 더 많게 된다. 이는 기업고유위험이 높은 주식들의 경우, 평균적으로 보아 이후 주가가 떨어지는 경우가 오르는 경우보다 많게 나타날 것이란 얘기다. 결국 높은 기업고유위험은 이렇게 해서 낮은 수익률과 연계된다. 여기서 퍼즐을 푸는 열쇠는 차익거래위험과 공매도 규제로 인한 차익거래의 비대칭성이라는 두 개의 키워드였다.

저자들은 샘플 주식들을 주가가 과대평가된 정도와 기업고유위험의 크기에 따라 각각 5개씩의 그룹으로 나누고 그 결과로 생성된 25개 포트폴리오의 평균 위험초과수익률을 계산하였다. [그림 3-4]는 이를 정리해 보여준다.

맨 왼쪽 그룹은 과대평가된 정도가 가장 심한 주식들을 뜻하며 오른쪽으로 갈수록 과대평가 정도는 줄고 과소평가된 정도는 늘어 맨 오른쪽 그룹은 과소평가된 정도가 가장 심한 주식들을 나타

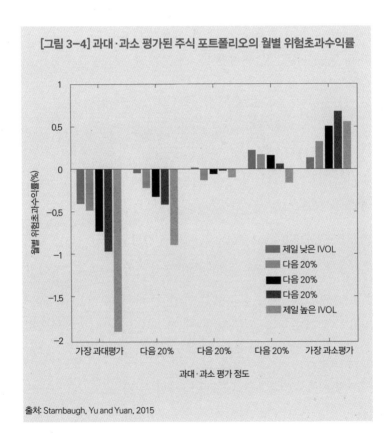

[그림 3-4] 과대·과소 평가된 주식 포트폴리오의 월별 위험초과수익률

출처: Stambaugh, Yu and Yuan, 2015

낸다. 그리고 과대평가 또는 과소평가 각각의 그룹마다 왼쪽 첫 번째에 기업고유위험IVOL이 가장 작은 포트폴리오 위험초과수익률을 나타내는 막대부터 맨 오른쪽에 그 위험이 가장 큰 포트폴리오 위험초과수익률 막대까지 5개씩 총 25개의 막대를 그려 넣었다. 과대평가가 심한 주식들의 경우 기업고유위험이 클수록 가격 반전(하락)도 크다는 것을 한눈에 볼 수 있다. 그림은 가장 심하게 과대평가된 그룹 내에서는 차익거래위험이 증가할수록(즉 기업고유위험이 커질수록) 수익률이 감소하는 음의 관계가 재현되는 반면 가장 심하게 과소평가된 그룹 내에서는 양의 관계가 나타나고 있음을 보여준다.

그러나 이 막대(왼쪽에서 다섯 번째 막대)의 길이는 과소평가가 가장 심한 그룹 내에서 기업고유위험이 가장 큰 포트폴리오의 가격 반전(상승)을 나타내는 막대(오른쪽에서 첫 번째 막대)보다 월등히 길다. 과대·과소 평가 그룹 각각에서 다섯 번째 막대들은 기업고유위험이 가장 큰 경우들인데 이들은 가장 과소평가된 그룹을 제외하면 모두 음의 수익률을 나타내고 있으며, 이 5개의 막대들을 모두 더하면 음이 되는 것을 쉽게 알 수 있다. 다시 말해 기업고유위험이 큰 주식들이 과대평가되는 정도가 과소평가되는 정도보다 훨씬 크기 때문에 가격의 하락 반전이 상승 반전보다 크게 일어나게 되고, 이런 이유로 기업고유위험 퍼즐이 나타나게 된다는 것을 잘 보여준다.

이 장의 내용을 요약하면 다음과 같다. 공매도를 규제하면 공매도의 가격발견 기능이 제한되며, 따라서 주가가 적정가에서 벗어난 상태가 지속되는 시장이상현상이 강화된다. 한마디로 시장효율성을 제고하기 위해 공매도를 함부로 제약해서는 안 된다는 것이다.

공매도는
유동성을 공급한다

가격효율성 증대 이외에 공매도의 또 다른 중요한 장점은 시장에 유동성liquidity을 공급한다는 것이다. 여기서 유동성이란 주식을 사고파는 것이 얼마나 용이한가에 관한 일종의 거래비용 개념으로 이해하면 된다. 재무경제학의 한 분야인 기업재무corporate finance에서 유동성을 얘기할 때는 거래비용의 개념이 아니라 기업이 갖고 있는 자산의 현금성을 나타내는 경우가 많다. 이 경우 기업이 많은 현금cash을 갖고 있거나 즉시 현금으로 교환될 수 있는 자산을 많이 갖고 있는 경우 유동성이 높다고 한다.

그러나 투자론investment 분야에서 유동성은 거래비용 측면에서 거래의 용이성easiness of trading을 가리킨다. 많은 양의 주식을 급하게 팔고자 할 때 이를 얼마나 쉽게 팔 수 있느냐에 관한 개념이다. 쉽게 팔 수 없으면 유동성이 낮은 경우이며, 이 경우 거래 용이성 확보를 위해 높은 거래비용을 지불할 것이 요구된다. 그러나 여기서 얘기하는 거래비용은 거래 수수료나 증권 거래세 등 고정된 수수료나 세금 등의 비용보다 더 복잡하다. 비용 자체가 고정된 것이 아니라 시간이나 주식의 특성에 따라 변화하는 확률 과정stochastic process으로서의 속성을 갖기 때문이다. 이를테면 경기가 좋을 때는 보통 유동성도 높지만(살 사람이 많아 팔기 쉽다), 경기 하강 시에는 대개 유동성이 낮다(살 사람이 많지 않아 주식을 파는 것이 쉽지 않다).

　주식 유동성이 주가에 어떠한 영향을 미치는지에 대해서는 많은 연구가 있고, 사실 공매도만큼이나 내가 관심을 갖고 연구하는 분야가 바로 이 분야이기도 하다. 그러나 이 장에서는 공매도와 주식 유동성이 어떻게 관련되는지만을 집중해서 살펴보기로 한다.

높은 유동성은 시장이 어려울 때 빛난다

"그 많던 유동성은 다 어디로 간 거지? 6개월 전만 해도 전 세계적으로 유동성이 너무 풍부해 유동성 가격이 거의 공짜였는데, 이젠 유동성이 전 세계 어디에도 없이 증발해버리고 나니 그 가격이 지구에서 달까지 거리의 반 정도까지나 비싸졌다고! 이보게 맥, 도대체 그 많던 유동성은 다 어디로 간 거야?"(폴 맥컬리Paul McCulley, 2007 여름, 『핌코PIMCO 투자 아웃룩』)[34]

　보유하고 있는 삼성전자 주식 100주를 급하게 팔아야 하는 경우를 생각해보자. 매도를 위해 시장가 주문market order을 내면 거의 즉시 삼성전자 주식 100주를 내다 팔 수 있다. 주식을 팔기가 이처럼 쉬운 이유는 삼성전자가 유동성이 높은 주식이기 때문이다.

그러나 보유하고 있는 주식이 삼성전자와 같은 대형주가 아니라 사람들이 잘 알지도 못하는 '듣보잡' 주식 A라고 하면 이야기는 달라진다. 매도주문의 일부는 시장가에 의해 체결되지만, 남은 물량은 그 가격에 사고자 하는 투자자가 없을 경우 시장가보다 낮은 가격에 체결될 수밖에 없다. 예를 들어 100주 중 50주만 시장가인 4만 5,000원에 팔렸다고 하자. 그리고 남은 50주는 그 가격에는 살 사람이 없어 10초 후 4만 5,000원보다 낮은 4만 4,900원에 모두 팔렸다고 하자. 두 거래 사이의 간격인 10초 동안 이 회사에 대한 새로운 정보가 아무것도 나오지 않았다면 주가가 100원만큼 떨어진 이유가 회사에 대한 부정적 정보로 인해 가격이 조정된 때문이라고는 볼 수 없다. 그럼 도대체 주가는 왜 떨어진 걸까? 이렇게 떨어진 100원은 급하게 많은 물량을 내다 팔기 위해 지불한 거래비용이나 마찬가지다. 이를 유동성 가격 또는 유동성 비용liquidity cost이라 한다.

유동성은 주식에 따라 다르기도 하지만, 같은 주식이라도 시장 상황에 따라 달라질 수 있다. 아무리 삼성전자라고 하더라도 시장 상황이 몹시 좋지 않아 사려는 투자자들이 없는 경우라면 주식 매도를 위해선 시장가보다 낮은 가격을 불러야 한다. 유동성 비용이 발생하게 되는 것이다. 시장이 약세가 될 것으로 예상되는 경우나

경제가 하강할 것으로 기대되는 경우 투자자들은 대개 자신들이 보유하고 있는 자산 중 유동성이 떨어지는 자산을 처분하고 이를 유동성이 높은 자산으로 대체하려는 경향을 보인다. 유동성이 높은 주식이 그렇지 않은 주식보다 매도하기 쉬운데 이러한 장점은 특히 약세장에서 더욱 두드러질 것이기 때문이다. 이러한 경향을 안전자산 선호flight-to-quality에 빗대어 유동성 선호flight-to-liquidity라고 부르기도 한다.

위의 예에서 보듯 유동성은 주가에 반영되는 주식의 중요한 특성치다. 그리고 공매도는 시장에 유동성을 공급한다. 공매도 덕분에 100원 깎을 걸 50원만 깎아도 주식을 팔 수 있게 된다는 얘기다. 이를 좀 더 살펴보자.

공매도는 유동성을 높인다

시장에 사고자 하는 총물량이 팔고자 하는 총물량보다 큰 경우 매수주문의 일부는 체결되지 못한 채 남게 된다. 따라서 매수주문을 체결하기 위해서는 유동성 비용을 지불해야 한다. 더 비싼 가격에 사야 한다는 뜻이다. 그러나 이때 큰 물량의 매도주문이 들어온다면 이는 체결되지 못해 남아 있는 매수 잔량(이를 매수주문 불균형buy-order imbalance이라 부른다)을 해소하는 데 큰 도움이 될 것이다. 매도 물량 덕분에 매수자는 유동성 비용을 적게 지불하거나 지불하지 않아도 된다. 이 같은 유동성 공급은 공매도의 중요한 역할 중 하나다.

그렇다면 과연 위의 예에서처럼 공매도주문은 매수주문들이 밀려 있는 경우에 나올까? 답은 '그렇다'였다. 다시 내가 디터, 워너 교수와 함께 쓴 2009년 논문으로 돌아가 보자. 우리는 체결되지 않은 매수주문들이 쌓여 있는 시기나 또는 다른 주식들보다 많은 미체결 매수주문이 있는 주식들에게 공매도가 많이 이루어짐을 엄밀한 실증연구를 통해 찾아낼 수 있었다.[35] 이는 공매도가 체결되지 않은 매수주문들을 흡수해 주문 불균형을 해소하거나 줄이는 데 도움을 준다는 것을 뜻한다. 사고자 하는 투자자들이 널려 있는 반면 팔고자 하는 투자자들이 없을 때 사고자 하는 투자자들에게 주식을 적시에 제공해주기 때문이다.

이는 당연히 유동성을 공급해주는 행위다. 왕수봉 교수와 진행한 한국 시장에서의 공매도에 대한 일련의 연구들에서도 우리는 비슷한 결과를 찾을 수 있었다.[36] 한국 시장에서 외국인 투자자들은 매수주문이 쌓여 있는 때, 그리고 매수주문이 많이 쌓여 있는 주식들에 대해 보다 많은 공매도를 통해 유동성을 공급하고 있었던 것이다.[37]

공매도가 유동성에 미치는 영향은 베버와 파가노 교수의 연구에서도 잘 드러난다.[38] 이들은 전 세계 30개 국가에서 2007년 금융위기 이후 이루어진 공매도 규제가 주식 유동성과 가격효율성에 어떤 영향을 미쳤는지 연구했다. 이 연구는 뒤에 글로벌 시장에서의 공매도를 살펴보는 장에서 다시 자세히 살펴보겠지만, 유동성에 관한 결과만을 요약하면 다음과 같다.

이들은 유동성 측정치로 매도-매수 호가 스프레드bid-ask spread를 이용했다. 스프레드가 증가하면 유동성이 떨어지는데, 이는 스프레드가 클수록 사려는 사람은 더 비싼 가격에 사야 하고 팔려는 사람은 더 싼 가격에 팔아야 하기 때문이다. 논문은 공매도 규제가 적용되는 주식들과 그렇지 않은 주식들 간 스프레드 차이가 공매도 규제 이전과 이후에 어떻게 변화했는지를 추적했다. 저자들이 발견한 것은 규제 실시 이전보다 이후에 두 주식들 간의 스프레드 격차가 확연히 커졌다는 것이다. 더 정확히 말해 공매도 규제가 적용된 주식들의 스프레드가 그렇지 않은 주식들의 스프레드에 비해 훨씬 더 많이 증가했다. 이는 공매도 규제가 큰 유동성 손실을 가져왔다는 것을 뜻한다. 그리고 이러한 발견은 어느 몇몇 샘플 국가의 경우만이 아니라 많은 나라에게서 일반적으로 나타났다. 공매도를 규제했더니 유동성이 떨어진다는 발견은 공매도가 유동성을 향상시킨다는 강력한 실증적 증거다.

공매도는
거짓말 사냥꾼이다

굳이 나쁜 기업의 예를 들지 않더라도 기업들이 공시와 관련해 꼼수를 저지르거나 거짓말 또는 애매한 말을 하는 경우는 적지 않다. 이를테면 긍정적인 뉴스를 공시할 때는 구체적인 숫자를 포함해 '올해 10%의 이익 증가가 예측된다'는 식으로 말하지만, 부정적인 뉴스는 막연하게 경제 상황의 불확실성 등을 핑계로 들며 은근슬쩍 넘어가려 드는 경우처럼 말이다.[39]

최근 발표된 논문은 사람들이 쉽게 이해할 수 있도록 공시하는, 즉 가독성readability 높은 공시를 하는 회사의 기업 가치가 그렇지 않은 회사의 기업 가치보다 높다는 것을 보여준다.[40] 어렵거나 읽기 어려운 공시 자료가 나오면 투자자들이 이를 경영자들이 뭔가 숨기고 싶어 하는 것이라고 의심하기 때문이다.

그러나 일반 투자자들이 공시 자료의 행간에 숨겨진 함의를 제대로 찾아 이해하기란 쉽지 않다. 이는 기업이 고의로 애매하게 공시할 가능성이 높은 부정적인 뉴스의 경우에 더욱 그러하다. 이러한 상황에 처해 있을 때 누군가가 친절하게 "그건 이런 의미야"라고 숨은 뜻을 알려준다면 얼마나 좋을까? 공매도를 칭찬해야 하는 또 하나의 이유가 여기에 있다.

데이비드 아인혼: 새빨간 거짓말과 공매도

데이비드 아인혼의 『공매도 X파일(원제: Fooling some of the people all of the time)』은 그의 회사인 그린라이트캐피탈이 회계부정과 사기로 얼룩진 얼라이드캐피탈Allied Capital과 수년 동안 싸워온 지난한 과정을 상세하게 보여주는 책이다. 얼라이드캐피탈은 보유자산 가치를 부풀리거나 여신 손실 가능성을 지나치게 관대하게 계상하는 등 분식회계를 통해 회사 가치를 부당하게 부풀렸다.

그러나 놀랍게도 이들의 부정행위는 당시 어떤 정부기관이나 규제 당국자에 의해서도 처벌받지 않았다. 부정행위를 꿰뚫어 본 데이비드 아인혼은 얼라이드캐피탈에 공매도 포지션을 취하고 2002년 이 회사의 불법적인 회계 관행을 미국 증권거래위원회에 고발하며 이들과의 싸움을 시작했다. 규제 당국과 의회, 이사회, 심지어 방송과 신문 등 거의 모두가 무관심했던 사기 행위에 대해 공매도 투자자가 홀로 외로운 전쟁을 시작한 것이다. 싸움의 결과

2004년 상반기에 30달러를 상회하던 얼라이드캐피탈의 주가는 2009년에 1달러 밑으로 폭락하게 된다.

데이비드 아인혼은《월스트리트저널》편집자에게 보낸 편지에서 "우리는 얼라이드에 공매도 포지션을 취하고 있기 때문에 얼라이드를 비판한 것이 아니다. 보다 정확한 이유를 말씀드리자면 얼라이드를 비판할 요인이 많기 때문에 얼라이드를 공매도하고 있는 것이다"라고 말했다.[41] 그러한 그 역시도 언론에서 공매도자로 불려지는 것은 싫었던 모양이다. "그런데 언론은 나를 '유명한 공매도자'로 지칭하기 시작했다. 나는 그런 꼬리표를 별로 좋아하지 않았다"라고 쓴 것을 보면 말이다.[42] 그의 말마따나 철자를 조금만 바꾸면 'All+Lied(새빨간 거짓말)'가 되는 상대와 싸웠음에도 불구하고 말이다.

차이나 허슬: 거대악과 맞서 싸우는 21세기 정의의 사도

2018년에 미국에서 개봉한 다큐멘터리 〈차이나허슬China Hustle〉은 불량기업임에도 불구하고 역합병reverse merger을 통해 미국 시장에 상장될 수 있었던 중국 기업들과 이들의 가치가 턱없이 부풀려져 있다는 것을 꿰뚫어 본 공매도 투자자들의 투쟁을 그리고 있다. 주인공인 투자회사 GEO인베스팅의 젊은 회장 댄 데이비드Dan David는 2008년 금융위기 와중에 높은 수익성을 찾아 중국으로 관심을 돌

다큐멘터리 〈차이나허슬〉

렸는데 중국 기업들을 자세히 들여다보던 중 미국에 상장된 많은 중국 기업들의 가치가 터무니없이 부당하게 부풀려져 있음을 알게 된다. 그는 정치권과 감독 당국이 이에 대해 아무런 제재를 가하지 않는 것에 절망하면서도 적극적인 공매도를 통해 사기꾼 세력들과 싸우기로 결심한다.

역합병은 비상장기업이 기업공개IPO를 통해 상장하는 경우 발생하는 시간과 비용을 절약하기 위해 개발된 인수합병 테크닉으로 비상장회사가 이미 미국 증권거래위원회에 등록되어 있는 껍데기 회사shell company와의 합병을 통해 상장을 도모하는 방법이다. IPO가 몇 달 혹은 몇 년까지 걸리는 데 비해 역합병을 통하면 빠른 행정 처리가 가능해 심지어 30일 만에도 상장이 가능하다고 하니 기적의 금융 테크닉이라 불러야 할 듯도 싶다. 통상적인 IPO의 경우에는 상장 주체들이 기업 상장과 자본 조달을 동시에 추구하지만 역합병의 경우에는 오로지 합병을 통한 상장에만 관심을 가질 뿐 자본 조달에는 관심이 없다는 것도 차이점이다.

다큐에 따르면 2006년부터 2012년까지 무려 400개가 넘는 중국 기업이 미국 시장에 상장되었는데 그중 80% 이상이 역합병을 통한 것이었다. 불행히도 이 다큐에서 고발하는 역합병은 시장에 사기와 음모가 난무하는 무법천지의 아노미 상태를 가져오는 프로세스에 불과하다.

다큐는 먼저 미국 시장에 상장된 중국 회사들이 실제로는 영업 활동 자체를 하지 않고 있으며, 그럼에도 불구하고 상당히 우수한 영업 실적과 건전한 자산을 보유하고 있는 것으로 포장되고 있는 것을 고발한다. 이를테면 아스팔트 포장도 제대로 되어 있지 않은 외진 곳에 공장이 위치해 있고, 그 공장 내에 기계는 절반이 고장나 작동조차 하지 않고 있으며, 공장터 주변에는 썩은 골판지들이 쓰레기처럼 널려 있는 '오리엔트 페이퍼'라는 회사가 연매출 1억 달러에 달하는 유망한 회사로 탈바꿈되어 있었던 것이다.

이들을 감사해 재무제표를 작성한 회계법인은 프라이스워터하우스쿠퍼스PWC와 같은 미국의 메이저 회사들인 것처럼 포장된다. 사실은 PWC와는 전혀 상관이 없고 이름만 비슷한 독립법인인 'PWC, China'라는 회사가 감사를 한 것인데도 말이다.[43]

이런 식으로 유망한 회사로 탈바꿈한 불량기업들은 역합병을 통해 미국 진출을 꾀하고, 이를 주도한 미국 투자회사들은 투자설명회를 통해 이들 부실기업들을 과장, 허위로 띄워주며 열심히 투자자들을 모집한다. 결국 이 회사들은 펀더멘털에 비해 턱없이 높은 가격으로 미국 시장에 성공적으로 상장되고, 역합병을 주도한 미국의 투자회사들은 주식을 팔아 엄청난 이익을 실현하게 된다는 것이 이 거대한 사기 프로젝트의 엔딩이다. 이후 실제 기업 가치가 시장에 알려지며 주가가 하락해 피눈물을 흘리는 투자자들을 뒤로 남긴 채 말이다.

21세기에, 그것도 세계 최강국인 G2 국가들에서 이런 일이 벌어진다니 놀랍기 그지없다. 그러나 이러한 사기 행각이 설령 관계 당국에 의해 적발된다 하더라도 미국의 투자은행들은 그저 얼마의 벌금을 내는 것으로 끝이고, 중국인들은 고위 공직자와의 사적인 인간관계인 '꽌시關系'를 통해 처벌만 피하면 그만이라는 것이 오히려 더 놀라운 일일 것이다.

댄은 이러한 솜방망이 처벌 때문에 투자은행들이 만약 사기 행각이 들켰을 경우 내야 할 벌금을 아예 예산에 반영한 채 작정하고 부정행위에 뛰어드는 현실을 개탄한다. 그는 아무것도 하지 않는 정치권과 규제 당국에 계속해서 이러한 현실을 알리기 위해 노력하는 한편, 공매도를 통해 이들과 싸워나간다. 이 다큐멘터리에서 공매도 투자자들은 사기와 협잡에 맞서 싸우는 정의의 사도다. 개봉을 목적으로 만든 다큐멘터리이니 다소 과장이 있을 수도 있겠지만,

공매도의 긍정적 역할을 설득력 있게 보여주고 있는 걸 부정하기는
어렵다.

늘어나는 공매도, 금융사기를 밝힌다

과연 공매도 투자자들은 금융사기financial misrepresentation가 시장에
알려지기 전에, 다시 말해 남들이 모르고 있는 때에 한발 앞서 그것
을 알고 있을까? 그래서 데이비드 아인혼이나 짐 체이노스의 예처
럼 금융사기를 시장에 알리고 공매도를 통해 투자수익을 얻는 것일
까? 공매도가 기업의 거짓말을 잡아내는 데 도움을 주는지 여부는
학계에서도 많이 연구되고 있는 주제다.

　카르포프와 그의 제자였던 루 교수는 1988년부터 2005년까지
미국 증권거래위원회에 의해 금융사기 혐의로 적발되었던 454개
회사들을 자세히 살펴보았다.[44] [그림 3-5]는 금융사기가 시장에
처음 알려지기 전과 후 각각 20개월씩 총 40개월 동안의 공매도 추
이를 보여준다(금융사기가 발표된 것은 0월이며, 그림의 가로축에서 음
의 숫자는 발표 이전, 그리고 양의 숫자는 발표 이후 개월 수를 나타낸다).
맨 위의 굵은 선은 총 공매도 잔량short interest: SI을, 그리고 나머지는
세 가지 다른 비정상abnormal 공매도 잔량(ABSI(1)~ABSI(3))을 각각
나타낸다. 여기서 비정상 공매도 잔량이란 공매도 잔량으로부터
기업 특성에 따라 예측 가능했던 만큼의 공매도 분량을 뺀 것으

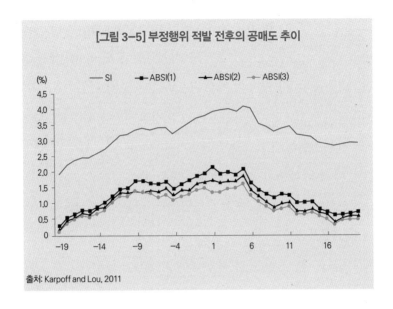

[그림 3-5] 부정행위 적발 전후의 공매도 추이

출처: Karpoff and Lou, 2011

로 기대하지 못했던 공매도 변화분을 말한다. 여기서 공매도 예측 치를 측정할 때 주식의 어떠한 특성까지 고려하느냐에 따라 다른 수치가 나오게 되어 세 가지 다른 측정치를 썼고 그림에도 세 가지 가 모두 표시되었다.

그림에서 보듯 세 가지 모두 패턴은 비슷하다. 놀랍게도 우리는 금융사기 발표 19개월 전부터 이미 공매도 투자자들이 공매도 포 지션을 꾸준히 늘려가고 있는 것을 볼 수 있다. 이는 공매도 투자자 들이 금융사기가 들통 나기 한참 전부터 그것을 올바르게 파악하 고 있었을 가능성을 보여주는 것이다. 늘어나는 공매도 수량이 앞 으로 적발될 금융사기의 전조가 되는 셈이다. 첫 번째 비정상 공매도 측정치(ABSI(1))를 통해 우리는 금융사기가 알려지기 한 달 전에 총주식 수의 1.89%를 넘어설 정도로 공매도가 크게 증가했음을 볼 수 있다. 논문에 따르면 예측 가능한 평균 공매도가 총주식 수의 약 1.65%이니 1.89%라는 수치는 비정상적인 증가분만으로도 평균치를 넘어설 정도로 공매도가 폭증했다는 것을 말해준다. 다시 말해 평소의 2배가 넘는 공매도가 한 달 전에 집중되었던 것이다!

또한 논문은 공매도 포지션이 클수록 금융사기 사건이 더 빨리 밝혀지게 된다는 것도 함께 보여주고 있다. 물론 이는 공매도 포지션이 클수록 부정적 신호가 시장에 더 빨리 전달된다는 것을 반영한 것이다. 그러나 이 논문의 결과를 금융사기를 밝히는 데 있어서 공매도가 가장 주도적인 역할을 한다는 식으로 확대해석해서는 곤란하다. 다이크, 모르스, 그리고 징갈레스 교수는 1994년부터 2004년까지 총 216개의 기업사기 사건을 연구한 결과 그중 약 3.5%에서 14.5% 정도만이 공매도에 의해 밝혀졌음을 찾아냈다.[45] 기업사기를 밝히는 데 있어서 공매도가 중요한 역할을 하고 있는 건 사실이지만 애널리스트, 내부 고발자, 규제 당국 또는 미디어보다 더 주도적인 역할을 하고 있는 건 아니라는 것이다. 물론 가장 주도적이지 않다고 해서 공매도의 역할이 미미하다고 할 수는 없다. 당연하겠지만 이들의 연구가 기업사기를 밝히는 공매도의 중요성을 폄하하는 것으로 인용되어서는 안 될 것이다.

사기꾼은 공매도를 두려워한다

공매도가 금융사기를 찾아내 고발하는 메커니즘으로 작동한다면 이번엔 질문을 약간 바꾸어 다음과 같이 던져볼 수 있다. 공매도에 의해 밝혀지는 게 두려워 경영자들이 아예 처음부터 금융사기를 칠 생각을 단념하게 될 수도 있지 않을까 하는 질문이다. 이는 공매도가 이미 저질러진 기업사기를 알리는 역할에서 한발 더 나아가 그것을 아예 사전적으로 예방하는 기능을 수행할 가능성에 대한 질문이다.

사실 재무 정보나 회계 정보를 조작하려는 인센티브 자체가 공매도에 의해 사전적으로 규제될 가능성은 충분하다. 그렇다면 이는 공매도가 기업을 더욱 투명하게 만드는 데 기여한다는 말이 되고, 따라서 당연히 공매도의 중요한 장점이 된다.

카르포프 교수는 이번에는 다른 2명의 공저자와 함께 이 질문을 파고들었다.[46] 마침 미 증권거래위원회도 이 같은 가설을 실증 분석 할 수 있는 최고의 환경을 조성해주었다. 앞에서도 소개했지만 2005년부터 2007년까지 공매도 규제 장치의 효과성을 검증하기 위해 실시한 파일럿 프로그램이 그것이다. 이 프로그램은 러셀 3000 지수의 구성 종목들 중 약 3분의 1 정도를 거래량에 따라 무작위로 선정한 후 선정된 주식들에 한해서만 업틱룰 등 공매도 관련 가격 규제를 한시적으로 면제해준 프로그램을 말한다. 이들 규제가 면제되면 공매도가 쉬워진다. 이 프로그램의 장점은 공매도

가격 규제의 적용을 받는 주식들과 그렇지 않은 주식들이 무작위로 결정됨으로 인해 공매도 비용 자체가 외생적으로exogeneously 결정된다는 점에 있다. 이게 도대체 무슨 소리인지, 어렵지만 조금 설명이 필요할 것 같다.

야구 선수들의 연봉을 결정하는 요인이 무엇일까 조사해본 결과 삼진 아웃을 많이 당한 선수일수록 연봉이 높다는 놀라운 결과가 나왔다. 그래서 선수들에게 앞으로 높은 연봉을 받기 원한다면 삼진을 많이 당해야 한다고 권유하기로 했다.

사회과학 연구에서 가장 흔한 실수는 이처럼 상관관계correlation를 인과관계causality로 잘못 해석하는 것이다. 위의 예는 상관관계와 인과관계를 혼동한 좋은 예가 된다. 저런 결과가 나온 이유는 아마도 홈런을 많이 친 타자일수록 삼진도 많이 당했던 때문일 것이다. '홈런을 많이 친'이라는 요소를 제거하고 보니 홈런과 연봉의 관계가 삼진과 연봉의 관계처럼 보인 것이다. 이제 공매도와 장부조작 정도가 음의 상관관계에 있다(공매도가 많으면 장부조작이 적다)는 증거를 찾았다고 하자. 어떤 연구자들은 이 증거를 공매도가 두려워 장부조작을 하지 않을 것이라는 그들의 주장을 뒷받침하기 위해 이용하고 싶어 할 것이다.

그러나 그런 식의 인용은 인과관계가 뒤바뀔 가능성을 제거하고 나서야 할 수 있는 것이다. 일례로 정보가 조작될 가능성이 많은 주식들에 대해 어떤 식으로든 공매도가 더 심하게 규제되는 경우를 생각해볼 수 있다. 이는 충분히 가능한 일이다. 공매도의 부정적 영향은 정보조작이 용이한 경우에 더욱 두드러질 테니 말이다. 이 경우에도 연구자들은 적은 공매도가 많은 정보조작과 관련되는, 다시 말해 공매도와 정보조작 사이에 음의 상관관계가 있음을 발견할 수 있을 것이다. 당연히 이를 공매도가 두려워 장부조작을 줄인다는 식으로 해석하면 안 된다. 실상 장부조작이 많아서 공매도가 더욱 규제되었을 뿐이기 때문이다.

이처럼 중요한 요소(규제, 홈런)를 제외하여 원인(공매도)과 결과(정보조작)가 뒤바뀌거나 엉뚱한 원인(삼진)과 결과(연봉)를 연관짓게 되는 경우, 발견된 현상에 내생성endogeneity이 있다고 얘기한다(이름에서 보듯 '외생성'과 반대 개념이다). 사회과학 실증연구가 어려운 가장 큰 이유는 이 내생성에 있다. 그러나 파일럿 프로그램의 경우처럼 공매도 규제 여부가 정보조작 가능성과는 전혀 관계없는 어떤 외생적인 요소에 의해 결정된다면 우리는 공매도가 정보조작의 영향을 받는 역의 인과관계 가능성을 제외할 수 있게 된다.

여기에 더해 파일럿 프로그램이 주식의 전부가 아니라 일부에 대해서만 공매도 규제를 제외한 덕분에 우리는 정보조작 여부가 공매도에 의해 영향받는 부분만을 추출해낼 수 있다. 공매도가 규제된 주식들과 그렇지 않은 주식들을 비교할 수 있기 때문이다. 이 장점이 얼마나 중요한 것인지는 다음의 간단한 예를 보면 된다.

이혼의 원인을 살펴보기 위해 이혼한 부부 800쌍의 데이터를 가지고 통계적 분석을 실시하였다. 분석 결과 이혼의 가장 중요한 원인은 '결혼'으로 나타났다. 800쌍의 샘플 중 단 한 쌍의 예외도 없이 모두 100% 결혼을 했었다는 놀라운 사실을 발견했기 때문이다.

이는 물론 가상의 사례다(저런 멍청한 연구자는 없다). 결혼은 이혼의 전제조건이지 원인이 아니다. 그런데 뭐가 잘못되어 저런 식의 잘못된 결론이 나오게 된 걸까? 이혼의 원인은 이혼하지 않은 부부들과 이혼한 부부들을 비교함으로써 드러나게 될 것이다. 그런데 결혼한 부부들 중 이혼하지 않은 부부들을 모두 제외하고 이혼한 부부들만 샘플로 삼았으니 잘못된 추론이 나온 것이다. 제대로 연구하려면 이혼하지 않은 800쌍도 같이 샘플에 추가해 이들을 이혼한 800쌍과 비교해야 한다. 물론 추가되는 커플들은 이혼 여부를 제외하고는 재산, 학력, 나이 등 다른 특성들이 이혼한 커플들과 비슷할수록 좋다.

파일럿 프로그램은 이를테면 공매도 규제를 받는 주식들(이혼한 커플들)과 그렇지 않은 주식들(이혼하지 않은 커플들)을 비교할 수 있게 해준다. 다시 말해 두 그룹들 간 정보조작 정도가 두 그룹들 간 공매도 규제 여부의 차이가 생긴 이후 어떻게 변했는지 비교분석할 수 있게 해준다(이를 '다름의 차이difference-in-difference'를 살펴보는 방법이라고 한다).

공매도 가격 규제가 면제된 주식들('파일럿 주식')은 그렇지 않은

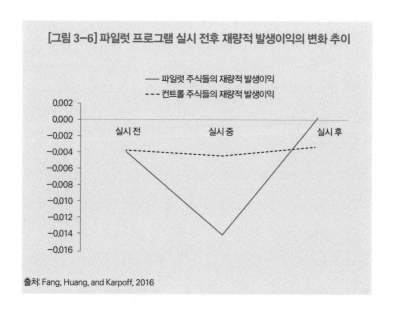

[그림 3-6] 파일럿 프로그램 실시 전후 재량적 발생이익의 변화 추이

―― 파일럿 주식들의 재량적 발생이익
--- 컨트롤 주식들의 재량적 발생이익

출처: Fang, Huang, and Karpoff, 2016

주식들('컨트롤 주식')보다 공매도하기가 더 쉽다. [그림 3-6]은 빈번하게 회계이익 조작의 근거로 악용되는 재량적 발생이익discretionary accrual이 파일럿 프로그램을 실시한 전과 후에 어떻게 변화하는지를 파일럿 주식과 컨트롤 주식을 대비해 보여준다. 파일럿 주식의 재량적 발생이익은 프로그램 실시 초반에는 컨트롤 주식보다 낮지만 프로그램이 진행되면서 증가해 프로그램 종료 이후에는 심지어 컨트롤 주식의 경우보다 더 높게 올라가는 것을 볼 수 있다. 프로그램이 끝날 무렵 재량적 발생이익이 다시 늘어나는 것은 공매도 공포에서 벗어날 경우 회계조작을 할 인센티브가 다시 살아나는 것으로 볼 수 있다. 이는 공매도 가능성이 높을 때 장부조작이 줄어들

며, 따라서 회계 정보가 더욱 투명해질 것이라는 예측이 옳았음을 보여주는 것이다.

저자들의 연구는 여기서 멈추지 않는다. 주가는 일반적으로 영업이익 자체보다 영업이익이 기대치를 넘어선 정도인 어닝서프라이즈에 대해 훨씬 크게 반응한다. 따라서 이를 이용해 주가를 부양코자 한다면 실제 영업이익이야 어쨌든 시장 기대치보다 높게 영업이익을 발표하는 것이 중요하다. 물론 영업이익을 부당하게 부풀려 발표한 것을 들킬 가능성이 작다면 말이다. 어닝서프라이즈에 조작 가능성은 실증분석에 의해 사실로 밝혀졌다. 저자들이 (조작을 들킬 가능성이 높은) 파일럿 주식들보다 (그럴 가능성이 낮은) 컨트롤 주식들에서 영업이익을 기대치보다 높여 발표하는 경향이 유의하게 높았음을 찾아낸 것이다. 이는 영업이익을 높여 발표하면 공매도가 상대적으로 더 쉬운 파일럿 주식의 경우 공매도 투자자들이 그것을 알아챌 가능성이 더 높기 때문에 일어나는 현상이다.

여기에 더해 논문이 마지막으로 제시한 실증분석 결과도 재미있다. 기업 정보가 더욱 투명하게 공개된 탓으로 파일럿 주식들은 기업사기에 연루되었을 경우 적발될 가능성이 컨트롤 주식들의 경우보다 유의하게 높았다는 점이다. 이처럼 공매도는 가격조작을 예방하는 역할을 통해 기업을 더욱 투명하게 만든다.

대리인 문제와 공매도: 공매도가 주가를 올린다?

대리인 문제agency problem란 주식회사의 주인인 주주들principal과 그들을 대리해 기업을 경영하는 경영자agent 간의 이해상충conflicts of interest 때문에 발생하는 문제를 포괄적으로 지칭하는 용어다. 이것이 문제가 되는 이유는 이러한 다툼 또는 다툼의 가능성이 자주 무시할 수 없는 비용을 일으키며(이를 '대리인 비용agency cost'이라 한다), 이로 인해 기업 가치가 하락할 수 있다는 데 있다.

대리인 비용은 경영자의 전횡을 막기 위한 감시비용monitoring cost이나 법률적 다툼이 있을 때 발생하는 소송비용litigation cost 등 비교적 이해하기 쉬운 비용들보다 훨씬 더 광범위하게 발생한다. 이를테면 해서는 안 될 사업에 굳이 투자하는 과잉투자overinvestment로 인한 비용(이는 투자비용뿐 아니라 투자로 인한 손해를 모두 포함한다)이나, 해서 이득이 될 사업에 투자하지 않는 과소투자underinvestment로 인한 비용(이는 당연히 해서 벌어들였어야 할 이득을 챙기지 못해 발행하는 기회비용이다) 등이 그 중요한 예다. 또한 분기마다 발표하는 이익을 조정해 각 분기 간 이익이 비교적 고르게 분포되도록 하는 '이익조정earnings management'도 경영자가 자의적으로 조작할 여지가 많아 자주 이슈가 되는 문제의 하나다. 그러나 이 골치 아픈 문제들도 공매도로 인해 상당 부분 줄어들 수 있다. 이는 흥미진진한 주제다.

영업이익은 많은 부분 계절적 요인에 의해 영향받는다. 여름에 아이스크림을 팔고 가을에 떡을 만들어 파는 회사가 있는데 그해 여름이 하나도 무덥지 않아 아이스크림 판매량이 지난해 동기에 비해 현저히 줄어들었다고 하자. 다행히 가을에 국가 전반적으로 경제 사정이 좋아 지난해 같은 기간에 비해 떡을 사 먹는 사람들이 월등히 많아졌다면 급감한 여름의 영업이익과 급등한 가을의 영업이익을 조금씩 '조정'해서 당해 회계연도의 영업이익 흐름을 보다 완만하게 회계장부에 기록할 수 있을 것이다. 이익조정은 이렇게 영업이익이 발표되는 매 분기마다 주가가 과도하게 출렁이는 것을 막고 주가를 안정적으로 유지하기 위해 경영자가 사용할 수 있는 중요한 방법의 하나다.

그러나 문제는 이익조정이 회계 규정이나 관습이 허용하는 범위를 넘는 경우가 꽤 많다는 데 있다. 이익조정이 이익'조작'manipulation이라 불리기도 하는 이유다. 경영자들이 이익조정을 자신의 이익에 부합하는 쪽으로 부당하게 이용하고자 하는 다양한 이유들 중 가장 대표적인 것은 인위적 주가 부양과 관련된다. 그리고 이런 경우 이익조정은 주주들을 희생시켜 경영자 이익에 도움을 주는 전형적인 대리인 문제가 된다. 부당한 이익조정으로 인해 부양된 주가는 시장이 적어도 완전히 비효율적이지 않은 이상 반드시 제자리로 돌아올 것이기 때문이다.

인시아드 경영대학원의 마사 교수와 다른 2명의 교수들은 이익조정을 '조정'하는 데 공매도가 어떤 역할을 할 수 있지 않을까 하는 고민에 빠졌다. 이들은 고민한 결과를 2015년에 발표하는데 이는 공매도와 대리인 문제에 관해 중요한 공헌을 한 논문이 되었다.[47] 내용은 간단하다. 경영자가 이익조정을 통해 주가를 부양하는 경우 이를 파악한 공매도 투자자들은 주가가 떨어지는 미래 시점에 이익을 볼 수 있도록 공매도 포지션을 늘린다. 그러나 자신이 경영하는 회사에 공매도가 늘어나는 것을 좋아할 경영자는 없다. 따라서 경영자들은 공매도가 늘어나는 상황을 회피하고자 결국 과도한 이익조정을 포기하게 된다는 것이다.

이 논문은 공매도가 경영자의 이익조정 동기를 줄임으로써 대리인 비용을 줄이는 외부적 규제 요인으로 작동할 수 있다는 것을 보여준다. 그리고 이런 사실은 미국에만 적용되는 것이 아니다. 저자들은 이와 같은 가설을 전 세계 33개국의 주식시장 데이터를 이용한 실증분석을 통해 증명해낸다. 이 논문에서는 대리인 문제를 이익조정에 집중해 살펴보았지만, 이 스토리는 비단 이익조정뿐 아니라 경영자가 쓸 수 있는 모든 과도한 주가부양책에 일반적으로 적용될 수 있다.

이 장에서 살펴본 것은 공매도가 기업의 거짓말을 감시하고 잡아내며 이를 통해 기업을 더욱 투명하게 만드는 데 도움을 준다는 것이다. 이는 기업재무의 큰 주제인 대리인 문제와 직접적으로 연관된다. 요약하면 공매도는 기업을 투명하게 만들어 대리인 문제를 줄이며, 이를 통해 기업 가치를 증진시키는 데 기여한다는 것이다. 다시 말해 공매도 '덕분에' 주가가 오를 수 있다는 얘기다. 환상적이지 않은가? 공매도가 주가를 올려준다니!

다양한 투자와
헤지 전략의 수단

공매도가 주가 하락을 기대할 때 이루어지는 투자인 것은 맞지만 이러한 가치평가valuation만이 공매도의 동기가 되는 것은 아니다. 공매도는 다른 자산의 가격변동을 헤지hedge하거나 다른 자산과의 상대적인 가격 차이를 이용하는 차익거래 수단으로도 많이 이루어지기 때문이다. 이 장에서는 가치평가 동기 이외에 공매도를 실행하는 다양한 동기들을 살펴본다.

지수차익거래: 실제 가격과 이론 가격의 차이

지수차익거래index arbitrage란 주가지수선물index futures의 실제 가격과 그 지수를 구성하는 종목들의 가격을 해당 지수를 산출하는 방식으로 가중하여 계산한 이론 가격 또는 현물 가격spot price의 차이를 이용해 투자하는 거래 기법을 말한다. 선물 가격과 현물 가격의 차이를 베이시스basis라고 부르는 것이 일반적이라 시장에서는 이를 '베이시스 트레이딩basis trading'이라고 부르기도 한다. 선물 가격이 현물 가격보다 높은 '콘탱고contango' 상황인 경우 주가지수선물을 공매도하고 현물(지수 구성종목들)을 매수하며, 반대로 선물 가격이 현물 가격보다 낮은 '백워데이션backwardation'의 경우에는 주가지수선물을 매수하고 현물을 공매도한다. 주가지수선물로는 S&P500 지수나 코스피200 지수 등이 거래량이 많고 인기가 높다.[48]

지수차익거래는 주로 컴퓨터 알고리즘을 이용한 프로그램 트레이딩program trading을 통해 이루어진다. 이론 가격과 실제 가격의 괴리를 사람이 매 순간 들여다보며 확인할 수는 없는 일이기 때문이다. 프로그램 트레이딩은 베이시스가 어느 수준이 될 경우 자동으로 주문을 내도록 프로그램되어 있어서 거래를 빠르게 이행할 수 있게 해준다. 그러나 실제 많은 금융기관이 이런 프로그램 트레이딩을 실행하는 탓에 지수차익거래에 의한 이익 기회는 갈수록 좁아지는 추세다.

지수차익거래와 같이 실제 가격과 이론 가격의 차이를 이용한 투자는 상장지수펀드Exchange Traded Fund: ETF를 이용한 거래에도 적용될 수 있다. ETF의 가격과 그 구성 종목들의 가격에 괴리가 나타나면 상대적으로 비싼 자산에 공매도 포지션을 취하고, 상대적으로 가격이 낮은 자산에 매수 포지션을 취하면 된다. 이처럼 공매도 거래는 선물 가격과 현물 가격의 차이를 이용한 차익거래에 중요하게 이용된다. 공매도가 규제되어 제대로 역할하지 못할 경우 자산 가격은 균형점을 찾지 못하고 이론 가격과 실제 가격의 비정상적인 격차는 오랫동안 극복되지 못할 것이다.

전환차익거래: 공매도 거래의 중요한 동기

아스퀴스, 파탁, 리터 교수 팀은 1988년부터 2002년까지 미국에서 공매도 거래의 가장 중요한 동기는 과대평가된 주가와 관련된 밸류에이션valuation이 아니라 전환차익거래convertible arbitrage 또는 전환사채차익거래convertible bond arbitrage였다고 주장한다.[49] 전환사채차익거래는 전환사채와 그 사채의 전환권conversion right의 대상이 되는 주식에 함께 투자하는 기법으로 전환사채에 매수 포지션을 취하고 전환권 대상 주식에 공매도 포지션을 취하는 것이 일반적이다.

이렇게 하면 주가가 내려갈 경우 전환권 가치의 하락으로 인해 전환사채 가치는 하락하게 되지만 이 손실을 주식 공매도 포지션에서 얻는 이득으로 상쇄할 수 있다. 반대로 주가가 올라간다면 주식 공매도 포지션에서는 손실을 보겠지만 전환권을 행사해 채권을 주식으로 바꾼 후 주가 상승 이득을 챙겨 그 손실을 메꿀 수 있다. 다만 전환사채차익거래가 위험의 헤지를 항상 보장해주는 것은 아니다. 주가가 오르면서 전환사채 가치가 떨어지는 경우도 있기 때문이다.

합병차익거래: 제일모직과 삼성물산, 그리고 엘리엇

"지난 5월 말 제일모직과 삼성물산의 합병이라는 빅 이벤트가 발생하자 헤지펀드 매니저들은 차익거래 기회를 잡기 위해 분주했다. 합병 비율은 정해져 있는데 이와 무관하게 제일모직의 주가가 일시적으로 급등을 한 것. 합병 비율을 계산하면서 적정주가를 정확히 따져보는 매니저들과 달리 막연하게 양사의 합병으로 제일모직이 득을 볼 것이라고 여긴 다수 투자자들은 합병 소식과 동시에 제일모직 주가를 끌어올렸다. 결국 주가가 합병 비율에 따라 수렴할 것이라고 여긴 헤지펀드 매니저들은 제일모직에 대해 대거 숏 포지션을 취하고, 삼성물산에 대해서는 롱 포지션을 취했다. 이 같은 차익거래를 통해 얻을 수 있는 수익을 3% 수준으로 파악했다. 우연찮게도 이후 미국 헤지펀드인 엘리엇이 삼성물산의 가치가 너무 낮게 산정되었다며 합병 반대에 나선 영향으로 삼성물산 주가는 급등했고, 헤지펀드들은 차익거래를 통해 기대했던 이상의 수익을 낼 수 있었다."("기업 이벤트는 헤지펀드 차익거래 기회", 더벨, 2015. 12. 14)

합병차익거래merger arbitrage는 기업의 인수합병이라는 이벤트를 통해 차익거래를 실현하는 일종의 이벤트 주도event-driven 투자전략이다. 성공적인 인수합병을 위해 인수가격acquisition price은 보통 타깃회사target firm의 시장가격보다 높게 책정되며 인수가격 제시 이후에도 타깃회사의 시장가는 합병 성공 여부가 확실치 않음으로 인해 인수가격보다 낮게 유지되는 게 보통이다.

따라서 합병 계획이 발표되면 높은 인수가격 제시로 인해 인수 회사acquiring firm 주가는 하락하고 타깃회사 주가는 상승하는 것이 일반적이다. 그래서 차익거래자는 타깃회사 주식을 매수하고 동시에 인수회사 주식을 공매도하게 된다. 합병이 성공할 경우 타깃회사 주식은 인수회사 주식으로 교환되고 차익거래자들은 이렇게 교환된 주식으로 인수회사에 취했던 공매도 포지션을 커버하면 된다. 그러나 합병차익거래는 합병이 실패할 위험이 있으므로 무위험차익거래라고 할 수는 없다.

위에서 인용한 기사에 나온 삼성물산과 제일모직의 합병 사례를 통해 합병차익거래를 보다 자세히 살펴보자.[50] 2015년 5월 26일, 삼성물산과 제일모직의 합병 비율이 1 대 0.35로 발표된다. 삼성물산 주식 100주를 제일모직 주식 35주와 교환할 수 있도록 한 것이다. 이는 삼성물산 주식 100주의 가치가 제일모직 주식 35주의 가치와 같다는 뜻이므로 당연히 두 주식의 상대가격은 이 비율을 유지하도록 결정되어야 한다. 다시 말해 삼성물산 주가가 제일모직 주가의 35% 수준에서 결정되어야 하는 것이다. 그러나 엘리엇은 이 비율이 마음에 들지 않았고 삼성물산의 가치가 너무 낮게 산정되었다며 결국 합병에 반대하고 나섰다. 이에 따라 합병이 무산될 위험이 커졌고 삼성물산 주가는 큰 폭으로 상승해 제일모직 주가의 36% 이상을 유지하게 되었다. 이런 경우 가격이 오른 삼성물산 주식 100주를 공매도하고 제일모직 주식을 35주 매수하는 합병차익거래를 생각해볼 수 있다. 합병이 예정대로 1 대 0.35의 비율로 성사되면 사들인 제일모직 주식 35주를 삼성물산 주식 100주로 바꾸어 공매도 포지션을 청산하면 된다. 물론 합병이 실패할 경우 이러한 합병차익거래가 수익을 보장하는 것은 아니지만 말이다.

주식은 대여시장이 있어 다른 상품들보다 공매도하기가 용이한 편이다. 따라서 위의 예에서처럼 다양한 동기에서 비롯되는 여러 공매도의 주된 대상이 된다. 그런데 만약 대여시장이 존재하지 않는 상품의 가치가 고평가되어 있다면 어떻게 투자해야 할까? 이를테면 과열된 주택시장처럼 말이다. 집을 통째로 빌려와 공매도하고 이후에 다시 주택을 사서 갚는다? 이게 가능한 일일까?

빅숏: 주택을 공매도하다?

2015년에 개봉된 영화 〈빅숏Big Short〉은 마이클 루이스Michael Lewis가 지은 동명의 저서를 영화화한 것으로 2000년대 중후반 과열된 미국 주택시장이 폭락할 것을 예측하고 이에 베팅한 여러 투자자들의 이야기를 담고 있다. 많은 다른 투자자들의 비웃음에도 불구하고 자신들의 분석을 철저하게 믿고 과감히 투자하는 영화 속 캐릭터들이 꽤 인상적인 영화다. 쟁쟁한 배우들의 훌륭한 연기 덕분일 수도 있겠지만 아마도 당시의 투자자들이 실제로 그러했기 때문일 가능성도 작지 않을 것이다. 모두가 가격이 오른다고 할 때 모든 걸 잃을 위험을 무릅쓰고 가격 하락에 베팅하는 건 확실히 아무나 할 수 있는 일은 아닐 테니 말이다.

주택시장이 과열되었다고 주택을 공매도할 수는 없다. 공매도를 위해 주택을 빌려주는 주택대여시장이 없기 때문이다. 따라서 투자자들은 주택저당증권Mortgage-Backed Security: MBS과 신용부도스왑 Credit Default Swap: CDS, 그리고 부채담보부증권Collateralized Debt Obligation: CDO 등의 파생상품들을 이용했다.

우리나라에서는 집을 살 때 매수할 집을 담보로 제공하고 은행에서 돈을 빌리는 것이 일반적이지만 미국에서는 주택담보대출을 전문으로 하는 회사들이 따로 있다. 바로 모기지 회사들이다. 모기지 회사들이 태생적으로 갖는 중요한 문제의 하나는 모기지론, 즉 대부분의 주택담보대출이 20~30년을 훌쩍 넘기는 장기 대출이라는 데 있다. 이는 채권자인 모기지 회사들이 몇십 년을 기다려야만 대출을 모두 상환받을 수 있다는 것을 뜻한다. MBS는 모기지론을 증권화securitization하여 이 문제를 해결했다. 예를 들어 30년 만기 주택 융자금 100만 달러를 1만 장의 100달러짜리 증권으로 만들어 금융시장에 내다 팔면 모기지 회사들은 30년을 기다릴 필요 없이 즉시 자금을 회수할 수 있다. MBS는 이렇게 주택자금시장에 엄청난 유동성을 가져다준 증권이다.

반면 CDS는 주택시장의 거품이 꺼지는 하락장에 베팅하는 일

종의 보험상품이라 보면 된다. 이 상품에 투자하면 주택 가격이 하락할 때 이득을 보게 되니 주택시장에 공매도 포지션을 취한 것과 같은 효과를 누릴 수 있다. 게다가 CDS를 매입한 투자자들은 CDS 프리미엄을 지불해야 하긴 했지만 숏 커버링 시점까지 매일 주식대여 수수료를 내야 하는 공매도 비용을 절약할 수 있었다.

CDO는 다소 복잡하긴 하지만 신용위험이 다른 여러 개의 MBS를 한데 묶어 파는 상품 정도로 이해하면 된다.[51] 당시 시장에선 위험이 서로 다른 여러 종류의 MBS들이 동시에 한꺼번에 부도가 날 확률이 거의 없다고 생각했으므로 CDO 역시 안전한 자산으로 간주되었고, 따라서 비싼 가격에 거래되었다. 특징적인 것은 CDO를 구성하는 MBS들의 조합을 신용등급별로 떼어내 팔 수 있었다는 점이다. 이 같은 특성을 이용해 금융위기 직전 CDO의 AA 신용등급을 구성하는 채권들조차 과대평가되어 있었음을 파악한 투자자들은 이들에 매도 포지션을 취해두었고 이후 주택시장의 버블이 꺼지자 큰 수익을 올릴 수 있었다. 월가의 탐욕에 수많은 비난이 쏟아졌지만 주택 관련 자산들을 다양하게 증권화한 것이 투자자들에게 주택시장 하락에 베팅할 기회를 제공한 것은 부정할 수 없는 사실이었다.

이 파트에서는 공매도에 대해 잘못 알려진 다양한 면들을 조목조목 살펴보았다. 어느 경우에나 마찬가지겠지만 오로지 장점만 또는 단점만 갖고 있는 제도나 규칙은 없다. 이 파트에서 많은 순기능을 살펴보긴 했지만 공매도 역시 많은 문제점을 갖고 있는 것은 사실이다. 중요한 것은 장점과 단점의 상대적인 크기다. 참새는 벼를 갉아먹지만 수많은 해충들의 천적이 됨으로써 해충들의 공격으로부터 농작물을 보호한다. 따라서 참새는 해로운 새가 아니다. 해로운 새라며 참새를 가리켰던 손가락이 중국 근현대사를 어떤 흑역사로 썼는지 안다면 공매도를 해로운 제도라 매도하는 것도 이제는 그만두어야 한다. 공매도를 천적으로 삼는 수많은 해악들이 판치는 것을 원치 않는다면 말이다.

4부

공매도는 반드시 필요하다

글로벌 주식시장에서 답을 찾다

・・・

한국 공매도를 연구하고 개선 방안을 찾는 데 효과적인 방법은 세계 각국의 공매도에 대해 살펴보는 것이다. 국가별 비교 또는 공매도 관련 규제의 변동 전후를 비교함으로써 의미 있는 데이터를 발견할 수 있다. 4부에서는 세계 각국 주식시장에서 공매도가 어떻게 이루어지고 있는지를 살펴보면서 한국의 공매도 제도가 순기능을 극대화하는 데 필요한 지식과 교훈을 발견하고자 한다.

공매도와 가격효율성에 대한 글로벌 실증연구

공매도 규제가 가격효율성에 미치는 영향을 한 국가 내에서 연구하는 경우 연구자들이 자주 맞닥뜨리는 어려움은 보통 규제 자체가 그 국가의 모든 주식에 동시에 적용된다는 사실에서 비롯된다. 이렇게 되면 규제 효과를 규제가 적용이 안 되는 경우와 비교해서 설명하기가 어려워진다. 이런 경우 보통 공매도 규제가 변화함에 따라 가격효율성이 어떻게 변화하는지를 시간의 흐름에 기대어 살펴보거나 또는 거래비용을 공매도 규제의 대체변수로 보고 주식별로 다른 공매도 거래비용이 주식들 간 주가 차이를 어떻게 설명하는지를 연구해야 한다.

그런데 연구를 글로벌 주식시장으로 확장하면 나라마다 다른 공매도 규제 차이를 직접적으로 이용해 공매도 규제가 가격에 미치는 영향을 연구할 수 있어 유리하다. 물론 이 경우 연구 데이터의 품질이 아무래도 미국이나 한국의 경우보다 떨어진다는 점은 그 대가로 생각해 감수해야 한다.

공매도가 가격효율성을 높이는 데 도움을 주는 것이 사실이라면 가격효율성은 공매도가 금지된 국가에서보다 허용된 국가에서 더욱 높아야 한다. 그리고 부정적인 정보는 공매도가 금지된 국가에서보다 허용된 국가에서 더욱 빨리 가격에 반영되어야 한다. 과연 그럴까? 브리스, 고에즈만, 주 교수는 전 세계 46개국의 공매도 시장을 분석해 공매도와 시장효율성에 관한 중요한 논문을 2007년에 발표한다.[1]

뒤에 나오는 [그림 4-1]은 가격효율성이 공매도 규제 여부와 어떤 관계를 갖고 있는지를 국가별로 요약해 보여준다. 이 중요한 주제를 하나의 그림으로 나타내 보여주니 간편하긴 하지만 이 그림을 이해하기 위해서는 약간의 설명이 필요하다. 그림에서 붉은색의 네모로 표시된 국가들은 공매도가 규제되는 국가들을 나타내고, 옅은 색 원으로 표시된 국가들은 공매도가 허용되는 국가들을 나타낸다. 홍콩, 말레이시아, 노르웨이, 스웨덴, 타이는 그림에 두 번씩 나타나는데 이는 이 국가들이 공매도 허용 여부를 샘플 기간 동안 바꾼 탓에 허용과 규제 모두에 해당하기 때문에 그렇다.

그림의 가로축은 시장수익률의 왜도skewness를 나타내고, 세로축은 잠시 후에 설명할 특정한 상관관계의 측정치를 보여준다. 시장수익률의 왜도는 각 국가의 시장수익률(정확히는 수익률에 1을 더해 자연로그를 취한 값)이 평균에서 벗어나 양(평균보다 큰 경우)이나 음(평균보다 작은 경우)의 극단값을 갖는 정도가 얼마나 심한지를 측정한 수치다. 음수이면서 절댓값이 클 경우(그래프에서 좀 더 왼쪽에 위치) 수익률이 폭락할 가능성이 높다는 뜻이다.

대체적으로 보아 공매도가 금지된 국가들이 그림의 오른쪽에 위치하고 있고 공매도가 허용된 국가들이 왼쪽에 위치하고 있는 것을 볼 수 있다. 이는 공매도를 허용하면 시장이 폭락할 가능성이 높다는, 많은 규제 당국자들의 믿음에 부합하는 결과다. 이러한 믿음은 서브프라임 금융위기 기간 동안 미국뿐 아니라 여러 나라에서 실제로 공매도를 한시적으로 금지한 이유가 되었다. 음의 왜도값, 즉 높은 주가 폭락 가능성은 공매도를 허용함으로써 얻는 가격효율성 증가 혜택에 대한 비용인 셈이다.

상관관계를 이용한 가격효율성의 측정

시장에 나온 정보는 보통 당일 시장수익률에 영향을 준다. 만약 정보가 긍정적인 것이라면 시장수익률은 오를 것이고, 부정적인 것이라면 떨어질 것이다. 예를 들어 미·중 무역전쟁이 해결될 기미가 보인다는 뉴스에는 코스피 지수가 오르겠지만, 악화될 것 같다는 뉴스가 나오면 지수가 떨어지는 것처럼 말이다. 그리고 어떤 주식이 가격효율성이 무척 낮아서 뉴스가 반영되는 데 일주일이 걸린다면 그 주식의 주가는 일주일 후에야 오르거나 떨어질 것이다.

그렇다면 주식의 가격효율성을 데이터를 이용해 어떻게 측정할 수 있을까? 연구자들은 상관관계를 이용한 측정치를 즐겨 쓴다. 거시적 뉴스는 오늘 나왔지만 이 정보가 반영되는 데 일주일이 걸리는 주식이라면 오늘의 시장수익률과 일주일 후의 주가수익률의 상관관계가 유의하게 나올 가능성이 크다. 뉴스가 나온 당일에는 시장수익률과 주가수익률이 별 관련이 없겠지만 말이다. 만약 어느 주식이 정보 반영이 빨라 뉴스가 나온 당일에 정보가 주가에 반영이 된다면 상관관계는 당연히 같은 날의 수익률들에 기반해 측정할 경우 더 높게 나올 것이다.

이처럼 정보 반영 속도는 개별 주식수익률이 어느 정도의 시간차(이를 '래그lag'라고 한다)를 두고 시장수익률과 상관관계를 갖는지를 측정해보면 알 수 있다. 여기서 일주일이라는 시간차는 다분히 임의적이다. 그러나 어느 정도 효율성이 보장되는 시장이라면 이를 정보가 반영되는 데 걸리는 시간의 최대치로 삼기에 크게 무리는 없다. 만약 정보 반영이 빠른 주식이라면 시장 정보가 일주일 이내에 충분히 가격에 반영될 것이기 때문에 일주일의 래그에 기반한 상관관계는 그다지 크지 않을 것이다. 그러나 정보 반영이 느린 주식이라면 시장에 도착한 정보가 일주일 동안 매일 조금씩만 가격에 반영될 것이기 때문에 이 상관관계는 꽤 큰 값을 가질 수 있다. 이처럼 일주일 동안의 래그에 기반한 상관관계 측정치는 값이 클수록 정보 반영이 느리다는, 즉 가격효율성이 낮다는 것을 뜻한다.

우리가 관심을 갖는 건 시장에 나오는 정보 중 특히 부정적 정보가 개별 주식들의 가격에 반영되는 속도가 공매도 허용 여부와 유의한 관계를 갖고 있는지의 여부다. 다시 말해 부정적 정보가 긍정적 정보보다 가격에 더 빨리 적용되는지의 여부가 공매도 규제와 관련이 있는지를 살펴보고 싶은 것이다. 이를 위해서는 시장수익률과 주식수익률의 상관관계 공식을 약간 수정해야 한다. 시장수익률 자체를 음의 값을 갖는 경우(부정적 정보)와 양의 값을 갖는 경우(긍정적 정보)로 나누어야 하기 때문이다. 물론 이는 긍정적 정보에는 시장수익률이 오르고(시장지수 상승) 부정적 정보에는 시장수익률이 하락하는 것을 이용해 정보의 종류를 분리하기 위함이다.

이제 일주일 전의 양 또는 음의 시장수익률이 금주의 주식수익률과 어떤 상관관계를 갖는지 측정한다. 편의상 양의 시장수익률과의 상관관계를 상승 시 또는 긍정적 정보와의 상관관계(U), 그리고 음의 시장수익률과의 상관관계를 하락 시 또는 부정적 정보와의 상관관계(D)라 하자. 이렇게 계산된 두 상관관계의 차이, 즉 부정적 정보와의 상관관계에서 긍정적 정보와의 상관관계를 뺀 값(D-U)이 양의 값을 갖는다면 이는 긍정적 정보보다 부정적 정보가 더 느리게 반영됨을 뜻한다. 이 상관관계들은 물론 개별 주식별로 측정된다. 이제 그림을 보면서 이를 좀 더 자세히 살펴보자.

[그림 4-1]의 세로축은 부정적 정보와의 상관관계에서 긍정적

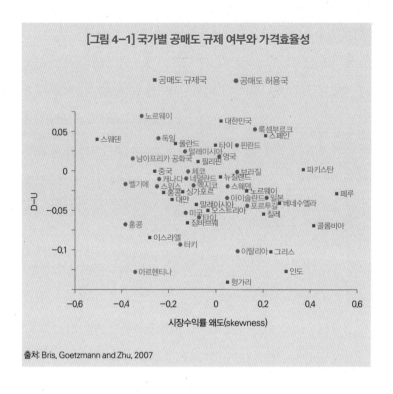

[그림 4-1] 국가별 공매도 규제 여부와 가격효율성

■ 공매도 규제국   ● 공매도 허용국

출처: Bris, Goetzmann and Zhu, 2007

정보와의 상관관계를 뺀 값(D-U)을 그 국가 내의 모든 개별 주식
을 통틀어 평균 낸 것이다. 우선 눈에 띄는 것은 음의 값을 갖는 국
가들이 양의 값을 갖는 국가들보다 훨씬 많다는 것이다. 이는 부정
적 정보가 긍정적 정보보다 대개 더 빨리 가격에 반영된다는 것을
보여준다. 주가 급락 시 흔히 나타나는 패닉panic 현상을 생각해보면
이는 그리 놀라운 일이 아니다(여기서 우리는 거시적 정보의 가격 반영
을 다루고 있다. 이를 기업고유위험이 가격에 반영되는 경우와 비교해서는
곤란하다. 기업고유위험의 경우 경영자들이 부정적 정보를 최대한 숨기려

함으로써 오히려 반영이 늦어질 수 있다. 모든 투자자에게 동시에 전달되는 거시적 정보의 경우는 이것과 당연히 구분되어야 한다).

그럼 이 같은 뉴스 반영 속도의 불균형이 과연 공매도 규제와 관련이 있는 것일까? 그림은 공매도를 허용하는 국가들이 0보다 아래쪽에 분포하는 경우가 많음을 잘 보여주고 있다. 이는 공매도를 허용할 경우 부정적 정보가 더 빨리 반영되는 것을 보여주는 것이다. 달리 말해 공매도 규제는 부정적 정보가 빠르게 반영되는 것을 막아 주가가 효율적이 되는 것을 방해한다는 말과 같다. 이 논문은 이와 같은 사실이 미국뿐 아니라 전 세계적으로 적용되는 것임을 보여준다.

주식대여시장을 통한 공매도 규제

공매도 규제가 법률적인 장치를 통해서만 이루어지는 것은 아니다. 비법률적 채널을 통한 규제도 많기 때문이다. 예를 들어 주식을 빌려주는 대주거래와 대차거래 활성화 여부는 법률보다는 시장에 의한 공매도 규제 메커니즘으로 볼 수 있다. 공매도 법적 규제가 설령 전무하다손 치더라도 빌려올 수 있는 주식 물량이 아주 작은 수준에 그친다면 공매도 거래가 활발하게 이루어지는 게 불가능할 것이기 때문이다.

그렇다면 실제로 도대체 얼마만큼의 주식들이 공매도를 위한 대

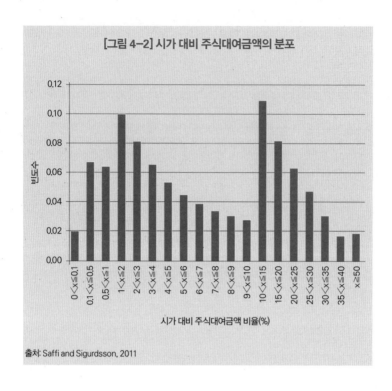

[그림 4-2] 시가 대비 주식대여금액의 분포

빈도수

시가 대비 주식대여금액 비율(%)

출처: Saffi and Sigurdsson, 2011

주거래 또는 대차거래에 이용되고 있는 것일까? 만약 주식대여시장
이 공매도 규제의 또 다른 측면을 보여주는 변수가 될 수 있다면 가
격효율성이 주식대여시장 상황과도 유의하게 관련되어 있지 않을
까? 바로 사피와 시거드슨 교수가 주목한 부분이다.[2] [그림 4-2]는
2004년부터 2008년까지 26개국 1만 2,600여 주식의 공매도를 분
석한 그들의 논문에서 가져온 것으로 주식별 시가총액 대비 주식대
여금액 분포를 보여주고 있다. 그림을 보면 주식대여가 제한되는 경
우가 작지 않다는 것을 알 수 있다. 이는 샘플 주식의 약 4분의 1 정

도는 시가의 2%도 되지 않는 분량만이 대여되고 있고, 그 비율이 10%가 되지 않는 경우도 절반을 훌쩍 넘는다는 점에서 볼 수 있다.

제한된 주식 공급은 당연히 공매도 투자를 제한한다. 따라서 낮은 주식대여금액 비율은 낮은 가격효율성과 연관될 것이다. 그리고 이 가설은 실증분석을 통해 이 논문에서 사실로 증명되었다. 이는 해당 주제에 대해 서로 다른 측량치와 서로 다른 샘플 기간, 그리고 여러 다른 국가의 샘플을 이용했던 기존 연구들과도 부합하는 결과다. 저자들은 여기에 더해 공매도 제한이 완화되는 경우(주식대여가 늘어나는 경우)에도 가격이 폭락한다거나 하는 증거는 찾을 수 없음을 보여주었다.

금융위기를 더 키운
'공매도 금지'

공매도 투자자들은 거의 항상 누군가로부터 욕을 먹고 있지만 금융위기 기간 동안에는 특히 더 많은 비난을 받는다. 주가가 떨어져 손해가 커졌을 때 이를 떠넘겨 비난하고 싶은 누군가 또는 무엇인가가 사람들에게 필요한 이유도 있겠지만, 많은 사람이 공매도가 가뜩이나 어려운 경제 실정에 기름을 부어 경제를 더욱 깊은 수렁에 빠뜨린다고 믿기 때문이다.

이러한 믿음은 일반인들뿐만 아니라 전문가들에게도 많이 퍼져 있는데 2008년 금융위기 당시 미국 증권거래위원회 위원장이었던 크리스토퍼 콕스Christopher Cox도 예외는 아니었다. 리먼브라더스 쇼크가 벌어진 지 채 일주일도 되지 않은 2008년 9월 19일 그는 이렇게 말했다.

금융 주식들에 대한 긴급한, 한시적인 공매도 금지 명령은 시장을 정상 상태로 끌어올리는 데 도움이 될 것이다.[3]

당시 공매도를 한시적으로 규제했던 나라들은 미국뿐만이 아니었다. 프랑스, 독일, 스페인, 영국, 이탈리아 등 유럽 국가들과 한국, 일본 등 아시아 국가들, 북미의 캐나다 그리고 호주, 뉴질랜드까지 많은 나라가 공매도 규제에 한꺼번에 나섰기 때문이다. 당시의 경쟁적인 공매도 규제는 국가마다 그 정도와 시기, 방식 등에 약간씩 차이가 있어 연구자들에게는 공매도 관련 연구를 실행할 좋은 기회를 제공했다. 공매도가 금지된 주식들과 그렇지 않은 주식들, 그리고 공매도가 금지되었던 기간과 규제가 풀린 기간 등 다양한 횡단면적 또는 시계열적 비교와 검토를 통해 공매도의 다양한 측면을 연구할 수 있었기 때문이다. 그중 전 세계 30개 주요국에서 당시에 이루어진 한시적인 공매도 규제를 파고들어 공매도 규제가 주식 유동성과 가격효율성에 미치는 영향과 함께 과연 가격 폭락을 막는 데에도 price support 효과적이었는지를 살펴본 한 연구를 소개한다.[4]

공매도 금지로 유동성을 잃다

우선 주식 유동성에 관한 연구 결과부터 살펴보자. 앞에서 살펴보았지만 공매도는 시장에 유동성을 공급하는 순기능을 갖고 있다.

주식을 사고자 하는 투자자들의 수요를 매도주문을 통해 채워주기 때문이다. 유동성을 측정하는 데 자주 쓰이는 측정치가 바로 매도-매수 호가 스프레드다. 공매도 규제가 적용되는 주식들과 그렇지 않은 주식들의 스프레드가 공매도 규제 이후 어떻게 변화하는지를 살펴보면(앞에서 이미 언급한 '다름의 차이'를 살펴보는 방법이다), 규제가 유동성에 미친 영향을 알 수 있다. 결과는 [그림 4-3]에 나타나 있다. 맨 위의 선은 공매도가 규제된 주식들의 평균 스프레드를, 중간 선은 공매도 규제가 적용되지 않은 주식들의 평균 스프레드를, 그리고 맨 아래의 선은 이 두 그룹들 간의 스프레드 차이를 보여주고 있다(그림에서 스프레드는 왼쪽 축을, 그리고 스프레드 차이는 오른쪽 축을 참고해야 한다). 가로축은 시간을 나타내는데 0은 공매도 규제가 시행된 날을 나타내고 음의 값은 규제 시행 전 며칠을, 그리고 양의 값은 규제 시행 이후 며칠이 지났는지를 나타낸다.

그림은 규제 시행 전후 50일 정도의 기간 동안 스프레드가 어떻게 움직였는지를 추적해 보여주고 있다. 우선 규제 시행 이후 공매도 규제가 적용되는 주식이나 그렇지 않은 주식이나 모두 스프레드가 증가하는 것(유동성이 떨어지는 것)을 볼 수 있다. 위기 상황에 유동성이 떨어지는 것은 일반적인 현상이니 이것은 전혀 이상한 것이 아니다. 그러나 중요한 것은 규제를 받는 주식들과 그렇지 않은 주식들 간 스프레드 차이의 변화다.

그림은 맨 위의 두 선을 보아서는 분명치 않던 스프레드 차이가

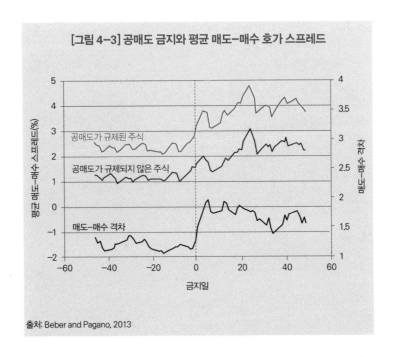

[그림 4-3] 공매도 금지와 평균 매도-매수 호가 스프레드

공매도가 규제된 주식

공매도가 규제되지 않은 주식

매도-매수 격차

금지일

출처: Beber and Pagano, 2013

규제 실시 이전보다 이후에 증가했음을 명확하게 보여준다. 이는 두 그룹의 주식들 모두 유동성 하락을 경험했지만 규제가 적용된 주식들이 그렇지 않은 주식들에 비해 훨씬 더 많은 유동성 하락을 겪었음을 나타내는 것이다. 이는 공매도 규제가 유동성 하락을 가져온다는 증거다. 결국 공매도가 유동성에 미치는 긍정적 효과를 다시 한번 증명하고 있는 셈이다.

[그림 4-3]에서 평균 스프레드는 주식들의 국적을 무시하고 계산된 것이다. 따라서 규제가 미치는 효과가 사실상 겨우 몇몇 국가에서만 비롯되었을 가능성을 배제할 수 없다. [그림 4-4]는 이 같은

가능성을 반박하기 위해 공매도 금지가 매도-매수 호가 스프레드의 변화에 미친 영향을 국가별로 보여주고 있다. 그림에서 막대는 스프레드 변화(%)를 공매도 금지 더미변수dummy variable에 회귀분석한 후 얻은 계수coefficient를 나타낸 것으로 길이가 길수록 공매도 금지로 인한 스프레드 증가(유동성 손실)가 컸음을 나타낸다. 공매도 금지 더미변수는 두 종류가 사용되었는데 차입공매도는 허용되었으나 무차입공매도만 금지된 경우를 위한 더미변수(그림에서 왼쪽에 붉은색으로 표시된 11개 막대)와 차입공매도까지 모두 금지된 경우를 함께 고려한 더미변수(오른쪽에 회색 10개 막대)들이 그것이다.

[그림 4-4]는 한시적인 공매도 금지로 인한 유동성 손실이 한두 국가에 집중되어 일어난 것이 아니라 많은 국가에서 공통적으로 일어난 것임을 잘 보여준다. 국가마다 차이는 있지만 유동성 손실 정도는 결코 만만치 않다. 공매도 금지로 인해 유동성 측면에서 가장 큰 손해를 본 국가는 이탈리아다.

그림은 '무차입공매도만 금지했거나, 차입공매도까지 모두 금지했거나'를 막론하고 이탈리아가 가장 큰 유동성 손실을 입었다는 사실을 긴 막대그래프를 통해 잘 보여준다. 공매도 금지 때문에 스프레드는 무려 3% 이상 증가했다. 이는 이탈리아에서 주식을 사고팔 때 가격의 3%에 해당하는 만큼의 거래비용을 추가로 냈어야 했다는 말이다. 이탈리아 이외에도 오스트레일리아, 덴마크, 스위스, 노르웨이 등에서 유동성 손실은 큰 편이었다. 반면 미국과 영국, 스

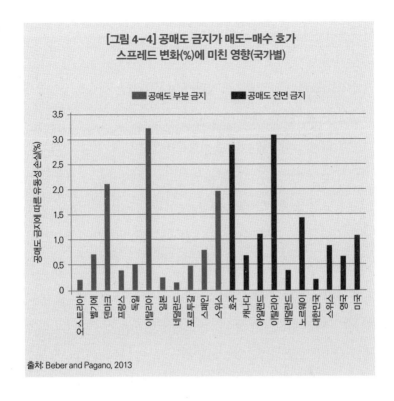

[그림 4-4] 공매도 금지가 매도-매수 호가
스프레드 변화(%)에 미친 영향(국가별)

■ 공매도 부분 금지   ■ 공매도 전면 금지

출처: Beber and Pagano, 2013

페인 등은 위의 나라들에 비해 유동성 손실이 적은 편이었다. 통계
적으로 유의하기는 했지만 말이다.

　이 그림이 주는 교훈은 명확하다. 글로벌 금융위기 상황에 시장
을 보호할 목적으로 이루어진 공매도 규제가 가뜩이나 심각한 유
동성 문제를 치유하기는커녕 오히려 더욱 악화시켰다는 것이다. 따
라서 비난은 공매도가 아니라 공매도를 규제한 정책이 받아야 마땅
했다. 엉뚱한 범인을 두들겨 팬 것이다.

공매도 규제는 가격 폭락을 막는다?

그럼 가격효율성 측면은 어떨까? 앞에서 자세히 살펴본 상관관계 측정치들을 다시 떠올려보자. 결과만 요약하자면 공매도 규제의 적용을 받는 주식들의 경우 부정적 정보가 가격에 반영되는 속도가 그렇지 않은 주식들에 비해 유의하게 느렸던 것으로 나타났다. 공매도 규제가 가격효율성을 떨어뜨린다는 앞의 연구들과 다르지 않은 결과다. 자, 그럼 이제 아마도 가장 큰 관심사일 주제, 과연 공매도 규제가 가격 폭락을 막는 데 도움이 되었는지 여부를 살펴보기로 하자.

[그림 4-5]와 [그림 4-6]은 공매도 규제 이후 규제가 적용된 주식들과 그렇지 않은 주식들의 누적수익률이 어떻게 변화하고 있는가를 미국과 미국 이외의 국가들을 구분해서 보여주고 있다. 이렇게 그림을 따로 그린 이유는 미국의 경우 공매도 규제 시기가 당시에 시행되었던 구제금융 프로그램인 TARPTroubled Asset Relief Program 와 맞물려 있어 이러한 구제금융이 시행되지 않았던 다른 나라들과 구분할 필요가 있었기 때문이다. 먼저 미국의 경우를 살펴보자.

[그림 4-5]에서 위쪽에 보이는 선은 공매도 규제가 적용된 주식들의 누적수익률을 나타내고 아래쪽 선은 그렇지 않은 주식들의 누적수익률을 나타낸다. 규제를 받는 주식들의 가격이 그렇지 않은 주식들의 가격보다 규제 이후 훨씬 큰 폭으로 올랐다는 것을 알 수 있다. 이는 공매도 규제가 가격 폭락을 방지하고자 한 애초의 목

적을 이루어내는 데 효과가 있었다는 것처럼 보인다. 그러나 그림만으로는 이와 같은 효과가 구제금융의 효과인지, 아니면 공매도 규제 효과인지 확실히 알 수 없다. 공매도 규제를 받은 금융회사들은 또한 TARP 구제금융의 수혜자들이었기 때문이다. 따라서 저자들은 이를 좀 더 엄밀한 회귀분석의 틀에서 다시 분석해보았고 [그림 4-5]가 보여준 바와 다르지 않은 결과를 얻었다. 결국 저자들은 미국 시장에서는 공매도 규제가 가격을 지지하는 데 효과가 있었다고 결론 내렸다.

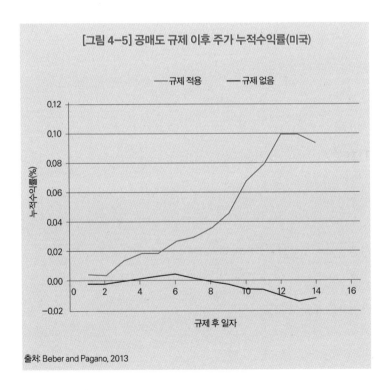

[그림 4-5] 공매도 규제 이후 주가 누적수익률(미국)

출처: Beber and Pagano, 2013

그러나 미국을 제외한 다른 나라들의 경우는 달랐다. 앞의 그림에서처럼 [그림 4-6]에서도 붉은색 선은 공매도 규제가 적용된 주식들의 누적수익률을, 그리고 검은색 선은 그렇지 않은 주식들의 누적수익률을 나타낸다. [그림 4-6]을 보면 공매도 규제 효과가 단기적으로 머무르는 데 그치고 있음을 알 수 있는데, 규제 시행 30일 정도까지는 규제된 주식들의 가격이 그렇지 않은 주식들의 가격보다 더 크게 증가하지만, 그 증가폭의 차이는 계속 줄어들기 시작해서 30일을 조금 넘긴 시점부터는 오히려 규제를 받지 않는 주식들

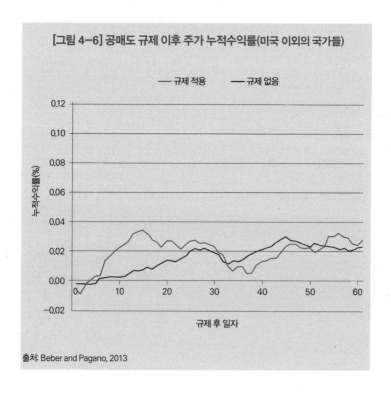

[그림 4-6] 공매도 규제 이후 주가 누적수익률(미국 이외의 국가들)

출처: Beber and Pagano, 2013

의 가격이 더 많이 오르는 경우도 발견된다. 특히 그림을 보면 30일을 넘기면서 규제 대상 주식들의 누적수익률이 꺾이는 정도가 그렇지 않은 주식들보다 월등히 큰데 이는 가격의 폭락 정도가 오히려 규제 대상 종목에서 더 세게 나타난 데서 온 것으로 볼 수 있다.

이 논문의 결과는 공매도 규제가 유동성을 낮추고, 가격효율성을 저해하며, 미국을 제외한 대부분의 국가에서는 주가를 지지하는 역할조차 성공적으로 수행하지 못했다는 것으로 요약될 수 있다. 시장을 예의주시했던 미국 증권거래위원회의 수장 크리스토퍼 콕스는 한시적인 공매도 규제의 필요성을 말한 지 불과 3개월 만에 로이터와의 인터뷰에서 다음과 같이 말했다.

우리가 지금 알고 있는 모든 것을 감안할 때 나는 위원회가 다시는 (공매도 금지를) 시행하지 않아야 한다고 믿는다. (금융주에 대한 공매도 규제는) 비용이 이익을 넘어서는 걸로 보이기 때문이다.[5]

약탈적 공매도

그러나 위기 상황에서의 한시적 공매도 금지를 긍정적으로 바라보는 의견도 있다. 프린스턴대학의 브루너마이어 교수와 컬럼비아대학의 옴케 교수는 '약탈적 공매도predatory short-selling'로 인한 피해를 막는 데 한시적 공매도 금지가 효과를 낼 수 있다고 주장한다.[6] 스토리는 다음과 같다.

공매도자들은 금융기관에 대한 공격적인 공매도로 대상 금융기관의 주가를 하락시킬 수 있다. 문제는 주가가 하락하면 금융기관의 부채비율이 높아지게 된다는 데 있다. 자기자본 가치가 하락한 만큼 부채비율이 올라가게 되는 것이다. 이렇게 부채비율이 올라가면 금융기관들은 갖고 있는 자산을 내다 팔아 빚을 갚아 부채비율을 다시 낮추어야 한다. 부채비율 제약leverage constraint을 맞추어야 하기 때문이다. 금융위기 상황이라면 금융기관들은 자신들이 갖고 있는 꽤 우수한 자산마저도 현격히 할인한 가격에만 팔 수 있게 될 것이다. 양질의 자산이 아니라면 아예 내다 팔 수 없을 수도 있다. 장기적 성장성을 희생하게 되더라도 위기 상황에서는 이 같은 급매 처분fire sale을 피할 수 없다. 결국 장기적 성장성을 희생한 금융기관의 가치는 하락하게 되고, 이는 주가 하락으로 이어져 결국 공매도 투자자들은 큰 이득을 얻을 수 있게 된다. 저자들은 평상시에는 이러한 약탈적 공매도의 폐해가 두드러지지 않지만 금융위기 시에는 큰 피해를 가져올 수 있어 한시적인 금융기관에 대한 공매도 규제가 정당화될 수 있다고 주장한다.

위의 이론은 놀랍게도 공매도 사실을 공시하는 것disclosure of short-selling이 때로는 해가 될 수 있음을 보여주는 데까지 나아간다. 금융기관에 대한 공매도가 이루어지고 있는 것을 공시를 통해 알게 된 다른 잠재적 공매도 투자자들이 공매도 공격에 가담하게 될 경우

약탈적 공매도의 효과는 더욱 강력해질 것이며, 따라서 주가 하락으로 인한 이득은 더욱 커질 것이기 때문이다. 따라서 공매도 공시는 공매도 투자자들 간의 이러한 기묘한 협력coordination 관계를 더욱 돈독하게 만들어 이들이 힘을 합쳐 약탈적 공매도에 전력투구하게끔 만들어준다.

존스, 리드, 월러 교수팀은 과연 위의 이론대로 공매도 공시가 공매도자들의 협력을 증대시켜 공매도 증가를 가져오는지 실증적으로 확인해보고 싶었다. 이들은 이를 유럽 시장을 통해 조사했는데 그 이유는 유럽 국가들이 2012년 이후 공매도 공시에 가장 앞장서 나섰기 때문이다. 영국과 스페인이 2008년에, 그리고 프랑스가 2011년에 공매도 내역을 공시하는 법안을 도입한 이후, 유럽연합EU의 모든 27개 회원국들이 2012년 11월까지 공매도 공시 법안을 도입한 것이다. 법안의 내용은 상장주식 수의 0.5%를 넘어서는 공매도를 한 투자자는 누구든 이를 다음 날까지 공시하도록 강제하고 있다. 그러나 저자들은 공매도 공시가 공매도자들의 협력을 증대시켜 공매도 증가를 가져온다는 증거를 찾지는 못했다.[7]

홍콩의 공매도 규제를 통해
알 수 있는 것들

미국을 제외한 해외시장에서의 공매도에 관해서는 불행히도 그다지 많은 연구가 이루어져 있지 않다. 미국에 비해 양질의 공매도 거래 또는 호가 데이터를 얻기 힘들기 때문이다. 그러나 가끔은 오히려 미국 이외 국가들의 공매도를 살펴봄으로써 미국 시장의 연구에서는 얻을 수 없는 새로운 사실들을 발견하기도 한다. 홍콩의 경우가 좋은 예다.

에릭 창, 조셉 쳉, 잉휘 유 등 3명의 교수는 홍콩의 공매도 시장을 분석해 공매도와 가격효율성에 관한 아주 흥미로운 연구 결과를 발표했다.[8] 이들이 홍콩 시장에 집중한 이유는 다른 나라에서는 찾을 수 없는 홍콩 주식시장만의 특성 때문이다. 그것은 홍콩에서는 투자자들이 아무 주식이나 공매도를 할 수 있는 것이 아니라 공매도가 가능한 리스트에 올라 있는 주식에 한해서만 공매도를 할 수 있다는 사실이다. 이 리스트는 분기별로 업데이트되는데 홍콩거래소 웹사이트에서 누구나 쉽게 확인할 수 있다.[9] 리스트에 등록되기 위해서는 시가총액이나 거래량, 파생상품의 기초자산 여부, 그리고 유동성 요건 등을 만족해야 한다.[10] 이는 시가총액이 작은 회사 등 공매도로 인한 변동성 증가나 가격조작 등이 상대적으로 용이한 회사들을 보호하고자 한 정부 의견이 반영된 것이다.

이와 같은 홍콩 시장의 공매도 규정은 공매도가 가격효율성에 얼마나 기여하는지를 직접적으로 실증분석할 수 있는 좋은 환경을 제공한다. 어떤 주식이 이 리스트에 등재되기 전과 후의 가격 차이를 비교할 수 있기 때문이다. 또는 리스트에 올라 있는지의 여부만 다르고 다른 특성들은 비슷한 두 그룹의 주식들을 비교분석할 수도 있다. 비슷한 주식들 중 하나는 리스트에 올라 있고, 다른 하나는 리스트에 없어 공매도가 불가능한 경우 두 주식들 간 가격 차이는 공매도에 의해 영향받은 것으로 볼 수 있을 것이기 때문이다.

공매도가 주가의 과열을 막아준다는 증거

[그림 4-7]은 공매도 가능 리스트에 오른 주식들의 평균 시장초과수익률abnormal return과 누적수익률cumulative abnormal return이 리스트에 오르기 30일 전부터 60일 후까지 어떻게 변화하고 있는지를 보여준다(가로축에서 0은 해당 주식이 실제로 공매도 가능 리스트에 오른 날

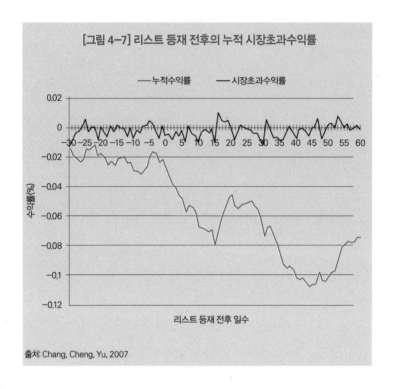

[그림 4-7] 리스트 등재 전후의 누적 시장초과수익률

누적수익률 ——— 시장초과수익률

출처: Chang, Cheng, Yu, 2007

을 의미한다). 시장 상황은 시간에 따라 변화하기 때문에 이처럼 이벤트 전후를 비교하는 사건연구 방법event study을 이용할 때는 주가수익률에서 시장수익률을 제거한 시장초과수익률을 이용해야 한다. 그림은 각각의 이벤트 기간에 대해 리스트에 있는 모든 주식들의 수익률을 평균 낸 것이기 때문에 몇몇 주식들에 의해 좌우되지 않는, 보다 체계적이고 전체적인 수익률의 변화를 효과적으로 보여준다.

그림은 리스트에 등재된 이후 누적수익률이 급감하는 것을 명확히 보여주고 있다. 등재 이후 44일째에는 누적수익률이 가장 낮은데 등재일 대비 무려 -8%에 이른다(등재일의 누적수익률이 -2%(즉 0%가 아니)라서 등재일 대비 누적수익률을 보려면 그래프에서 2%씩만큼을 조정해주어야 한다). 등재 이후 무려 60일이 지나도 누적수익률이 계속해서 음의 값에 머무르고 있다는 것은 이와 같은 가격 효과가 일시적인 것이 아니라는 것을 보여준다. 즉 가격 변화는 공매도가 가능케 됨으로써 과대평가된 주식들이 제자리를 찾아가는 과정에서 나타난 것이라고 볼 수 있다. 이는 공매도가 주가의 과열을 막아준다는 또 다른 직접적인 증거다.

저자들은 이 핵심 증거에 더해 투자자들의 의견이 분분한 주식일수록 공매도 금지로 인한 주가의 과대평가가 더욱 심한 탓에 공매도 리스트에 등재된 이후 주가 하락이 다른 주식들보다 더 심하게 나타난다는 사실도 함께 보여준다.

글로벌 시장에서의
공매도 규제 회피, 가능할까?

글로벌 시장에서 마지막으로 살펴볼 공매도에 관한 주제는 국가 간 서로 다른 규제를 이용해 공매도 기회를 확장하는 것이 과연 가능할 것인지에 대한 것이다. 이를테면 중국 시장에서는 공매도에 관한 인프라가 거의 구축되어 있지 않기 때문에 중국 주식들을 직접 공매도하는 것은 불가능에 가깝다. 그렇다면 중국 시장이 과열되어 수많은 주식이 과대평가되어 있을 때 투자자들은 어떤 투자전략을 사용할 수 있을까? 만약 중국 주식들이 해외에도 상장되어 있다면 해외 상장된 주식들을 공매도함으로써 중국의 공매도 규제를 피해 갈 수 있지 않을까?

중국 주식시장은 외국인 투자자들의 참여를 엄격하게 제한하고 있다. 근래 상하이-홍콩 교차매매 협정인 후강퉁滬港通과 센젠-홍콩 교차매매 협정인 선강퉁深港通을 통해 내국인 투자자들에게

만 허용했던 클라스-A주식들의 거래를 외국인 투자자들에게도 허용하긴 했지만 이 또한 많은 조건이 주렁주렁 달린 조건부 허용에 불과하다. 공매도는 더 어렵다. 이를테면 중국에서 미수거래margin trading와 공매도가 2008년에 시험적으로 도입되기는 했지만 공매도가 허락된 주식은 상하이와 센젠주식거래소에 상장된 2,600개 이상의 주식들 중 겨우 700개 정도이며, 단 20명의 주식 중개인들만이 공매도를 위해 주식을 빌릴 수 있게 되어 있다.[11]

이 같은 규제로 인해 많은 투자자들은 상장지수펀드ETF를 통해 간접적으로 중국 시장이나 특정 산업 부문에 매도 포지션을 취하고 있다. 예를 들면 세계 최대의 자산운용사인 블랙록Blackrock에서 운용, 판매하는 아이쉐어차이나25인덱스iShares FTSE China 25 Index ETF는 뉴욕증권거래소에 상장되어 있는데 이를 공매도하면 중국 주식시장에 공매도 포지션을 잡는 것과 동일한 효과를 누릴 수 있다. 이처럼 중국 시장 전체뿐만 아니라 산업 부문별 또는 포트폴리오 특성에 따라 다양한 중국 관련 펀드들이 출시되어 있어 이들을 통하면 간접적으로 중국 시장에 투자할 수 있다.

공매도 규제차익거래 현황

앞에서도 밝혔듯이 한국 시장에서는 금융위기가 한창이던 2008년 10월 1일부터 2009년 5월 31일까지 상장된 모든 주식에 대한 공매도가 금지되었다. 만약 어떤 투자자가 이 기간 동안 예를 들어 SK텔레콤 주식을 무척이나 공매도하고 싶었다면 어떻게 해야 했을까? 이 주식이 미국 뉴욕 증시에 미주식예탁증서American Depository Receipt: ADR의 형태로 상장되어 있다는 걸 이용하면 된다. 미국에서도 비슷한 시기에 공매도 금지를 시행하기는 했지만 주로 금융주에 집중되었고 금지 기간도 한국의 금지 기간과는 약간 동안만 겹칠 뿐이었다. 무엇보다 미국 시장에서 ADR 공매도는 규제받지 않았다.

따라서 앞의 중국의 예에서처럼 한국 시장에서 SK텔레콤 주식을 공매도하는 대신 미국 시장에서 같은 주식의 ADR을 공매도하면 한국의 원주를 공매도한 것과 비슷한 효과를 얻을 수 있을 것이었다. 이는 해외 상장을 이용해 본국의 공매도 규제를 회피하는 것이다. 이처럼 어느 한 국가에서의 규제를 그 규제가 없는 다른 나라에서 거래함으로써 회피하는 것을 '규제차익거래regulatory arbitrage'라고 부른다. 제인 교수와 동료들은 실제로 규제차익거래가 세계적으로 얼마만큼이나 만연한지를 알아보기 위해 1,600여 개에 달하는 ADR과 전 세계 20여 개 국가에 상장된 그 원주들의 공매도 상황을 분석해보았다.[12] 과연 공매도 투자자들은 규제차익거래를 통해 자국의 공매도 규제를 넘어서고 있었을까?

[그림 4-8]은 ADR 원주 소속 국가들을 공매도 규제 여부에 따라 규제 국가와 비규제 국가로 나누고, 주어진 시점의 ADR 공매도 거

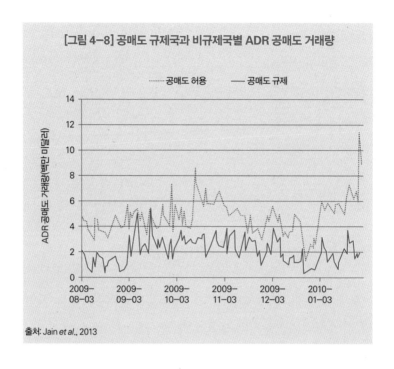

[그림 4-8] 공매도 규제국과 비규제국별 ADR 공매도 거래량

······ 공매도 허용　　── 공매도 규제

출처: Jain et al., 2013

래량을 각각의 국가 그룹별로 평균 낸 값을 보여준다.[13] 그림에서 흐린 점선은 공매도 허용(비규제) 국가를, 그리고 진한 실선은 공매도를 규제한 국가를 나타낸다. 공매도 규제를 회피하기 위한 규제차익거래가 공매도의 주된 동기라면 공매도 규제 국가로부터 해외 상장된 ADR의 공매도 거래량이 비규제 국가로부터 해외 상장된 ADR보다 많아야 한다. 다시 말해 진한 실선이 흐린 점선보다 위쪽에 있어야 한다.

그러나 그림은 정반대의 경우를 보여준다. 공매도가 규제된 국가들로부터 해외 상장된 ADR들의 공매도 거래가 현저히 낮은 것이다. 그것도 어느 특정 시기만 그런 것이 아니고 샘플 기간인 2009년 여름부터 2010년 초까지 지속적으로 그렇다. 따라서 이 그림은 규제차익거래가 아니라 본국의 규제가 해외 상장된 주식에까지 미치고 있다는 '규제 확장regulatory reach'의 증거로 보는 것이 타당하다.

규제차익거래를 제한하는 요소들

그렇지만 질문은 여전히 남는다. 해외 상장된 주식을 공매도해서 규제를 회피하려고 하지 않는 이유가 도대체 무엇일까 하는 것 말이다. 우선 생각해볼 수 있는 것은 국가 간 협력이다. 국가 간 협력은 다양한 형태로 나타날 수 있는데 쌍무조약bilateral treaty을 통하거나, 아니면 유럽연합, 유로존, G7 또는 OECD와 같이 범국가적 그룹 혹은 국제기구의 멤버십을 통해 이루어진다. 다른 한편으론 이런 엄격하고 공식적인 채널과는 별도로 투자자 품행investor conduct에 관한 비공식적 채널을 생각해볼 수도 있다. 이를테면 전 세계 많은 국가의 금융업계 종사자들은 각종 윤리규범Code of Ethics이나 직업적 규범들의 적용을 받는데 이 중 어떤 것들은 초국가적으로 적용된다. 재무분석사 윤리업무규범CFA Insititute's Code of Ethics and Standards of Professional Conduct 등이 그 예다.

이러한 규범들을 위반했을 경우 위반자들은 내사를 받거나 품위 위반 또는 규정 위반으로 인한 면허 정지 및 취소 등 불이익을 받게 된다. 따라서 이러한 규범들은 초국가적 규제를 강화하는 방향으로 작동하게 된다. 그럼 국가 간 협력 변수와 투자자 품행에 관한 변수들 중 어느 것이 더 규제 확장에 기여하고 있었을까? 회귀분석 결과는 두 종류의 변수들이 모두 ADR 공매도와 유의하게 관련되어 있으나, 투자자 품행에 관한 변수와 같은 윤리적 또는 직업적 규범들이 더욱 긴밀히 연결되어 있다는 것이었다. 이 같은 결과에 따라 저자들은 국가 간 협력보다는 투자자 품행 채널이 규제차익거래를 통한 공매도를 제한하는 데 더 중요한 요소라고 결론 내렸다.

공매도를 매도하는
손가락을 거둬야 할 때

공매도와 관련된 온갖 부정적인 말들이 쏟아져 나오고 있었다. 공매도를 폐지시켜달라는 국민청원이 올라왔다고 했고, 국민연금이 주식대여를 금지하겠다고 했으며, 그 직전에는 경실련에서 국민연금이 주식대여를 할 수 없도록 청와대에 청원을 냈다고 했다. 일반인들의 공매도에 대한 정서를 이해 못 할 일은 아니었고, 국민연금이야 워낙 얽힌 곳이 많으니 저런 결정을 내리면서도 담당자 분들이 얼마나 힘들었을까 이해되는 면이 있었다.

그러나 경실련이라는 이름을 보고 나는 고개를 갸웃했다. 공매도에 대한 책을 써야겠다고 막연하게나마 생각한 게 언제부터였는지는 잘 모르겠지만, 더는 미루면 안 되겠다 생각한 건 아마도 그때즈음이 아니었나 싶다. 나는 입을 열기로 했다. 연구실 의자에 앉아 한 문장씩 생각나는 대로 마구잡이로 써나가다 두 달여 만에 초고를 끝낼 수 있었던 것을 보니 나도 공매도에 대해 할 말이 참 많았던 모양이다.

공매도가 없으면 시장은 제대로 돌아가지 않는다. 시장이 효율적이지 않다는 것은 누군가가 위험에 비해 부당하게 더 많은 보상을 받고 있다는 것을 뜻하며, 반대로 누군가는 위험에 비해 부당하게 더 적은 보상만을 받고 있다는 것을 뜻한다. 이러한 일이 벌어지지 않도록 하는 상태의 가격을 적정가격이라 하며 이는 가끔 공정가격이라고도 불린다. 이는 시장효율성이 공정성과 정의에 관련된 개념일 가능성을 반영한 것이다. 그리고 공매도는 시장효율성을 달성하기 위한 중요한 장치다.

책을 쓰는 동안 엄밀한 학계의 연구들을 들이밀어 공매도의 순기능을 주장하기는 했지만 무거운 마음이 그다지 가벼워지지는 않았다. 가장 이상적인 상태의 순기능을 절대 이상적일 수 없는 현실에 짜 맞추어 끼워 넣을 수는 없는 노릇이기 때문이다. 지금도 공매도를 갖고 장난치는 누군가가 분명히 시장에 있으며, 불행히도 그들의 힘은 그리 미약하지 않을 가능성이 크다. 지금도 누군가가 장난친 공매도로 피해를 보는 누군가가 분명히 시장에 있으며, 불행히도 피해 정도와 범위가 그리 미약하지 않을 가능성이 크다. 그리고 지금도 누군가는 분명히 공매도 범죄를 열심히 쫓고 있겠지만, 불행히도 공매도 범죄는 잡기도 어렵거니와 잡아도 도루묵인 경우가 제법 된다. 범죄를 처벌하지 않는 것은 범죄를 용인하고 조장하는 일이다. 특히 범죄가 수많은 불특정 다수의 투자자들에게 마구잡이로 해악을 끼칠 수 있는 금융시장에서는 더욱 그렇다.

수업시간에 공매도라는 말에 어떤 단어들이 떠오르느냐고 학생들에게 물으면 십중팔구는 사기, 위험, 조작, 불평등 같은 부정적 단어들을 말한다. 필요악이라고 대답한 학생은 공매도에 대해 적어도 남들보다 많이 고민했을 터였다. 나는 공매도라는 말에서 좋은 약은 입에 쓰다는 '양약고구良藥苦口' 또는 구더기 무서워 장 못 담그냐는 오랜 속담을 생각한다.

그러나 가장 자주 떠올리는 건 마오쩌둥의 손가락이다. 참새를 가리켜 해로운 새라 칭했던 그 손가락 말이다. 마오쩌둥이 손가락으로 가리키며 해로운 새라 불렀던 탓에 중국 전역에서 벌어진 참새잡이는 참새가 천적인 해충들에게는 더할 수 없는 복음이었을 것이다. 결과는 천적이 제거되어 들끓게 된 해충들이 농작물에 궤멸적 타격을 입힌 탓에 수천만 명의 중국인들이 굶어 죽는 엄청난 참사로 끝났지만 말이다. 말할 필요도 없이 저 손가락은 참새가 갉아먹는 곡물의 양에 비할 바가 아닌 재앙의 시작이었다. 이 책에서 중요한 순기능들을 살펴보기는 했지만 그렇다고 공매도에 많은 부정적인 면이 있다는 사실 또한 부인할 수는 없다. 그러나 공매도라는 참새는 수많은 해충을 잡아먹고 이는 당연히 더 큰 참사를 막는 데 도움이 된다. 그렇다면 이제는 해로운 새라며 공매도를 가리키는 손가락을 치워야 할 때다.

연구실에 앉아 수많은 종이쪽지들을 읽는 것으로 공매도에 대한 그림을 그리고 고치는 입장에서, 직접 전쟁터 한가운데서 공매도가 우리나라에 잘 정착할 수 있도록 고군분투하는 정책 담당자들에게 어떤 제안을 한다는 것은 꽤나 송구한 일이다. 그러나 학계의 목소리를 전하거나 내 의견을 공유하는 것이 설령 별다른 도움이 되지 못한다 하더라도 적어도 해로운 일이 되지는 않을 것으로 믿는다. 공매도의 중요성을 충분히 이해하는 입장이라면 그다지 새로울 것도 없는 내용들이지만 이제 이 책을 마치며 바라는 것을 다음의 세 가지로 정리해보고자 한다.

첫째, 공매도 관련 인프라를 확충해야 한다. 공매도 관련 인프라의 범위는 법률적 규제 또는 제도뿐만 아니라 주식대여시장의 확대, 거래비용의 축소, 공매도 관련 부정적 인식의 극복, 공매도 투자전략과 기술 향상 등 공매도와 관련된 모든 부문을 아우른다. 여기서 공매도 규제는 반드시 법률적 규제만을 얘기하지 않는다. 관련 인프라가 부족해 공매도 거래비용이 커지면 이 또한 커다란 규제 장치로 작동하기 때문이다. 또한 공매도 규제는 미시적인 것과 거시적인 것, 한시적인 것과 상시적인 것, 단기적인 것과 장기적인 것들로 보다 세심하게 구분해 접근할 필요가 있다. 이를테면 국민연금의 주식대여 금지와 같은 보다 거시적이고 전면적인 규제 장치는 업틱룰과 같은 미시적이고 단기적인 가격보호 규제 장치와는 그 중요성이나 시장에 미치는 영향력이 같을 수가 없다. 이런 규제는 주식시장의 왜곡을 가져오며 그 효과는 장기적으로 지속된다. 시장의 건전성을 위해서라도 이 같은 규제는 신중하게 재검토되어야 한다.

둘째, 개인 투자자들에게 공매도 기회를 확대해야 한다. 이는 주식대여시장을 개인 투자자들에게 더 넓혀주어야 한다는 것과 같다. 은행에서 돈을 빌린 개인들이 파산하는 경우가 많다고 해서 은행으로 하여금 개인들에게 대출을 해주지 말라고 할 수는 없다. 대출 여부는 개인의 신용 정도에 따라 은행이 알아서 결정하는 것이다. 공매도 역시 마찬가지다. 개인 투자자들에게 주식을 대여할 것인지 여부는 주식을 대여하는 주체가 개인의 신용도를 보고 알아서 결정하면 된다.

그러나 개인 공매도를 확대해야 하는 보다 중요한 이유는 한국의 주식시장에서 개인 투자자들이 이미 다수를 차지하고 있다는 사실에서 나온다. 공매도가 시장효율성에 긍정적인 영향을 미친다는 것을 생각할 때 시장에서 다수를 차지하는 이들에게 공매도를 제약하는 것은 시장효율성을 위해서도 옳지 않은 일일 것이다. 더구나 본문에서 소개한 것과 같이 한국의 개인 공매도 투자자들은 정보에 기반한 투자를 하고 있으며 가격효율성 향상에 도움을 주는 투자자들이다. 이런 점에서 볼 때 근래 정부에서 개인 공매도 기회 확대를 위해 애쓰는 것은 고무적이다. 앞으로도 더욱 적극적으로 관련 정책을 펴나갈 것을 부탁드린다.

셋째는 사전적 규제에 힘쓰기보다 사후적으로 밝혀진 반칙에 대한 처벌을 대폭 강화해야 한다는 것이다. 시장에는 뛰어난 두뇌들이 즐비하다. 그리고 이들의 반칙 가능성을 사전적으로 모두 차단하는 것은 규제 담당자들이 아무리 똑똑하다 하더라도 가능한 일이 아니다. 사전적 규제를 만들면 귀신같이 그 규제를 피하는 방법을 찾아내기 때문이다. 이보다는 사후적으로 엄격하게 처벌하는 것이 반칙을 막는 데 더 효과적일 것이다. 물론 공매도 관련 반칙 여부를 밝혀내는 것이 얼마나 어려운지, 따라서 범죄적 행위를 얼마나 적발할 수 있을 것인지에 대해 회의적일 수 있다는 것은 나도 안다. 그러나 살인죄로 모든 살인자들을 다 잡아낼 수는 없지만 적발된 살인자들을 강력하게 처벌함으로써 많은 살인 관련 범죄를 줄일 수는 있다. 공매도도 마찬가지다. 반칙을 하는 자들을 다 잡을 수는 없을지 몰라도 엄한 처벌이 내려진다면 공매도 관련 범죄를 줄이는 효과는 분명히 있을 것이다. 강력한 처벌은 공매도가 순기능을 발휘하기 위한 가장 기본적이고 중요한 전제조건이다. 솜방망이 처벌로는 불법, 탈법 등의 반칙을 막을 수 없다.

위의 세 가지 제안과는 다른 차원에서 마지막으로 하나 덧붙이고 싶은 것이 있다. '공매도'라는 이름을 '차입매도'로 바꾸어 부르자는 것이다. 이는 여의도 증권가에서 이미 공공연히 얘기되고 있는 것으로 안다. 본문에서도 강조했지만 공매도라는 용어는 그 용어가 주는 부정적인 분위기가 문제가 아니라 부정확한 용어라는 게 더 문제다. 현실에서 합법인 공매도는 주식을 빌려온 후 매도하는 거래, 즉 차입한 후 매도하는 거래이므로 없는 것을 파는 거래와는 구분되어야 한다. 차입매도가 좋은 용어인 것은 불법으로 규제되고 있으나 버젓이 실행되고 있는 무차입공매도와 확연히 대비되는 용어라서 더욱 그렇다.

억울하게 두들겨 맞고 있는 공매도를 변호하는 책이 거의 완성되었다고 말했더니 초등학생 아들 규하의 가톨릭 대부이기도 한 동료 김정욱 교수님이 프레디 머큐리의 〈in my defence〉(굳이 한국어로 번역하자면 〈변명하자면〉 정도가 될까)라는 노래를 보내왔다. 왠지 책 분위기에 어울릴 것 같다면서 말이다. 언제나처럼 프레디 머큐리의 보컬은 절절하지만 이 곡은 특히나 더 그렇게 느껴진다. 늘 사랑을 파괴하며 살고, 잘못을 바로잡는 방법도 모르며, 어디서 뭘 어떻게 할지도 모르는 스스로를 보며 '신이여 도와주소서'라고 절규한다. 프레디 머큐리에게야 절규도 예술이 되겠지만, 공매도의 절규가 예술일 리는 만무하다.

그럼에도 불구하고 피와 살이 튀고 찢기는 금융시장에서 공매도가 무수한 욕을 먹으면서도 많은 나라들에서 굳건히 자리매김하는 것에는 이유가 있을 것이다. 그리고 나는 이 책에서 그 이유를 열심히 썼다. 논란이 될 책을 세상에 내놓는 지금부터 호응이나 비난 또는 비판은 독자 여러분의 것이다. 나는 이제 겸허한 마음으로 들을 것이다.

공매도라는 참새는
수많은 해충을 잡아먹고
이는 당연히 더 큰 참사를 막는 데 도움이 된다.
그렇다면 이제는 해로운 새라며
공매도를 가리키는 손가락을 치워야 할 때다.

얼마 전 식사를 하다가 뜬금없이 공매도가 무엇인지 물었던 아내 효정은 이 책의 초고를 바탕으로 의견을 주었으며 '공매도를 위한 변명'이 될 뻔했던 이 책의 제목을 '억울한 공매도'로 지어주었다(남편이 무엇이든 변명하는 것이 몹시도 싫었던 모양인데 그 제목도 결국 출판사에서 뒤집혀 지금의 제목이 되었다). '공매도空賣渡에 대한 공매도空罵倒를 그만두라'라는 문구를 생각했던 날 이거 어떠냐고, 멋지지 않냐고 신이 나서 물었을 때 지었던 효정의 뜨악한 표정도 생생하다(그 표정을 보고 이 문구를 이 책에서 반드시 써야겠다고 마음먹었다). 이 책이 많은 부분 경제학계의 전문적 학술 자료에 바탕하고 있어서 혹시라도 먹물 냄새 진동하는 현학적 과시는 되지 않을까 하는 걱정은 효정이 전해준 피드백을 듣고 나서 즐거운 마음으로 안드로메다로 날려버리기로 했다.

이제 막 초등학교에 입학한 아들 규하 녀석은 자판을 두드리고 있는 아빠 무릎으로 올라와 앉더니 아빠가 무슨 책을 쓰고 있나 살펴보고 공매도가 도대체 뭐냐고, 그리고 그게 왜 억울해하냐고 묻는다(이 질문을 듣고 '넌 됐다'라는 생각을 잠시 했었다. 어떤 부모든 어린 제 아이의 천재성을 제멋대로 얼마든지 착각하고 믿을 자유가 있다고 나는 믿는다). 우유 많이 마시고 밥 많이 먹으면 금방 알게 될 거라고 뻥친 죄책감 또한 상쾌하게 안드로메다로 날려버리기로 했다.

서울대학교 경영대학원을 이제 막 졸업하고 유학을 앞두고 있는 배규호는 이 책의 초고를 처음부터 끝까지 정독하고 귀중한 피드백을 주었다. 그가 어렵게 썼다고 지적한 부분은 죄다 다시 썼고, 적어도 내 생각에는 훨씬 더 쉽고 명확한 글들로 바뀌었다. 최윤희 전 RBS 애널리스트는 아내 효정의 친구인 죄로 역시 초고를 바탕으로 많은 도움이 된 코멘트들을 보내주는 수고를 마다하지 않았다. 특히 에필로그에 제안을 정리해서 써줄 것을 권유했고, 나는 그렇게 했다. 박사과정에 있는 손지호의 세심하고 날카로운 코멘트들 또한 책의 적지 않은 부분을 고쳐 쓰는 데 도움이 되었다. 특히 설명이 까다로운 부분들에는 직관적이고 쉬운 설명을 아예 직접 달아주기까지 한 것도 있어 큰 도움이 되었다. 서울대학교 경영대학의 동료들인 김우진, 박선현, 박소정, 이우종 교수는 이 책의 특정 부분들에 의견을 주었고 내 의견을 보다 명확히 밝혀 쓸 수 있도록 도움을 주었다. 이분들의 도움으로 책이 지금의 모습으로 세상에 나올 수 있었다. 큰 감사를 드린다.

추천사를 써주신 김형태 김앤장 법률사무소 수석 이코노미스트는 내가 연구실에만 틀어박혀 있지 말고 좀 더 세상에 직접적으로 기여해야 한다며 많은 격려와 수고를 마다 않고 계신다. 스스로가 부족해 기대를 채워드리지 못하는 것이 죄송한 와중에 강력한 추천과 과분한 칭찬을 담은 추천사를 써주셔서 말할 수 없이 감사하다는 말씀을 드리고 싶다. 그리고 추천사를 보내주신 다른 모든 분들께도 큰 감사를 드린다. 많은 교수님들이 이 책에 대해 보여준 큰 기대가 커다란 용기가 되었다. 추천사를 보내주신 금융가 임원들 중에는 공매도의 중요성을 강조하는 책에 추천사를 올려 잠재적으로 고객들과 어떤 식으로든 크고 작은 문제가 생길 가능성을 무릅쓴 분들도 있다. 또 같은 문제로 말미암아 추천사를 보내지 못함을 미안해하신 분들도 있다. 이분들께도 마찬가지로 큰 감사를 드린다.

그리고 21세기북스 팀에서 이 책의 초고를 훑어보고 두 가지 코멘트를 주셨는데 그게 도움이 됐다. 초고를 존댓말로 썼었는데 이를 반말로 바꾸는 게 좋겠다는 것, 그리고 내용이 어렵다는 것이었다. 조심스러운 제안이었지만 이대로 시장에 나가면 망한다는 준엄한 경고처럼 들렸다. 원고의 교정과 책 디자인, 출간에서 마케팅까지 세부사항을 일일이 챙기느라 고생하셨다는 감사의 말씀을 드린다.

학생들에게 공매도라는 말에서 어떤 단어가 떠오르느냐고 얼마 전 수업에서 물었더니 이번엔 전혀 새로운, 그러나 백점을 주고 싶은 대답이 나왔다. '억울함'이란다. 내가 완성되지도 않은 책에 담긴 내용을 얘기하며 자신도 모르게 어지간히 책 선전을 했던 모양이다. 학생들은 언제나 그렇듯 나의 자랑이자 재산이며 부채이고 숙제다.

2019년 8월
관악캠퍼스 연구실에서
이관휘

프롤로그

1   토마 피케티(장경덕 외 역), 2014. 『21세기 자본』, 글항아리, p. 10.

2   "무차입공매도 위반액 매해 급증세… 금감원, 5년간 68개사 적발", 《이데일리》, 2018. 5. 16.

3   라나 포루하(이유경 역), 2018. 『메이커스 앤드 테이커스: 경제를 성장시키는 자, 경제를 망가뜨리는 자』, 부키.

4   존 케이(류영재 역), 2017. 『금융의 딴짓: 타인의돈인가? 금융가의 돈인가?』, 인터워크솔루션즈, p. 340.

5   https://www.valuewalk.com/2016/12/shorts-chanos-einhorn-klarman/

6   미국의 사례다. McLean, R. David, and Jeffrey Pontiff, 2016. Does academic research destroy stock return predictability?, *Journal of Finance* 71, 5-32.

1부 이것은 공매도가 아니다

1   다음의 기사를 참조하였다. "골드만삭스 공매도 사태에 뿔난 투자자들", 《시사저널》, 2018. 6. 19.

2   하지만 대주 또는 대차 거래는 음의 인센티브를 수반할 수도 있다. 국민연금의 공매도 관련 주식대여 금지 조치 등은 이러한 문제점을 반영한 것인데, 대여된 주식들이 공매도에 사용될 경우 주가 하락을 가져와 보유한 주식에서 손실을 보게 될 수도 있다고 믿기 때문이다. 이 이슈에 대해서는 뒤에서 다시 살펴본다.

3   이상의 내용은 '나무위키'에서 인용하였다. https://namu.wiki/w/%EC%A0%9C%EC%8B%9C%20%EB%A6%AC%EB%B2%84%EA%B0%94

4   이 내용은 다음 기사들을 참조하였다. "칼 아이칸 vs. 빌 애커먼… 두 월가 거물의 '15년

악연'", 《한국경제》, 2018. 4. 25; "애크먼, 허벌라이프 두고 아이칸과 싸움서 연패", 《비즈니스 포스트》, 2014. 7. 25; "Ackman and Icahn duke it out over Herbalife", CNN Money, 2013. 1. 25; "Carl Icahn says he made $1 billion on winning Herbalife trade against Ackman", CNBC, 2018. 3. 1.

5   이 문단은 다음 기사를 참조하였다. "Herbalife settles pyramid scheme case with regulator, in blow to Pershing's Ackman", Reuter, 2016. 7. 15.

6   조영석, 2018. 《우리나라 공매도 주요사건의 특성에 관한 연구》, 한국산업경제학회, p. 19.

7   "셀트리온, 공매도와 싸움… 절반의 승리", 《투데이신문》, 2017. 10. 23.

8   "'코스닥 탓' 셀트리온 코스피로 옮기고 공매도 늘었다", 연합뉴스, 2018. 11. 25.

9   김지현, 우민철, 2019. 《공매도를 이용한 불공정거래 개연성》, 《한국증권학회지》 48, 105–128.

10 "[제40회 매경이코노미스트 상] 공매도 실측 분석…", 《매일경제》, 2010. 3. 18.

11 Wang, S.-F., Lee, K.-H., Woo, M.-C., 2017. Do individual short-sellers make money? Evidence from Korea, Journal of Banking & Finance 79, 159–172.

12 Diether, K.B., Lee, K.-H., Werner, I.M., 2009. Short-Sale Strategies and Return Predictability, Review of Financial Studies 22, 575–607.

13 Boehmer, E., Jones, C.M., Zhang, X., 2008. Which Shorts Are Informed?, Journal of Finance 63, 491–527.

14 Wang, S.-F., Lee, K.-H., 2015. Do foreign short-sellers predict stock returns? Evidence from daily short-selling in Korean stock market, Pacific-Basin Finance Journal 32, 56–75.

15 이하 한국의 공매도 규제 역사는 다음의 논문에서 많은 정보를 얻었다. 이정수, 김도윤, 2017. 「공매도 규제에 관한 연구」, 《기업법연구(Business Law Review)》 31, 300–329.

16 미국에서 업틱룰이 폐지되는 데는 내가 디터, 워너 교수와 함께 쓴 2009년 논문이 작지 않은 역할을 했다. Diether, K.B., Lee, K.-H., Werner, I.M., 2009. It's SHO Time! Short-Sale Price Tests and Market Quality, Journal of Finance 64, 37–73.

17 우풍의 공매도 결제불이행 사건은 다음의 자료들에서 정보를 얻었다. 엄세용, 2010. 「자본시장에서의 공매도 규제와 운영실태에 관한 소고: 실제 규제사례를 중심으로」, BFL 43, 54–68; "'공매도' 풀리지 않는 의문… '우풍 대규모 공매도 진짜 이유' 등", 《한국경제》, 2000. 4. 14; "공매도의 허망한 종말", 《한겨레21》 304호, 2000. 4. 20.

18 강소현, 2017. 「공매도 과열 종목 지정제도 도입 효과와 시사점」, 자본시장연구원(이슈보고서 17–09).

19 사이드카는 선물시장에서 선물 가격의 급등락을 막기 위해 도입한 조치로 선물 가격이 급등 또는 급락한 상태가 1분 이상 지속되면 프로그램 매매를 5분간 차단하도록 했다. 서킷브레이커는 이보다 훨씬 강력한 조치로 발동될 경우 프로그램 매매뿐만 아니라 모든 거래가 한시적으로 금지된다.

20 "경실련 등 '국민연금 주식 대차 폐지' 청와대 청원", 《한국경제》, 2018. 10. 2.

21 "국민연금이 5% 이상 보유한 상장사 300곳… 포스코, KT&G는 최대주주", 《중앙일보》, 2019. 1. 24.

22 "'공매도 배후' 욕 안 먹는 대신 年 400억 포기한 국민연금", 《중앙일보》, 2018. 10. 23.

23 Aggarwal, R., Saffi, P.A.C., Sturgess, J., 2015. The Role of Institutional Investors in Voting: Evidence from the Securities Lending Market, *Journal of Finance* 70, 2309-234.

24 "한미약품 공매도 미스터리, 당일 10만 주 거래 평소의 21배", 《중앙일보》, 2016. 10. 4.

25 양철원, 2018. 「악재성 정보의 사전 유출과 공매도와의 관계에 대한 실증분석」, KRX Market Summer, 14-34.

26 이 문단에 있는 정보는 다음의 논문에서 인용하였다. 김병연, 2019. 「자본시장법상 공매도 제도에 대한 소고」, 《법학논총》 39, 235-260.

27 한미약품 사건 이외에도 정보 공시와 공매도와의 관계에 대한 정보는 다음의 논문에서 얻을 수 있다. 양철원, 2018. 「악재성 정보의 사전 유출과 공매도와의 관계에 대한 실증분석」, KRX Market Summer, 14-34.

28 "무차입공매도 위반액 매해 급증세… 금감원, 5년간 68개사 적발," 《이데일리》, 2018. 5. 16.

29 이상의 내용은 다음의 자료들에서 인용하였다. 김병연, 2019. 「자본시장법상 공매도 제도에 대한 소고」, 《법학논총》 39, 235-260; "김병욱 의원 '공매도, 현 규제 실효성부터 검토' 요구", 《굿타임즈》, 2018. 10. 26.

2부 공매도는 억울하다

1 "공고: 주주님들께 드리는 글(공매도 관련)", 주식회사 셀트리온, 2012. 5. 7. (https://www.celltrion.com/ir/post/detail.do?seq=139)

2 "테슬라 '상장폐지' 주가 폭등, 공매도 눈덩이 손실", 뉴스핌, 2018. 8. 8.

3 Greenlight's David Einhorn tells investors how he really feels about Elon Musk, CNBC, 2019. 1. 23. https://www.cnbc.com/2019/01/23/greenlights-david-einhorn-tells-investors-how-he-really-feels-about-elon-musk.html

4 따라서 '빠르게'를 알기 위해서는 적정가격이 어느 수준인지를 먼저 알아야 한다. 그러나 적정가격이 주식수익률과 시장수익률의 공분산(covariance) 위험을 반영하여 결정된다는 자본자산가격결정모형(Capital Asset Pricing Model: CAPM)이 실증적으로 얼마나 잘 들어맞는지에 대한 의심은 계속해서 제기되고 있다. 이 모형의 대안으로 수많은 이론적·실증적 모형들이 나올 정도로 적정가격 결정은 어려운 문제다.

5 간단해 보이지만 이 같은 방법으로도 개별 주식이 과대평가되어 있었는지 여부는 알기

어렵다. 개별 주식의 경우 온갖 정보와 비(非)정보에 의해 공매도 이후에도 주가가 움직이는 경우가 많기 때문이다. 이런 경우 공매도와 관련된 주가의 움직임만 추출해내는 것은 쉽지 않다.

6 Desai, H., Ramesh, K., Thiagarajan, S.R., Balachandran, B.V., 2002. An Investigation of the Informational Role of Short Interest in the Nasdaq Market, *Journal of Finance* 57, 2263–2287.

7 Diether, K.B., Lee, K.-H., Werner, I.M., 2009. Short–Sale Strategies and Return Predictability, *Review of Financial Studies* 22, 575–607.

8 Boehmer, E., Jones, C.M., Zhang, X., 2008. Which Shorts Are Informed?, *Journal of Finance* 63, 491–527.

9 Wang, S.-F., Lee, K.-H., 2015. Do foreign short–sellers predict stock returns? Evidence from daily short–selling in Korean stock market, *Pacific–Basin Finance Journal* 32, 56–75.

10 Chang, E.C., Cheng, J.W., Yu, Y., 2007. Short–Sales Constraints and Price Discovery: Evidence from the Hong Kong Market, *Journal of Finance* 62, 2097–2121.

11 그의 두 편의 논문을 참조하였다. Kim, A., Jung, H., 2014. Investor Trading Behavior Around the Time of Geopolitical Risk Events: Evidence from South Korea, working paper; Kim, A., Kang, M.J., Jung, H., Kim, D., 2019. Predicting North Korean Aggression Using Foreign Short Sales and Media Tone, working paper.

12 Avramov, D., Chordia, T., Goyal, A., 2006. The impact of trades on daily volatility, *Review of Financial Studies* 19, 1241–127.

13 엄경식, 강형철, 이윤재, 2008. 3., 「KRX 가격제한폭제도의 유효성에 관한 연구」, 한국증권연구원.

14 Wang, Shu–Feng, and Kuan–Hui Lee, 2015, Do foreign short–sellers predict stock returns? Evidence from daily short–selling in korean stock market, *Pacific–Basin Finance Journal* 32, 56–75.

15 Jung, Chan Shik, Woojin Kim, and Dong Wook Lee, 2013, Short selling by individual investors: Destabilizing or price discovering?, *Pacific–Basin Finance Journal* 21, 1232–1248.

16 유시용, 2014. 「공매도와 주가수익률 변동성과의 관계에 관한 연구」, 한국경영학회.

17 "Emulex hoax", Wikipedia; "SECURITIES FRAUD: Emulex hoaxster sentenced to 44 months", *Chicago Tribune*, 2001. 8. 7.

18 Gerard, B., Nanda, V., 1993. Trading and Manipulation Around Seasoned Equity Offerings, *Journal of Finance* 48, 213–245.

19 이는 이론적 모형에서 가정한 그대로다. 실제로는 신주 배정 기준일 전 일정 기간, 구주주 청약일 전 일정 기간, 그리고 청약일 직전 며칠 동안의 거래일 등 세 가지를 고려해 이루

어지는 것이 일반적이다. ("공매도 세력의 놀이터 '유상증자'", 더벨, 2018. 2. 14.)

20 Safieddine, A., Wilhelm, W.J., Jr., 1996. An Empirical Investigation of Short-Selling Activity Prior to Seasoned Equity Offerings, *Journal of Finance* 51, 729–749.

21 Henry, T.R., Koski, J.L., 2010. Short Selling Around Seasoned Equity Offerings, *Review of Financial Studies* 23, 4389–441.

22 현대상선 측이 이를 전혀 공시하지 않은 것은 아니다. 그러나 이는 전형적인 불성실 공시 또는 숨기기 공시에 해당한다. 금융투자업계 관계자는 "통상 20~30페이지가 넘어가는 유상증자 계획서에 CB 발행 사실을 표기한 것만으로 공시의무를 다했다고 보기는 어렵다"며 구조조정 기업 유상증자에 개인 투자자를 끌어들이는 상황에서 공시의무를 제대로 지킨 것인가를 두고 논란의 소지가 있다고 지적했다. 다른 관계자는 "의도적인 감추기 공시로 볼 수도 있다"며 "투자자의 손익에 크게 영향을 미치는 부분에 대해서는 별도로 자율공시를 했어야 한다"고 말했다. ("현대상선, 전환사채 발행 계획 '꼼수 공시' 논란"(종합). 《매일경제》, 2016. 8. 4)

23 "수상한 현대상선주 공매도⋯ CB 발행 공시 직전 평소 5배 쏟아져", 《매일경제》, 2016. 8. 4.

24 "공매도 먹잇감된 삼성重⋯ 증자 때 신주 받아 갚으면 이득?", 《이데일리》, 2016. 10. 10.

25 "'차익거래 구멍' 공매도 투자자 유증 청약 제한, '2년째 공회전'", 《인베스트조선》, 2018. 2. 13.

26 "유증에 찔린 개미들, 공매도에 두 번 우네", 《매일경제》, 2017. 12. 28.

27 윤평식, 임병권, 2018. 「유상증자 전후의 공매도 거래가 발행가격에 미치는 영향」, 《재무관리연구》 35, 1–25.

28 김지현, 우민철, 2019. 「공매도를 이용한 불공정거래 개연성」, 《한국증권학회지》 48, 105–128.

29 이 사례 역시 솜방망이 처벌의 사례로 기억될 소지가 다분하다. 2016년 1월 7일 서울남부지법 형사11부는 CJ E&M IR팀 직원 3명과 애널리스트 2명에게는 무죄를, 애널리스트 1명에 대해서는 벌금 1,000만 원을 선고했다. 정보를 회사 안이나 고객 등 '불특정' 다수인 수천여 명에게 알린 2명의 애널리스트는 무죄판결을 받았지만 이 정보를 '특정' 펀드매니저에게만 알린 다른 애널리스트는 유죄를 선고받았다.

30 Christophe, Stephen E., Michael G. Ferri, and Jim Hsieh, 2010. Informed trading before analyst downgrades: Evidence from short sellers, *Journal of Financial Economics* 95, 85–106.

31 이렇게 하면 비정상 공매도 수치를 회사별–일별로 얻게 되는데, 다시 이 수치들을 날짜를 고정한 채 670개 샘플 회사들에 대해 횡단면으로 평균과 중간값을 구하고 이를 날짜를 옮겨가며 반복 시행하면 비정상 공매도의 평균과 중간값의 시계열 데이터를 얻게 된다.

32 엄윤성, 2012. 「애널리스트 투자의견 하향에 대한 공매도 거래 분석」, 《한국증권학회지》 41, 309–340.

33 왕수봉, 엄윤성, 2013. 「국내외 증권사 애널리스트의 투자의견 하향이 투자자별 공매도 거래에 미치는 영향」, 《대한경영학회지》 26, 3211–3234.

34 박태준, 장병훈, 2017. 「애널리스트 투자의견 변경 이전의 공매도 거래에 대한 양방향 분석」, 《재무연구》 30, 143–180.

3부 이것이 '진짜' 공매도다

1 피글리오스키 교수는 웹 교수와 공저한 1993년 논문에서 풋옵션 매입과 콜옵션 매도가 공매도의 대안적 투자로 기능하며, 따라서 부정적 정보가 주식에 반영되는 통로로 이용될 수 있음을 실증적으로 보였다. 그러나 이들의 연구는 옵션이 존재하는 342개의 주식에만 기초하고 있는 것으로 이를 전체 상장주식들의 경우로 일반화하는 건 무리다.

2 Miller, E.M., 1977. Risk, uncertainty, and divergence of opinion, *Journal of Finance* 32, 1151–1168.

3 Diamond, D.W., Verrecchia, R.E., 1987. Constraints on short-selling and asset price adjustment to private information, *Journal of Financial Economics* 18, 277–311.

4 Akbas, F., 2016. The Calm before the Storm, *Journal of Finance* 71, 225–266.

5 Lamont, O.A., Thaler, R.H., 2003. Can the Market Add and Subtract? Mispricing in Tech Stock Carve-outs, *Journal of Political Economy* 111, 227–268. 5 논문의 공저자인 세일러 교수는 행동경제학의 발전에 기여한 공로로 2017년 노벨경제학상을 수상했고 한국에서는 「넛지 」의 저자로 널리 알려져 있다.

6 Figlewski, S., 1981. The informational effects of restrictions on short sales: some empirical evidence, *Journal of Financial and Quantitative Analysis* 16, 463–476.

7 Desai, H., Ramesh, K., Thiagarajan, S.R., Balachandran, B.V., 2002. An Investigation of the Informational Role of Short Interest in the Nasdaq Market, *Journal of Finance* 57, 2263–2287.

8 Dechow, Patricia M., Amy P. Hutton, Lisa Meulbroek, and Richard G. Sloan, 2001, Short-sellers, fundamental analysis, and stock returns, *Journal of Financial Economics* 61, 77–106.

9 Christophe, Stephen E., Michael G. Ferri, and James J. Angel, 2004, Short-selling prior to earnings announcements, *Journal of Finance* 59, 1845–1875.

10 Cohen, L., Diether, K.B., Malloy, C.J., 2007. Supply and demand shifts in the shorting market, *Journal of Finance* 62, 2061–2096.

11 Diamond, D.W., Verrecchia, R.E., 1987. Constraints on short-selling and asset price adjustment to private information, *Journal of Financial Economics* 18, 277–

311.

12 Bris, A., Goetzmann, W.N., Zhu, N., 2007. Efficiency and the Bear: Short Sales and Markets Around the World, *Journal of Finance* 62, 1029–1079.

13 Engelberg, J.E., Reed, A.V., Ringgenberg, M.C., 2012. How are shorts informed?: Short sellers, news, and information processing, *Journal of Financial Economics* 105, 260–278.

14 Massa, M., Qian, W., Xu, W., Zhang, H., 2015. Competition of the informed: Does the presence of short sellers affect insider selling?, *Journal of Financial Economics* 118, 268–288.

15 전진규, 조형준, 2018. 「공매도가 내부자 매도에 미치는 영향에 관한 실증연구」, 명지대학교 금융지식연구소, 43–63.

16 Kaniel, R., Saar, G., Titman, S., 2008. Individual Investor Trading and Stock Returns, *Journal of Finance* 63, 273–310.

17 Wang, S.-F., Lee, K.-H., Woo, M.-C., 2017. Do individual short-sellers make money? Evidence from Korea, *Journal of Banking & Finance* 79, 159–172.

18 "한국 증시 '개미' 거래 늘었다… 개인 투자자 거래 비중 67%", 《한국경제》, 2018. 8. 6.

19 Jung, Chan Shik, Woojin Kim, and Dong Wook Lee, 2013. Short selling by individual investors: Destabilizing or price discovering?, *Pacific-Basin Finance Journal* 21, 1232–1248.

20 Lee, K.-H., Wang, S.-F., 2016. Short-selling with a short wait: Trade- and account-level analyses in Korean stock market, *Pacific-Basin Finance Journal* 38, 209–222.

21 Jones, C.M., Lamont, O.A., 2002. Short-sale constraints and stock returns, *Journal of Financial Economics* 66, 207–239.

22 Engelberg, J.E., Reed, A.V., Ringgenberg, M.C., 2018. Short-Selling Risk, *The Journal of Finance* 73, 755–786.

23 데이비드 아이혼, 「공매도 X파일」, p. 79.

24 Ofek, E., Richardson, M., 2003. DotCom Mania: The Rise and Fall of Internet Stock Prices, *Journal of Finance* 58, 1113–113

25 Shleifer, A., Vishny, R.W., 1997. The Limits of Arbitrage, *Journal of Finance* 52, 35–55.

26 Nagel, S., 2005. Short sales, institutional investors and the cross-section of stock returns, *Journal of Financial Economics* 78, 277–309.

27 D'Avolio, G., 2002. The market for borrowing stock, *Journal of Financial Economics* 66, 271–306.

28 Asquith, P., Pathak, P.A., Ritter, J.R., 2005. Short interest, institutional ownership,

and stock returns, *Journal of Financial Economics* 78, 243–276.

29 Saffi, P. A. C., Sigurdsson, K., 2011. Price Efficiency and Short Selling, *Review of Financial Studies* 24, 821–852.

30 Stambaugh, R.F., Yu, J., Yuan, Y., 2012. The short of it: Investor sentiment and anomalies, *Journal of Financial Economics* 104, 288–302.

31 기업고유위험 퍼즐은 다음 두 편의 논문에서 처음으로 제시되었다. Ang, A., R. J. Hodrick, Y. Xing, and X. Zhang, 2006. "The Cross–Section of Volatility and Expected Returns", *Journal of Finance* 61, 259–299; Ang, A., R. J. Hodrick, Y. Xing, and X. Zhang, 2009. "High idiosyncratic volatility and low returns: International and further U.S. evidence", *Journal of Financial Economics* 91, 1–23.

32 Stambaugh, R.F., Yu, J., Yuan, Y., 2015. Arbitrage Asymmetry and the Idiosyncratic Volatility Puzzle, *Journal of Finance* 70, 1903–1948.

33 이 퍼즐을 설명하는 많은 연구들 중에는 필자의 논문도 있다. 필자는 발리 교수팀의 연구 (Bali, T.G., Cakici, N., Whitelaw, R.F., 2011. Maxing out: Stocks as lotteries and the cross–section of expected returns, *Journal of Financial Economics* 99, 427–446)를 바탕으로 기업고유위험 퍼즐이 복권 스타일(lottery–type)의 주식들, 즉 가능성은 높지 않지만 터질 경우 대박인 주식들의 경우에만 나타난다는 발리 교수의 실증적 증거가 미국에서뿐만 아니라 한국(Cheon, Y.–H., Lee, K.–H., 2018. Time variation of MAX–premium with market volatility: Evidence from Korean stock market, *Pacific–Basin Finance Journal* 51, 32–46)을 비롯한 전 세계 42개국의 샘플에서도(Cheon, Y.–H., Lee, K.–H., 2018. Maxing out globally: Individualism, investor attention, and the cross–section of expected stock returns, *Management Science* 64, 5807–5831) 발견됨을 보였다. 투자자들은 복권 스타일의 주식들이 대박 날 확률이 실제보다 높다고 착각한 채 열광하여 매수하는데 이로 인해 해당 주식의 주가는 과대평가되고 이후 반전하여 하락하게 된다. 기업고유위험 퍼즐은 기업고유위험이 큰 복권 스타일의 주식들이 과대평가되었다가 반전 하락하는 과정에서 나타나는 현상이라는 내용이다.

34 다음의 논문에서 재인용하였다. Acharya, V.V., Viswanathan, S., 2011. Leverage, Moral Hazard, and Liquidity, *Journal of Finance* 66, *99–138*.

35 Diether, K.B., Lee, K.–H., Werner, I.M., 2009. Short–Sale Strategies and Return Predictability, *Review of Financial Studies* 22, 575–607.

36 Wang, S.–F., Lee, K.–H., 2015. Do foreign short–sellers predict stock returns? Evidence from daily short–selling in Korean stock market, *Pacific–Basin Finance Journal* 32, 56–75.

37 매수주문 불균형과 공매도의 관계는 유의했지만 미국 시장에서의 연구와 마찬가지로 한국에서도 공매도 이후에 매수주문 불균형이 유의하게 줄었다는 증거는 찾을 수 없었다. 한국 시장에서는 공매도의 절대적인 비중이 그다지 크지 않은 것을 이유로 생각해볼 수 있다.

38 Beber, A., Pagano, M., 2013. Short–Selling Bans Around the World: Evidence

from the 2007–09 Crisis, *Journal of Finance* 68, 343–381.

39 최종학, "기업의 공시정책: 불리한 뉴스를 먼저 알리자", 《Seoul Business Letter》, 2007. 8. 1.

40 Hwang, B.-H., Kim, H.H., 2017. It pays to write well, *Journal of Financial Economics* 124, 373–394.

41 데이비드 아이혼, 「공매도 X파일」, pp. 208–209.

42 위의 책, p. 206.

43 사실 중국 회사들의 재무제표나 심지어 국가에서 발표하는 거시경제적 지표들이 많은 부분 조작된다는 사실은 이제 새로운 것도, 놀라운 것도 아니다. "중국 지방정부의 통계 조작이 만연한 이유에 대해 영국 《파이낸셜타임스(FT) 》는 '지역의 경제성장은 곧 지방 관료의 실적으로 간주된다. 이들의 실적 평가 항목은 지방 경제성장률, 세수 증가 여부 등으로 구성돼 있다'며 관료들이 통계 조작을 저질렀을 가능성을 언급했다."("[통계 조작의 유혹 1] 그리스 8년 걸린 구제금융… 시작은 '통계 조작'이었다", 《중앙일보 》, 2018. 9. 2). 그리고 중국 신용평가사들에게는 자국 기업들이 발행한 회사채 신용등급을 터무니없이 높이 평가해주는 관행이 있는데 이를테면 99%가 넘는 중국 회사채들이 A+ 이상의 등급을 받는다. 그런데 중국 신용평가사가 평가한 AAA등급 중엔 실제로 S&P와 같은 다른 신용평가사가 평가할 경우 '투자 부적격'에 해당하는 경우도 많다("中 채권 등급은 모두 'A+'?… '신용등급 인플레' 주의보", 《머니투데이 》, 2015. 7. 27; "Can all Chinese debt be rated top quality?", *Wall Street Journal*, 2015. 6. 26).

44 Karpoff, J.M., Lou, X., 2011. Short Sellers and Financial Misconduct, *Journal of Finance* 65, 1879–191.

45 Dyck, A., Morse, A., Zingales, L., 2011. Who Blows the Whistle on Corporate Fraud?, *Journal of Finance* 65, 2213–2253.

46 Fang, V.W., Huang, A.H., Karpoff, J.M., 2016. Short Selling and Earnings Management: A Controlled Experiment, *Journal of Finance* 71, 1251–1294.

47 Massa, M., Zhang, B., Zhang, H., 2015. The Invisible Hand of Short Selling: Does Short Selling Discipline Earnings Management?, *Review of Financial Studies* 28, 1701–1736.

48 선물 거래에 이용되는 지수들 중에 전 세계에서 가장 인기있는 지수는 코스피200이다. 한국이 전 세계에서 1등을 하는 분야가 이젠 제법 되지만 이는 그렇게 자랑스러워할 일만은 아니다. 코스피200이 투기 세력들의 표적이 되었다는 증표로 볼 수도 있기 때문이다.

49 Asquith, P., Pathak, P.A., Ritter, J.R., 2005. Short interest, institutional ownership, and stock returns, *Journal of Financial Economics* 78, 243–276.

50 이 사례는 다음의 기사에 잘 정리되어 있다. "엘리엇이 준 무위험차익거래 '삼성물산 팔고, 제일모직 사고'", 《머니투데이》, 2015. 6. 18.

51 영화에서 CDO를 묘사한 대사가 재미있다. "CDO란 그다지 잘 팔리지 않는 생선들을 한

데 모아 끓여 만든 전골과 같은 것(CDOs is like making a seafood stew from a bunch of fish that didn't sell too well)"이라거나, CDO가 여러 MBS를 한데 모아 만든 상품임을 비꼬며 "주택저당증권은 개똥이고, CDO는 그 위에 고양이 똥을 덧씌운 것(So mortgage bonds are dog shit. CDOs are dog shit wrapped in cat shit!)"이라고 일갈하는 대사 같은 것 말이다.

4부 공매도는 반드시 필요하다

1   Bris, A., Goetzmann, W. N., Zhu, N., 2007. Efficiency and the Bear: Short Sales and Markets Around the World, *Journal of Finance* 62, 1029–1079.

2   Saffi, P. A. C., Sigurdsson, K., 2011. Price Efficiency and Short Selling, *Review of Financial Studies* 24, 821–852.

3   September 19, 2008. SEC News Release 211. Beber and Pagano(2013)에서 재인용.

4   Beber, A., Pagano, M., 2013. Short-Selling Bans Around the World: Evidence from the 2007–09 Crisis, *Journal of Finance* 68, 343–381.

5   로이터(Reuter)와의 전화 인터뷰 중에서(2008. 12. 31). Beber and Pagano(2013)에서 재인용.

6   Brunnermeier, M. K. and M. Oehmke, 2014. Predatory Short Selling, *Review of Finance* 18, 2153–2195.

7   Jones, C.M., Reed, A.V., Waller, W., 2016. Revealing Shorts An Examination of Large Short Position Disclosures, *Review of Financial Studies* 29, 3278–3320.

8   Chang, E. C., Cheng, J. W., Yu, Y., 2007. Short-Sales Constraints and Price Discovery: Evidence from the Hong Kong Market, *Journal of Finance* 62, 2097–2121.

9   공매도 리스트가 있는 웹 주소는 다음과 같다. https://www.hkex.com.hk/Mutual-Market/Stock-Connect/Eligible-Stocks/View-All-Eligible-Securities?sc_lang=en

10 몇몇 독자들은 홍콩의 공매도 제도가 마치 미국에서 한시적으로 실시되었던 파일럿 프로그램을 상시적으로 운용하고 있는 것과 같다고 생각할 수 있다. 그러나 바로 이 점에서 홍콩의 공매도 제도를 이용한 연구와 미국의 파일럿 프로그램을 이용한 연구가 구분된다. 파일럿 프로그램에서 공매도 가격제도 적용 여부는 외생적(exogeneous)으로 결정됨에 비해 홍콩에서 공매도 리스트 등재 여부는 주식 특성에 의존하기 때문에 내생성(endogeneity) 문제에서 자유롭지 못하다. 저자들도 이 점을 인식해 결과 해석에 주의해 줄 것을 당부하고 있다. "Importantly, this decision may result in a certain degree of endogeneity in our tests… Thus, caution needs to be exercised in attempting

to differentiate the pure effect of changes in short-sales constraints on stock returns from other possible explanations." (p. Chang, E. C., Cheng, J. W., Yu, Y., 2007. Short-Sales Constraints and Price Discovery: Evidence from the Hong Kong Market. *Journal of Finance* 62, p. 2104)

11 윌리엄 오버홀트, 궈난 마, 청 퀵 로(이영래 역), 『위안화의 역습』, 21세기북스, 184.

12 Jain, A., Jain, P. K., McInish, T. H., McKenzie, M., 2013. Worldwide reach of short selling regulations, *Journal of Financial Economics* 109, 177-197.

13 공매도 관련 법규제의 정비 시기에 따라 해당 국가가 어느 시기에는 규제 국가로 그리고 다른 시기에는 비규제 국가로 구분될 수 있다. 이 그래프는 주어진 시점마다 매번 규제국과 비규제국을 구분하고 그에 따라 ADR 공매도 거래량을 평균 내어 시간별로 보여주고 있다.

강소현, 2017. 「공매도 과열 종목 지정제도 도입 효과와 시사점」, 자본시장연구원(이슈보고서 17-09).

김병연, 2019. 「자본시장법상 공매도 제도에 대한 소고」, 《법학논총》 39, 235-260.

김지현, 우민철, 2019. 「공매도를 이용한 불공정거래 개연성」, 《한국증권학회지》 48, 105-128.

데이비드 아인혼(김상우 역), 『공매도 X파일』, 부크온.

라나 포루하, 2018. 『메이커스 앤드 테이커스: 경제를 성장시키는 자, 경제를 망가뜨리는 자』, 부키.

박태준, 장병훈, 2017. 「애널리스트 투자의견 변경 이전의 공매도 거래에 대한 양방향 분석」, 《재무연구》 30, 143-180.

양철원, 2018. 「악재성 정보의 사전 유출과 공매도와의 관계에 대한 실증분석」, KRX Market Summer, 14-34.

엄세용, 2010. 「자본시장에서의 공매도 규제와 운영실태에 관한 소고: 실제 규제사례를 중심으로」, 《BFL》 43, 54-68.

엄윤성, 2012. 「애널리스트 투자의견 하향에 대한 공매도 거래 분석」, 《한국증권학회지》 41, 309-340.

왕수봉, 엄윤성, 2013. 「국내외 증권사 애널리스트의 투자의견 하향이 투자자별 공매도 거래에 미치는 영향」, 《대한경영학회지》 26, 3211-3234.

윌리엄 오버홀트, 궈난 마, 청 퀵 로(이영래 역), 『위안화의 역습』, 21세기북스.

유시용, 2014. 「공매도와 주가수익률 변동성과의 관계에 관한 연구」, 한국경영학회.

윤평식, 임병권, 2018. 「유상증자 전후의 공매도 거래가 발행가격에 미치는 영향」, 《재무관리연구》 35, 1-25.

이상복, 2009. 「외국의 공매도규제와 법적 시사점」, 《증권법연구》 10, 53-104.

이정수, 김도윤, 2017. 「공매도 규제에 관한 연구」, 《기업법연구(Business Law Review)》 31, 300-329.

전진규, 조형준, 2018. 「공매도가 내부자 매도에 미치는 영향에 관한 실증연구」, 명지대학교 금융지식연구소, 43-63.

조영석, 2018. 「우리나라 공매도 주요사건의 특성에 관한 연구」, 한국산업경제학회, p 19.

존 케이(류영재 역), 2017. 「금융의 딴짓: 타인의 돈인가? 금융가의 돈인가?」, 인터워크솔루션즈

최종학, "기업의 공시정책: 불리한 뉴스를 먼저 알리자", Seoul Business Letter, 2007. 8. 1.

토마 피케티, 2014. 「21세기 자본」, 글항아리.

Acharya, V.V., Viswanathan, S., 2011. Leverage, Moral Hazard, and Liquidity, *Journal of Finance* 66, 99-138.

Aggarwal, R., Saffi, P.A.C., Sturgess, J., 2015. The Role of Institutional Investors in Voting: Evidence from the Securities Lending Market, *Journal of Finance* 70, 2309-234.

Akbas, F., 2016. The Calm before the Storm, *Journal of Finance* 71, 225-266.

Ang, A., R. J. Hodrick, Y. Xing, and X. Zhang, 2006. "The Cross-Section of Volatility and Expected Returns", *Journal of Finance* 61, 259-299.

Ang, A., R. J. Hodrick, Y. Xing, and X. Zhang, 2009. "High idiosyncratic volatility and low returns: International and further U.S. evidence", *Journal of Financial Economics* 91, 1-23.

Asquith, P., Pathak, P.A., Ritter, J.R., 2005. Short interest, institutional ownership, and stock returns, *Journal of Financial Economics* 78, 243-276.

Avramov, D., Chordia, T., Goyal, A., 2006. The impact of trades on daily volatility, *Review of Financial Studies* 19, 1241-127.

Bali, T.G., Cakici, N., Whitelaw, R.F., 2011. Maxing out: Stocks as lotteries and the cross-section of expected returns, *Journal of Financial Economics* 99, 427-446.

Beber, A., Pagano, M., 2013. Short-Selling Bans Around the World: Evidence from the 2007-09 Crisis, *Journal of Finance* 68, 343-381.

Boehmer, E., Jones, C.M., Zhang, X., 2008. Which Shorts Are Informed?, *Journal of Finance* 63, 491-527.

Bris, A., Goetzmann, W.N., Zhu, N., 2007. Efficiency and the Bear: Short Sales and Markets Around the World, *Journal of Finance* 62, 1029-1079.

Brunnermeier, M. K. and M. Oehmke, 2014. Predatory Short Selling, *Review of Finance* 18, 2153-2195.

Chang, E.C., Cheng, J.W., Yu, Y., 2007. Short-Sales Constraints and Price Discovery: Evidence from the Hong Kong Market, *Journal of Finance* 62, 2097-2121.

Cheon, Y.-H., Lee, K.-H., 2018. Maxing out globally: Individualism, investor attention, and the cross-section of expected stock returns, *Management Science* 64,

5807–5831.

Cheon, Y.–H., Lee, K.–H., 2018. Time variation of MAX–premium with market volatility: Evidence from Korean stock market, *Pacific–Basin Finance Journal* 51, 32–46.

Christophe, Stephen E., Michael G. Ferri, and James J. Angel, 2004. Short–selling prior to earnings announcements, *Journal of Finance* 59, 1845–1875.

Christophe, Stephen E., Michael G. Ferri, and Jim Hsieh, 2010. Informed trading before analyst downgrades: Evidence from short sellers, *Journal of Financial Economics* 95, 85–106.

Cohen, L., Diether, K.B., Malloy, C.J., 2007. Supply and demand shifts in the shorting market, *Journal of Finance* 62, 2061–2096.

D'Avolio, G., 2002. The market for borrowing stock, *Journal of Financial Economics* 66, 271–306.

Dechow, Patricia M., Amy P. Hutton, Lisa Meulbroek, and Richard G. Sloan, 2001. Short–sellers, fundamental analysis, and stock returns, *Journal of Financial Economics* 61, 77–106.

Desai, H., Ramesh, K., Thiagarajan, S.R., Balachandran, B.V., 2002. An Investigation of the Informational Role of Short Interest in the Nasdaq Market, *Journal of Finance* 57, 2263–2287.

Diamond, D.W., Verrecchia, R.E., 1987. Constraints on short–selling and asset price adjustment to private information, *Journal of Financial Economics* 18, 277–311.

Diether, K.B., Lee, K.–H., Werner, I.M., 2009. It's SHO Time! Short–Sale Price Tests and Market Quality, *Journal of Finance* 64, 37–73.

Diether, K.B., Lee, K.–H., Werner, I.M., 2009. Short–Sale Strategies and Return Predictability, *Review of Financial Studies* 22, 575–607.

Dyck, A., Morse, A., Zingales, L., 2011. Who Blows the Whistle on Corporate Fraud?, *Journal of Finance* 65, 2213–2253.

Engelberg, J.E., Reed, A.V., Ringgenberg, M.C., 2012. How are shorts informed?: Short sellers, news, and information processing, *Journal of Financial Economics* 105, 260–278.

Engelberg, J.E., Reed, A.V., Ringgenberg, M.C., 2018. Short–Selling Risk, *The Journal of Finance* 73, 755–786.

Fang, V.W., Huang, A.H., Karpoff, J.M., 2016. Short Selling and Earnings Management: A Controlled Experiment, *Journal of Finance* 71, 1251–1294.

Figlewski, S., 1981. The informational effects of restrictions on short sales: some empirical evidence, *Journal of Financial and Quantitative Analysis* 16, 463–476.

Figlewski, S., Webb, G.P., 1993. Options, Short Sales, and Market Completeness, *Journal of Finance* 48, 761–777.

Gerard, B., Nanda, V., 1993. Trading and Manipulation Around Seasoned Equity Offerings, *Journal of Finance* 48, 213–245.

Henry, T.R., Koski, J.L., 2010. Short Selling Around Seasoned Equity Offerings, *Review of Financial Studies* 23, 4389–441.

Hwang, B.-H., Kim, H.H., 2017. It pays to write well, *Journal of Financial Economics* 124, 373–394.

Jain, A., Jain, P.K., McInish, T.H., McKenzie, M., 2013. Worldwide reach of short selling regulations, *Journal of Financial Economics* 109, 177–197.

Jones, C.M., Lamont, O.A., 2002. Short–sale constraints and stock returns, *Journal of Financial Economics* 66, 207–239.

Jones, C.M., Reed, A.V., Waller, W., 2016. Revealing Shorts An Examination of Large Short Position Disclosures, *Review of Financial Studies* 29, 3278–3320.

Jung, Chan Shik, Woojin Kim, and Dong Wook Lee, 2013, Short selling by individual investors: Destabilizing or price discovering?, *Pacific–Basin Finance Journal* 21, 1232–1248.

Kahneman, D., Tversky, A., 1979. Prospect Theory: An Analysis of Decision under Risk, *Econometrica* 47, 263–291.

Kaniel, R., Saar, G., Titman, S., 2008. Individual Investor Trading and Stock Returns, *Journal of Finance* 63, 273–310.

Karpoff, J.M., Lou, X., 2011. Short Sellers and Financial Misconduct, *Journal of Finance* 65, 1879–191.

Kim, A., Jung, H., 2014. Investor Trading Behavior Around the Time of Geopolitical Risk Events: Evidence from South Korea, working paper.

Kim, A., Kang, M.J., Jung, H., Kim, D., 2019. Predicting North Korean Aggression Using Foreign Short Sales and Media Tone, working paper.

Lamont, O.A., Thaler, R.H., 2003. Can the Market Add and Subtract? Mispricing in Tech Stock Carve–outs, *Journal of Political Economy* 111, 227–268.

Lee, K.-H., Wang, S.-F., 2016. Short–selling with a short wait: Trade– and account–level analyses in Korean stock market, *Pacific–Basin Finance Journal* 38, 209–222.

Massa, M., Qian, W., Xu, W., Zhang, H., 2015. Competition of the informed: Does the presence of short sellers affect insider selling?, *Journal of Financial Economics* 118, 268–288.

Massa, M., Zhang, B., Zhang, H., 2015. The Invisible Hand of Short Selling: Does

Short Selling Discipline Earnings Management?, *Review of Financial Studies* 28, 1701–1736.

McLean, R. David, and Jeffrey Pontiff, 2016. Does academic research destroy stock return predictability?, *Journal of Finance* 71, 5–32.

Miller, E.M., 1977. Risk, uncertainty, and divergence of opinion, *Journal of Finance* 32, 1151–1168.

Nagel, S., 2005. Short sales, institutional investors and the cross–section of stock returns, *Journal of Financial Economics* 78, 277–309.

Ofek, E., Richardson, M., 2003. DotCom Mania: The Rise and Fall of Internet Stock Prices, *Journal of Finance* 58, 1113–113.

Prado, M. P., Saffi, P. A. C., Sturgess, J., 2016. Ownership Structure, Limits to Arbitrage, and Stock Returns: Evidence from Equity Lending Markets, *Review of Financial Studies* 29, 3211–3244.

Saffi, P. A. C., Sigurdsson, K., 2011. Price Efficiency and Short Selling, *Review of Financial Studies* 24, 821–852.

Safieddine, A., Wilhelm, W.J., Jr., 1996. An Empirical Investigation of Short–Selling Activity Prior to Seasoned Equity Offerings, *Journal of Finance* 51, 729–749.

Shefrin, H., Statman, M., 1985. The Disposition to Sell Winners Too Early and Ride Losers Too Long: Theory and Evidence, *Journal of Finance* 40, 777–790.

Shleifer, A., Vishny, R.W., 1997. The Limits of Arbitrage, *Journal of Finance* 52, 35–55.

Stambaugh, R. F., Yu, J., Yuan, Y., 2012. The short of it: Investor sentiment and anomalies, *Journal of Financial Economics* 104, 288–302.

Stambaugh, R. F., Yu, J., Yuan, Y., 2015. Arbitrage Asymmetry and the Idiosyncratic Volatility Puzzle, *Journal of Finance* 70, 1903–1948.

Wang, S.–F., Lee, K.–H., 2015. Do foreign short–sellers predict stock returns? Evidence from daily short–selling in Korean stock market, *Pacific–Basin Finance Journal* 32, 56–75.

Wang, S.–F., Lee, K.–H., Woo, M.–C., 2017. Do individual short–sellers make money? Evidence from Korea, *Journal of Banking & Finance* 79, 159–172.

자료 출처

[그림 1-1], **[그림 1-2]** Wang, S.–F., Lee, K.–H., 2015. Do foreign short–sellers predict stock returns? Evidence from daily short–selling in Korean stock market, *Pacific–Basin Finance Journal* 32, 65.

[그림 1-7] "한미약품 공매도 미스터리, 당일 10만 주 거래 평소의 21배", 《중앙일보》, 2016. 10. 4.

[그림 2-1] Christophe, Stephen E., Michael G. Ferri, and Jim Hsieh, 2010. Informed trading before analyst downgrades: Evidence from short sellers, *Journal of Financial Economics* 95, 93.

[그림 3-1] Kaniel, R., Saar, G., Titman, S., 2008. Individual Investor Trading and Stock Returns, *Journal of Finance* 63, 299.

[그림 3-3] Ofek, E., Richardson, M., 2003. DotCom Mania: The Rise and Fall of Internet Stock Prices, *Journal of Finance* 58, 1116.

[그림 3-4] Stambaugh, R.F., Yu, J., Yuan, Y., 2015. Arbitrage Asymmetry and the Idiosyncratic Volatility Puzzle, *Journal of Finance* 70, 1917.

[그림 3-5] Karpoff, J.M., Lou, X., 2011. Short Sellers and Financial Misconduct, *Journal of Finance* 65, 1893.

[그림 3-6] Fang, V.W., Huang, A.H., Karpoff, J.M., 2016. Short Selling and Earnings Management: A Controlled Experiment, *Journal of Finance* 71, 1268.

[그림 4-1] Bris, A., Goetzmann, W.N., Zhu, N., 2007. Efficiency and the Bear: Short Sales and Markets Around the World, *Journal of Finance* 62, 1033.

[그림 4-2] Saffi, P. A. C., Sigurdsson, K., 2011. Price Efficiency and Short Selling, *Review of Financial Studies* 24, 11.

[그림 4-3] Beber, A., Pagano, M., 2013. Short–Selling Bans Around the World: Evidence from the 2007–09 Crisis, *Journal of Finance* 68, 363.

[그림 4-4] Ibid., 371.

[그림 4-5], [그림 4-6] Ibid., 376.

[그림 4-7] Chang, E.C., Cheng, J.W., Yu, Y., 2007. Short−Sales Constraints and Price Discovery: Evidence from the Hong Kong Market, *Journal of Finance* 62, 2110.

[그림 4-8] Jain, A., Jain, P.K., McInish, T.H., McKenzie, M., 2013. Worldwide reach of short selling regulations, *Journal of Financial Economics* 109, 185.

[표 3-1] Wang, S.−F., Lee, K.−H., Woo, M.−C., 2017. Do individual short−sellers make money? Evidence from Korea, *Journal of Banking & Finance* 79, 164.

공매도空賣渡에 대한

공매도空罵倒는

이제 끝내야 한다.

KI신서 8361

이것이 공매도다

1판 1쇄 발행 2019년 8월 29일
1판 4쇄 발행 2023년 1월 6일

지은이 이관휘
펴낸이 김영곤
펴낸곳 (주)북이십일 21세기북스

서가명강팀장 강지은 **서가명강팀** 이지예 공승현
디자인 표지 디자인 생강 본문 제이알컴 **교정** 제이알컴
출판마케팅영업본부장 민안기
마케팅2팀 나은경 정유진 박보미 백다희
출판영업팀 최명열 김다운
e-커머스팀 장철용 권채영
제작팀 이영민 권경민

출판등록 2000년 5월 6일 제406-2003-061호
주소 (우 10881) 경기도 파주시 회동길 201(문발동)
대표전화 031-955-2100 **팩스** 031-955-2151 **이메일** book21@book21.co.kr

(주)북이십일 경계를 허무는 콘텐츠 리더

21세기북스 채널에서 도서 정보와 다양한 영상자료, 이벤트를 만나세요!

페이스북 facebook.com/jiinpill21 **포스트** post.naver.com/21c_editors
인스타그램 instagram.com/jiinpill21 **홈페이지** www.book21.com
유튜브 youtube.com/book21pub

서울대 가지 않아도 들을 수 있는 **명강**의! 〈서가명강〉
유튜브, 네이버, 팟캐스트에서 '**서가명강**'을 검색해보세요!

ⓒ 이관휘, 2019

ISBN 978-89-509-8317-8 03320

책값은 뒤표지에 있습니다.
이 책 내용의 일부 또는 전부를 재사용하려면 반드시 (주)북이십일의 동의를 얻어야 합니다.
잘못 만들어진 책은 구입하신 서점에서 교환해드립니다.